神秘思想 光と闇の全史

富増章成
Tomasu Akinari

さくら舎

はじめに

“When it is dark enough, men see the stars” ——Ralph Waldo Emerson
（「十分暗くなれば、人は星を見る」 ——ラルフ・ウォルドー・エマソン）

いま、あなたは何かに悩んでいるかもしれない。目に前に大きな障害が立ちふさがっているかもしれない。よくない思いが頭の中を堂々めぐりする。八方ふさがりで何から手をつけたらいいのかわからない。そんなこともあるだろう。

「なんのために自分はこの世に存在するのか？」
「生きることに目的・意味はあるのだろうか？」
「最後は消えてしまうのに、なんで生きていなければならないのか？」

そんなときは、ちょっと現実世界から距離をおいてみたほうがいい。そして、この世界の奥にある神秘に目を向けてみるのである。

この世界は物質でできている。それは間違いない。

でも、息をしようと思うと空気が入ってくる。水を飲もうと思ったら勝手に喉《のど》が動く。よく考えると不思議なことではないだろうか。自分が肺や喉をつくったわけでもないし、吸い方や飲み方を教えてもらったわけでもない。それどころか、酸素や水が吸収されるメカニズムも見えない。つまり、自分は何もしていないのに、すでに、息が吸えたり飲んだりできる。勝手にやってくれる！

これは不思議なこと、つまり、ものすごい神秘なのだ。

光も音も匂いもすべて神秘である。動物も植物も神秘に満ちている。そして、地球と宇宙もどういうわけかすでに存在している。そこになぜか自分が生まれている。神秘すぎてしょうがない。

古代の人々はこれらの不思議を探求して、科学を生み出してきた。科学と神秘は両極端に位置するように思える。神秘を取り除いて、合理的な光を照らすのが科学の役割だからだ。

ところが、科学で解明された仕組みがあまりに精緻《せいち》で整合性をもっているために、「どうして世界はこんなにすばらしく機能しているのか」とさらなる不思議と感動が生み出されてしまう。

つまり、神秘は尽きないのである。

なにか壁に突き当たったら、とりあえず深呼吸して水分補給をし、「この感覚は何なのだろう？なんて不思議なのだろう！」と驚いてみる。すべてはそこからはじまる（面倒くさくても、とりあえずやってみてください）。

本書では、古代から現代までの神秘思想のエッセンスを関連づけながら解説した。神秘思想といってもさまざまなアプローチがある。哲学的な思考から神秘へとつながる思想、経典にしたがって、直接的に至高の存在（神など）とコンタクトする思想、瞑想《めいそう》など内観《ないかん》することで、宇宙と合体する思想、自分の意識状態をコントロールして世界のあり方を変えようとする思想など多種多様である。

どの思想が正しいというわけではない。客観的に紹介しているので、読者が気に入った思想をより深めていけばよい。

「神秘とかうさんくさい！」と思っている人も、すくなくとも、「歴史的にはこのような思想があった」という知識が身につく。教科書的な歴史の裏にあるもう一つの歴史を知ることで、視野が広くなり教養も深まるだろう。

また、本書の知識を前提に、映画・ドラマ・アニメ、マンガ、ゲームなどをよりディープに楽しむこともできる。「秘密結社」「パラレルワールド」「古代文明」「勇者召喚」「魔法学園」「〇〇に転生」などなど、よく聞く言葉に対する新たな発見があるにちがいない。

とりあえず、本書と空気と水があれば神秘的な気分にひたれるので、日常生活に疲れている方も含めて、少しでも神秘の光を感じてもらえれば幸いである。

闇があるから光がある。もっとも暗いときにこそ光が差し込んでくる。あなたの内側にある神秘の力を信じてみるのもよいかもしれない（くれぐれも、自己責任でお願いします）。

本書の刊行にあたりお世話になったさくら舎の古屋信吾編集長、松浦早苗氏に感謝いたします。

富増《とます》章成《あきなり》

よくわかる神秘思想の流れ

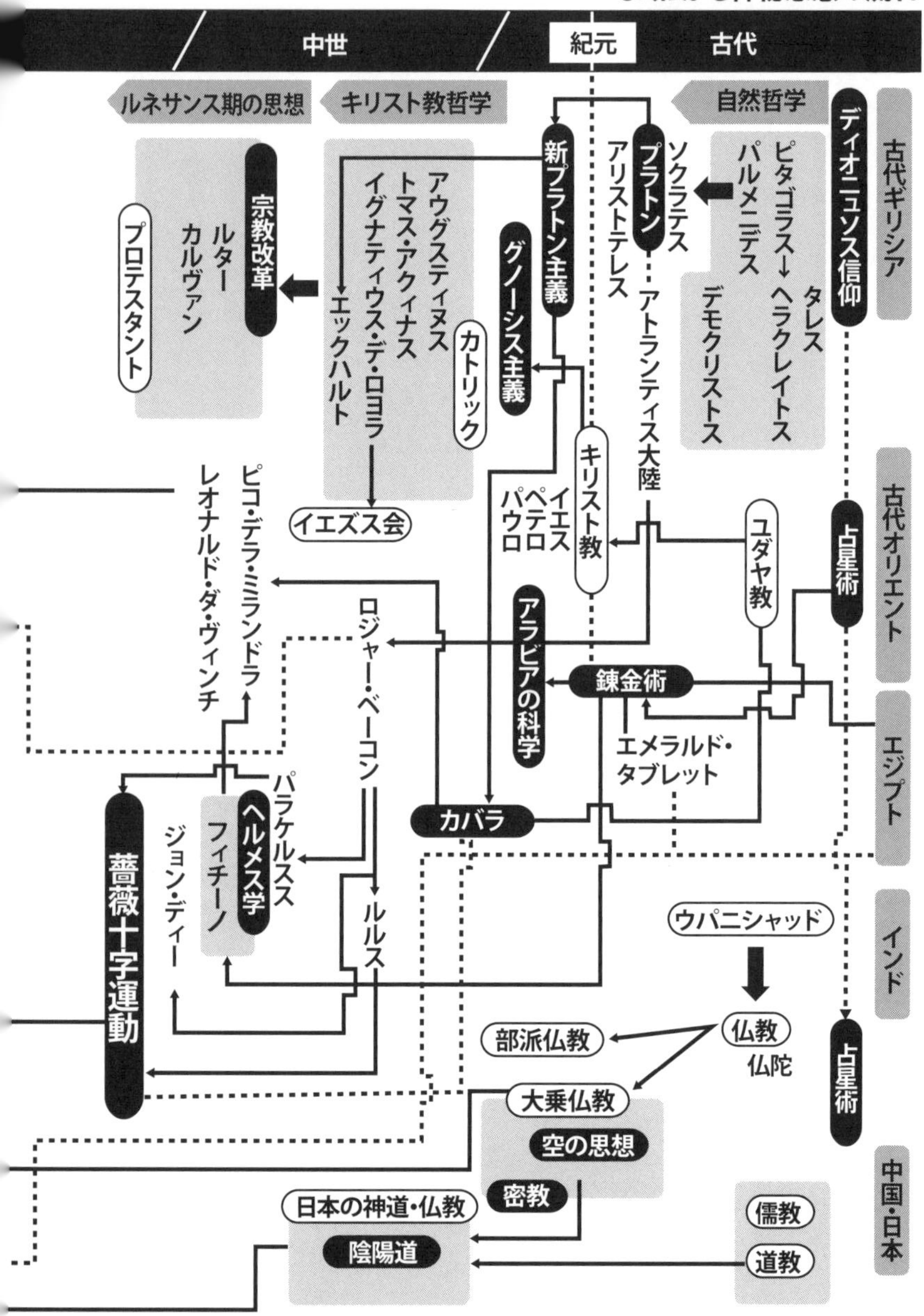

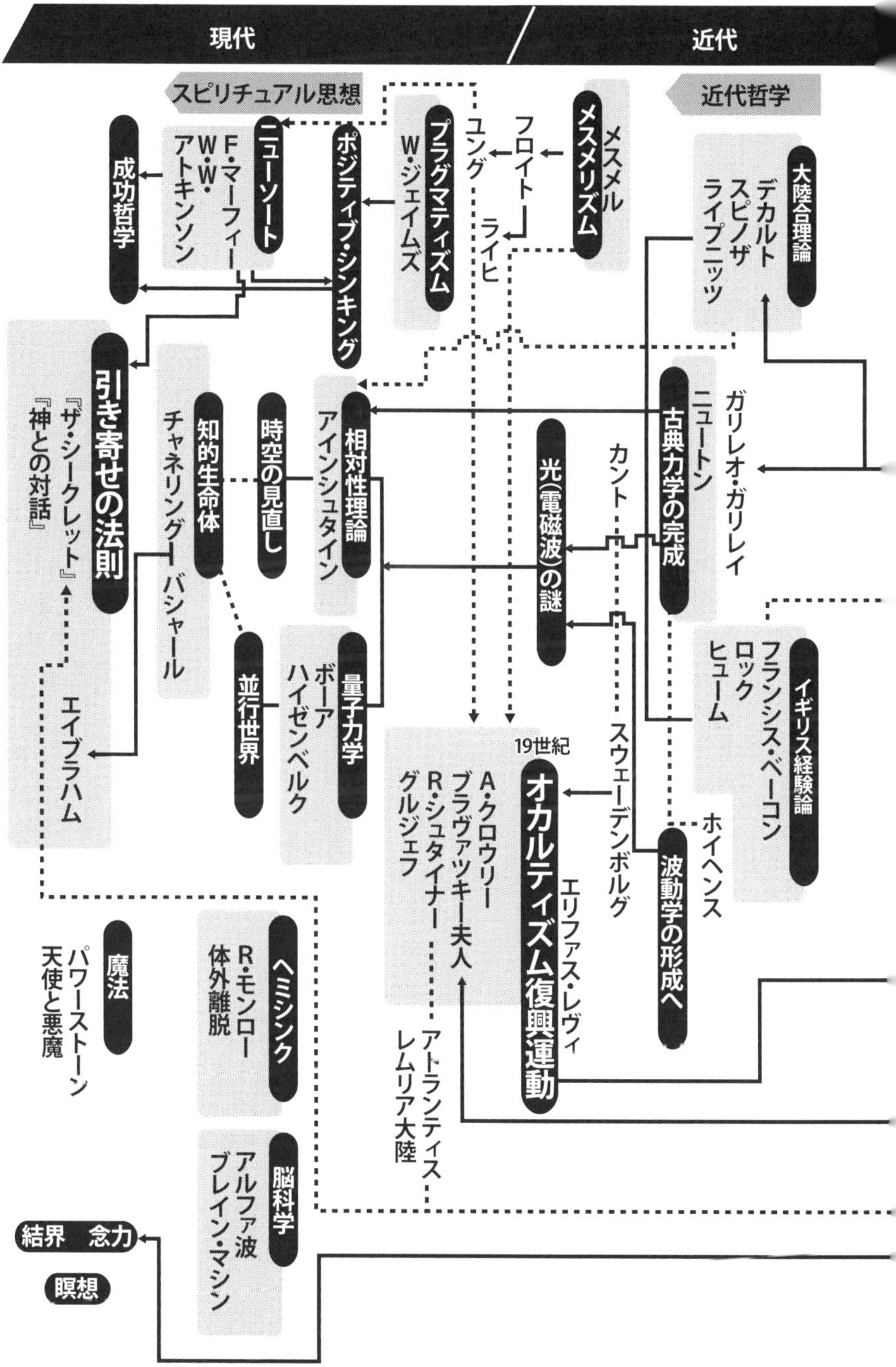

現代
近代
近代哲学
大陸合理論
デカルト
スピノザ
ライプニッツ
ガリレオ・ガリレイ
古典力学の完成
ニュートン
カント
イギリス経験論
フランシス・ベーコン
ロック
ヒューム
波動学の形成へ
ホイヘンス
スウェーデンボルグ
メスメル
メスメリズム
フロイト
ユング
ライヒ
光(電磁波)の謎
19世紀
オカルティズム復興運動
エリファス・レヴィ
A・クロウリー
ブラヴァツキー夫人
R・シュタイナー
グルジェフ
アトランティス
レムリア大陸
スピリチュアル思想
プラグマティズム
W・ジェイムズ
ポジティブ・シンキング
ニューソート
F・マーフィー
W・W・アトキンソン
成功哲学
相対性理論
アインシュタイン
時空の見直し
知的生命体
チャネリング
バシャール
量子力学
ボーア
ハイゼンベルク
並行世界
引き寄せの法則
『ザ・シークレット』
『神との対話』
エイブラハム
ヘミシンク
R・モンロー
体外離脱
脳科学
アルファ波
ブレイン・マシン
魔法
パワーストーン
天使と悪魔
結界　念力
瞑想

目次◆神秘思想 光と闇の全史

第2章 東洋の神秘思想――超人的能力の覚醒

第3章　中世神秘思想の展開
――キリスト教異端とユダヤ教カバラ

第4章 近代神秘思想の豊穣——錬金術と秘密結社

第5章 神秘思想 驚異の巨人たち

第6章 現代のスピリチュアル思想——量子力学と引き寄せの法則

神秘思想
光と闇の全史

第1章

古代西洋の神秘思想

——現実界と高次元界

☆神秘は哲学と表裏一体

ギリシア哲学といえば、理性の哲学である。神秘など関係ないという印象をもたれるかもしれない。「哲学」(philosophy)という言葉の元となるギリシア語の「フィロソフィア」は「知を愛し求める」という意味なので、これが西洋の潮流となっていく。

ところが、哲学と神秘は表裏一体なのである。私たちは、理性的(論理的)に考えると、神秘的な部分が一掃されるような気がするが、それは逆なのである。

理性とは「物事を正しく判断する力」ということだから、理性的に世界を追究すればするほど、わからないことが顕《あらわ》になってきて、そこは謎として残るのだ。科学が進めば進むほど、わかることも増えるし、逆にわからないことも増えるのである。「宇宙のはじまりの前は何だったのか?」「素粒子《そりゅうし》の奥はどうなっているのか?」などキリがない。

それを私たちは「わからないこと」、すなわち「神秘的なこと」と呼ぶのである。つまり、神秘的なことを認めるということは、「変人」になるのではなく、「謙虚な人」になるということである。

自分という人間が、世界のすべてをわかるわけがない。いや、わからないことのほうが多い。だが、多くの人は自分に「万能感」をもっている。自分の知っていることが世界のすべてと感じる(なぜなら、日常世界に溶け込んでいるから、それ以上のことが見えない)。

「魂《たましい》なんて存在しない。なぜなら心は脳から生まれているから。死ねば脳が破壊され、心も消える。よって魂は存在しない」

そうだろうか。それは、学校で習ったことをくり返しているだけで、一つの仮説にすぎないのである。むしろ、誰もが心の中でこんなふうに感じているはずだ。

おいしいスイーツを食べたとしよう。「おいしい！」、そして「不思議！」と感じるのである。「おいしいは不思議！」なのだ。

そのとき、隣の誰かが「ああ、それは脳の中で化学物質が出て、おいしいと感じるんだよ」といったら、その人のほうが変人ではないだろうか。「おいしい」という不思議さを感じることが心の豊かさを生むのである。

そして、「なんて人生は不思議に満ちているのか」と科学では説明できないことに目を向けることで、有意義な人生を歩むことができるのではないだろうか。

つまり、科学と神秘は共存できるのだ。いや、むしろ人間は、両者と共存せざるをえない運命を背負った存在なのである。心があることがもう神秘なのだ。「意識を科学で解明する」のは自由だが、科学で心がわかるはずがないだろう（だって、「おいしい」は「おいしい」で完結していて、もうそれ以上説明ができない臨界点としての表現なのだから）。

さて、この不思議な感覚について、すでに２０００年以上前にギリシアの哲学者たちは気がついていた。

哲学というのは、日常では当たり前で気がつかないようなことにあえて問いを発することからはじまる。たとえば、「色って何だろう」と考えてみる。

「色は色でしょう」というのが常識、「色って不思議」と驚くのが哲学のはじまりである。そして、それは現代ではすべて科学で説明されるが、やはり、「色って不思議」は変わることはない。

☆神秘を体感するワークアウト

目の前に色のついている物を置いてみよう。色はできるだけ明るいものがいいだろう。赤いセーター、黄色いレモンなどなんでもよい。

それをじっとながめてみよう。そして、自分の心に問う。「赤（黄）って何だろう」。その答えを表現しようとする。「赤とは何か、黄色とは何か」。

そのとき、「それは光であって、それは電磁波の一種であって、特定の周波数をもち、網膜《もうまく》に刺激を与え、脳に電気的反応が生じたためにうまれたものだ」などという、学校で習った（人から教わった）説明をしてはいけない。

すべてを初期化して、自分の心に問うのである。「赤って何だろう」

すると、答えは、厳然と表れている現象そのもの（赤という事実）から一歩も先に進めないことがわかる。そして、それは幻《まぼろし》でもなんでもなく、真実であることがわかる（夢や妄想《もうそう》である可能性はあるので、それはのちに言及する。99ページ～参照）。

すると、ありありとしたその色の体験のなかに「説明のできない不思議さ」が出現してくる。

その「説明できないが、リアルに出現している」ことが神秘なのである（一度でうまくいかなかったら、数日くり返すことをおすすめしたい）。

☆自然哲学から神秘学へ

ギリシア哲学はしばしば、神秘主義の原理として用いられるときがある。というのは、論理的に哲学説を展開していくと、現象世界を超えた超越的な世界（感覚でとらえられない世界）という概念が必ず生じるからだ。神秘主義とは、最高の実在（宇宙の原理など）を内面から直接的にとらえるということだ。

まず、ギリシア哲学をながめてみよう。

西洋哲学は、ギリシアの自然哲学者からはじまる。自然哲学者とは何だろうか。いま、そういう職業の人がいないからわかりにくいのだが、大昔の自然科学者のような人たちのことだ。その頃は、文系も理系も分かれていなかった。だから、文系の人が理系について語るのが哲学的だった。

つまり、自然哲学者とは、いまでいうと理科のような科目について考えていた人々である。たとえば、「万物の根源は何か」という問いを立てて、それを論理的に追究するのである。

海岸で砂浜をながめてみる。海の波、キラキラした砂、そして自分。どうして世界はこんなにすばらしい多様性をもっているのだろう。あの海の水と自分はなにか関係があるのではないか。砂浜も湿っている、自分も湿っているところがある。

そこで、哲学的思考が発生する。哲学的思考とは、一見関係ないものの共通点を見つけ、抽象化して、その普遍的な土台を発見しようとするやり方だ。

自然哲学者が出現する以前のギリシア社会では、自然界の現象について神話的な説明をするこ

図1-1　タレス

とで満足していた。たとえば、海の神はポセイドンとか、太陽の神はアポロンとかいった感じである。

しかし、これでは物理的な現象を説明することはできない。彼ら自然哲学者は、初めて原理・法則（ロゴス）によって世界の説明を試みた人々なのだ。

まず、一番手のタレス（前624頃～前546頃、図1－1）が「万物の根源は水である」と説《と》いた。この「水」というのは、まさにH_2Oの水のことであるから、すべての存在が水でできているはずはない。これが本当なら、スマホもパソコンも水からできていることになる。

学校の「現代社会」「倫理」教科書は、たいていこの話からはじまっている。現代の若者に「すべては水でできている」と偉い人がいったと説明すれば、「え？　本当に水でできているのか。この机も黒板も、先生も自分も？　そんなバカな」と思うだろう。それで一気に勉強の意欲をなくすにちがいない。大人でも「哲学なんて屁理屈《へりくつ》だ」というのもよくわかる。

「万物の根源は水である」が間違いだったのは当たり前。だが、ちゃんと間違っていたと強調しなければならない。歴史の授業で、「天動説」と「地動説」がとりあげられ、「地動説」が正しかったという説明をするだろう。あれと一緒である。

生物の授業では自然発生説なども誤りとして紹介される。誤っているから、その説は意味がないのだろうか。いや、そういうことではない。先人が真実を追究していたというその態度や実績が批判されて、次の説が生まれるのであるから、最初は間違ってくれないと困るのである（現在でもおそらく間違った説がけっこうあって、50年後などに修正されたりするだろう）。

「万物の根源は水である」と説いたタレスの功績は、「水」のところではない。「万物の根源は○○である」という、いまでいえば素粒子のような、「すべての土台となる何かがある」ことを予言したところである。そして本当にあったのだ。２０００年以上も前にそんなことに気がついてしまったということが驚異なのである。

この発想はどんどん発展していって、科学の方向へと進んでいく。

おもしろいのは、この発想は、宗教や神秘学につながっていくこともできるのだ。万物の根源は、何かのエネルギーであるから、その元には「神」があるとか「それ自体が大日如来《だいにちにょらい》」だと規定すれば、壮大な宗教体系・神秘学体系ができあがってくるのである。

科学の根源に神秘がある、と考えてもよいだろう。それをまた科学で追究して、謎の部分が残れば、それは神秘の領域となる。

結局、神秘的（人間にはわからないこと）はどうしてもあるのだから、そこは不思議な部分として永遠に残るだろう。たとえばＡＩが人間の脳を超えても、「ボクって何なの？　不思議……」と神秘的なことをいうにちがいない。

☆切っても切れない数学と哲学の関係

科学万能の現代において、かつてあったような、哲学と自然世界との親密な関係はすでに失われている。「哲学で科学は語れない」と考える人もいるだろう。しかし、そうでもないのである。数学と哲学はじつは切っても切れない関係にあるし、数の神秘性もきわだっている（蜂《はち》の巣はなぜ六角形なのか、など）。

　万物の根源を追究した自然哲学者のなかで、「万物は数でできている」と説いたのがピタゴラス（前570頃～前496頃、図1-2）である。タレスの「水」から「数」という抽象的な領域で世界を説明しているので、かなりステージが高い。

図 1-2　ピタゴラス

　ピタゴラスは、エーゲ海東部のサモス島で生まれた。エジプトやバビロンで数学の教育にふれた後、ギリシアの植民都市クロトン（イタリアの南端近く）で暮らしていた。このときに、弟子が集まってきて、音楽、数学、天文学、医学を研究したピタゴラス学派ができあがったとされる。そもそもピタゴラスが何を考えていたのかも謎で、アリストテレス（37ページ参照）は、ピタゴラス学派の思想のどの部分がピタゴラスの考え方なのかはわからないといっている。その存在がすでに神秘的だ。

　ピタゴラスの書物は残っていないが、彼の思想は弟子などに口頭で伝えられている。

ちなみに、ピタゴラスは、第48回オリンピア競技会で、拳闘《けんとう》で優勝しているという。数学ができるだけでなく、筋トレもしていたらしい。

ピタゴラスといえば、「ピタゴラスの定理」で有名だ（これはおそらく、ピタゴラス本人が説いたと考えられている）。

「直角三角形ＡＢＣが与えられたとき、斜辺ＢＣを一辺とする正方形の面積は、他の二辺ＡＢ、ＡＣを一辺とする二つの正方形の面積の和に等しい」

ところがこのピタゴラスの定理の発見は、かえってピタゴラスの学派に難問をつきつけることになった。この定理から「実数のうち、有理数でない数。２つの整数の比で表すことができない数」、すなわち無理数が発生してしまうのである。

一説によると、ヒッパソスなる人物が無理数を唱えたために、ピタゴラス学派の人間に暗殺されてしまったらしい（諸説あり）。数学の秘密をもらしただけで殺されてしまうのである。現代では当たり前のことも、最初は大発見であるから、企業秘密と同じレベルのセキュリティで管理されていたのかもしれない。

☆ピタゴラスは輪廻転生していた？

言い伝えによると、じつはピタゴラスは、宗教教団の教祖だった。プラトンなどに大きな影響を与えた思想集団である。哲学者で詩人のエンペドクレスは、ピタゴラスがとてつもない知識をもっているのは、何十回も輪廻転生《りんねてんしょう》していたからだといったらしい。何度も生まれ変わって勉強

図 1-3　バッコス（ディオニュソス）儀式の行進

していたら、それは頭がよくなるにちがいない（前世の記憶をもって生まれ変わっているのだろうか？）。

ピタゴラス教団は、輪廻転生を信奉する東方起源のディオニュソス・オルペウス教に影響を受けたという説がある（図1―3参照）。しかし、数学と神秘的な内容がどこで重なるのだろうか。なんと、彼らは魂の浄化のために数学を研究していたというのである！

ピタゴラスの哲学（形而上学《けいじじょうがく》、感覚でとらえられない世界の学）は、宇宙・数・調和という概念を中心としてつくられている。ピタゴラス教団に入るには、この知識をしっかりと習得しなければならなかったから、数学のテストもあったかもしれない。

教団は殺生《せっしょう》を禁じていた。それは魂の不死と輪廻転生を信じていたからである。

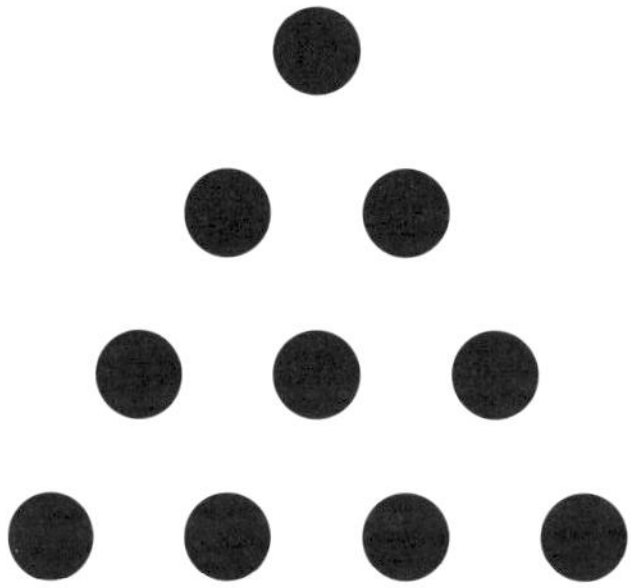

図 1-4　ピタゴラス教団の完全な三角形「テトラクチュス」。「1+2+3+4=10」になる

ピタゴラスは、自分の前世を数代にわたって覚えていたという。ある人が犬を叩《たた》いているのを見た彼は、「この犬は前世において私の友人だった。だから打たないでくれ」といったと伝えられている。

ピタゴラス学派にとって、数とは、天界から人間世界の道徳まで、万物に宿った原理だった。数学を研究することが生き方につながるので、数学・哲学・神秘学がセットなのである。

ピタゴラス学派は、自然数１、２、３、４……を小石で並べ、三角形をつくった。最初の４つの整数でつくった三角形は「テトラクチュス」という（図1-4）。「１＋２＋３＋４＝10」となる図形で、彼らはこれを「完全」を象徴していると考えた。これはピタゴラス教団の宣誓に用いられたという。

ハーモニーについても論じている。１対２、２対３、３対４の長さの比に張った弦《げん》に応じて、それぞれ８度、５度、４度のハーモニーが得られる事実が発見された。２本の弦の長さが同じ１対１であるならば、音は一致する。長さの比が１対２なら音階は８度、すなわち１オクターブになる。２対３なら完全５

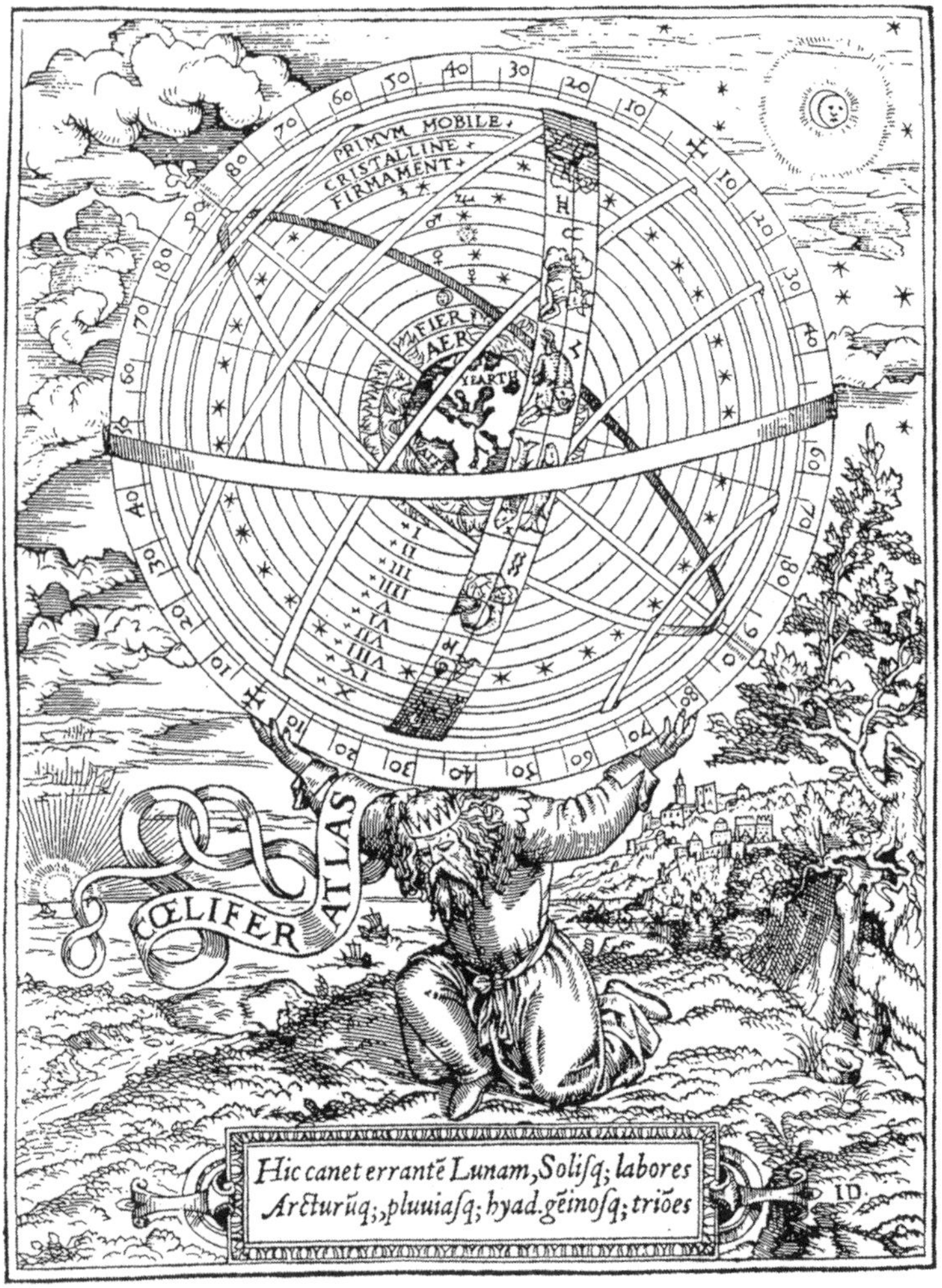

図 1-5　地球を中心とし、外縁に原動天が配されたプトレマイオスの宇宙像。
ピタゴラスの等速円運動などを発展させたもの

度となり、3対4ならば完全4度になる。なんとテトラクチュスは、音階の調和に潜在《せんざい》した数学的比率をもっているという。

テトラクチュスは空間であり、音楽は空間とは異なるものだ。これらはなぜ一致するのだろうか。そこに数の神秘がある。

しかも彼らは、音階は空間と結びつくのだからと、これらの比率を惑星の想定距離に適用してしまうのだ。音程比率は天界まで延びているので、天界に反響する。

ちなみに、ピタゴラス学派は地球を球体であると考えた（図1-5参照）。これは世界初である。なぜこの真実にたどりついたのかは謎だ。球体は数学的に優れているからだろうと考えられている。

よくわからないといえば、教団の戒律《かいりつ》だ。「豆を食べないこと」というのはなぜだろう。豆が生きた魂ととらえられるという説がある。ピタゴラスは敵から追われ、豆を恐れるあまり、豆畑の前で立ちすくんだところを敵に襲われて殺されてしまった（これも諸説あり）。

☆心の中にある真理を引き出したソクラテス

ソクラテス（前470頃～前399、図1-6）という人は、理科の先生のような自然哲学者とはちょっと違う。自然哲学は主として宇宙の原理について追究していたが、ソクラテスは、人間の生き方についても徹底的に考えたのだ。

図1-6　ソクラテス

ソクラテスは著書を残しておらず、その思想・行動を書いたのはおもに弟子のプラトン（前427〜前347）の著作である。そのため、ソクラテスの思想とプラトンの思想との区別がつきにくい。これは「ソクラテス問題」と呼ばれているが、私たちはそこをあまり気にしなくてもいいだろう。

どうしてソクラテスが人間の生き方について考えるようになったかというと、古代のギリシア社会の民主化が進むにつれて、古い考え方では新しい民主社会の要望を満足させられなくなってきたからだ。「これが正しいことだ」という普遍的真理（誰にとっても正しい基準）があやふやになったのだ。

そんな状況の中で、相対主義の立場をとる職業的教育家が現れた。彼らは「ソフィスト」（知者、知恵の教師）と呼ばれた。

ソフィストの代表者はプロタゴラス（前481〜前411）やゴルギアスなどだ。特にプロタゴラスの「人間は万物の尺度である」という人間尺度論は有名である。これは若者に聞けばすぐにわかる思想である。

「生き方なんて、人それぞれ。私は私、あなたはあなた」

この相対主義は、古くて新しい思想なのである。日本では江戸時代から明治・大正・昭和時代にかけて、封建制度や儒教《じゅきょう》思想によって、「人生はこう生きるものだ」という普遍的基準が決まっていた。ヨーロッパでもキリスト教の影響により、その考えは長く続いたのだが、イギリス的な経験論の発達などにより相対主義が復活。民主主義とともに、「人それぞれ」の考えが世界に広まり、日本もその影響を受けた。

だから、若者は「考え方は人それぞれ」というのである。これは2000年前の考え方なのである。

教科書的には、ソフィストは相対主義であり、ソクラテスは普遍的真理を求め、問答によって論破していった人である。

ソクラテスは、誰の心にも本当のことの答え（真理）が先天的にインプットされていると考えた。何が正しいのか悪いのかは、潜在的に誰もが知っているというのだ。これを「倫理的主知主義」という。

プラトンの対話編『メノン』では、ソクラテスが奴隷《どれい》の子供（ギリシアには奴隷制があった）相手に幾何学《きかがく》の問答をする場面がある。すると、無学な奴隷の子供が幾何学の証明をしてしまうのだ。ソクラテスが教えたのではなく、子供がすでに潜在的にもっていた幾何学的真理を問答で引き出したのだった。

いわれてみれば、もし頭の中がまっさらで、思考能力のタネのようなものもなかったとしたら何も理解できないだろう。パソコンでいえば、もともと基礎となるファームウェアとソフトウェアが組み込まれているからこそ、新しいことが学習できる。

人間はもともと脳の中に、知識の受け皿を生まれつきもっているにちがいない。だが、それははたして脳の中だけにあるのだろうか？　ここから神秘的な問いが生じるのである。

☆この世界を超える高次元界を示したプラトン

ソクラテスは、誰彼かまわず問答しているうちに、政治家の不正と絡《から》んでしまった。結局、ソクラテスは政治的に死刑へと誘導されてしまう。その罪状が奇妙なもので、ギリシアの神以外の神を信じていたことと、青年を思想的にたぶらかしたことなどだった。

ソクラテスは、友人と過ごしていても急にフリーズするので有名だった。友人も慣れたもので、そのまま放置していたという。ダイモンなる神様と交信していたらしいので、もうすでに神秘主義と関わりがありそうだ（哲学の世界では、これは自己の内面的な声と対話していたと合理的に解釈する）。

また、ソクラテスは、肉体は魂の牢獄《ろうごく》であり、死んでここから抜け出すことはすばらしいと考えていた。プラトンの対話篇『パイドン』では、問答によって死後も魂が残ることが証明されていく。ソクラテスが死刑になる際、弟子たちは悲しんでいるのだが、ソクラテス自身はまったく動じていなかった。

師匠《ししょう》ソクラテスが死刑になったことで、プラトンはいたくショックを受けて、政治家志願をとりやめ、哲学者になることを決断する（もちろん政治家のほうが儲《もう》かる）。

ソクラテスが求めてやまなかった真実を、プラトンはより論理的に裏付けようとする。

その際、自然哲学を応用する。ピタゴラスは、この世界が数でできていると考えたが、この思想がプラトンに大きな影響を与えているのだ。

もう一つは、パルメニデス（前５１５頃～前４４５頃、図１-７）という自然哲学者の思想が重要だ。彼の名前を知らない人も、彼の弟子ゼノンの「アキレスと亀のパラドックス」の話は学校で聞いたことがあるかもしれない。これは、ギリシア神話の英雄アキレスが亀と競走するとき、少しでも亀が先に出発したら、アキレスは亀に限りなく近づくことができるが、追い越すことはできないという論理である。

ゼノンのパラドックスには、運動が存在しないということを証明するための「飛ぶ矢は止まっている」という論理もある。運動するものがその終点に達するには、まずその半分の地点に達しなければならない。しかし、その半分の地点に達するには、さらにその半分の地点に達しなければならない。が、有限の時間に無限の点を通過することは不可能であるから、運動は不可能である。

図 1-7　パルメニデス

たしかに、仕事に行くには駅に行かなければならないが、その前にコンビニを通過しなければならず、その前に家の玄関を出なければならず、その前に部屋から出なければならず、その前に椅子から立ち上がらなければならず……と分割されていくと、いつまでたっても出発できないのだ。

ゼノンは師パルメニデスの説を弁護するために、私たちが生きている世界は生成・運動があるが、それらはすべて思いこみであることを証明しようとして、宇宙的な哲学を説いた。

パルメニデスによると、「ある」ものが「ない」になったりしないし、「ない」ところから「ある」が突然出てくることはない（1と0で考えるとわかる）。

何かがある以上は、それは形を変えているようでもずっとありつづけるだろうし、なんにもない空間から何かが出てくるのは矛盾《むじゅん》である（無から有は生じないという伝統的な哲学説につながる）。

そうなると、生成・消滅はどう説明されるのだろうか？　物体は突然に出現するわけでもないし、完全に消え去ってしまうわけでもない。

彼は、本当に存在するものには生成も消滅もなく、それらは感覚にだけ現れる見せかけ上の錯覚《さっかく》だという。したがって、本当に存在するものを知ることができるのは、感覚ではなく理性である。

この考え方は、自然哲学者のデモクリトス（前460頃～前370頃）へと引き継がれ、「万物の根源はアトム（原子）の組み合わせで成り立っている」と説かれた。その考え方は近代で花開き、粒子の離合集散で森羅万象《しんらばんしょう》が説明されるようになり、現在にいたっている。

さて、ピタゴラスの数の論理とパルメニデスの存在論から考えると、明らかにこの世界（現象世界）は、人間の見たままに存在するのではないことがわかる（いまの物理学も認めるところだろう）。

三角形を紙に書いてみると、莫大《ばくだい》な疑問が浮かんでくる。

「自分の描いた三角形は、隣の部屋の人が描いた三角形となぜ同じなのか」「フリーハンドで描いて、多少線が震《ふる》えていても三角形とわかるのはなぜなのか？」「はんぺんの三角形で、ピタゴラスの定理が考えられるのはどうしてだろう、ぐにゃっとしているのに」「店によってはんぺんのサイズはすべて違うのに、全部三角形といえるのは普遍的な三角形そのものがあるのではないのか？」

そう。この現実世界のグダグダな三角形とは別に、完全な三角形そのものがあるはずではないか……。

プラトン（図1-8）は、現実の不完全な物体の原型であり、物体としてはとらえられない完全な存在、かつ、時空を超越し、永遠不変の絶対的な実在（真実在）こそが「イデア」であると考えた。

つまり、今後の神秘主義のもととなる考え方がここに現れているのだ。

もちろんプラトンは神秘主義者ではなく理性の哲学者であるが、「世界はヴァーチャル・リアリティ（仮想現実）である」という考え方のもとを説いている。

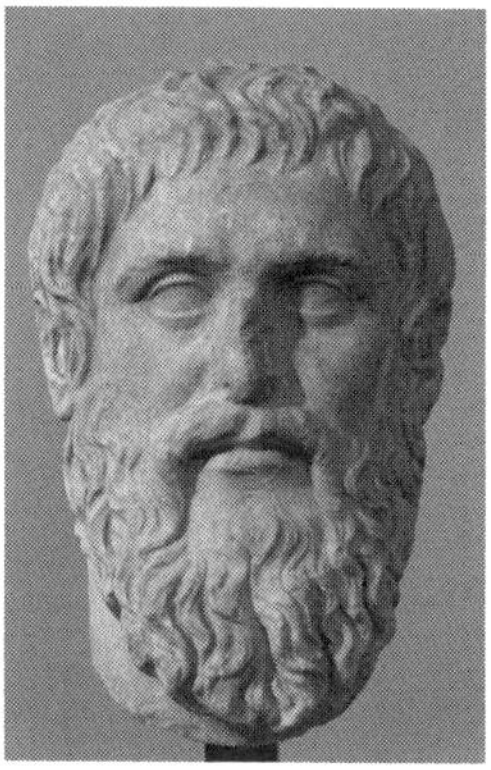

図 1-8　プラトン

こうして、人生は人それぞれ、相対的（「あなたはあなた、私は私」）であるが、誰にとっても正しいことがあるというソクラテスの説は、このイデア論で裏付けられる。

真実在としてのイデアは、私たちが住んでいる世界を超越したイデア界（叡智界《えいちかい》）にある。現象世界の個物（コップとか机などの物体）は、すべて真なるイデアの近似値《きんじち》として与えられているだけ。だから私たちは、完全な三角形を描くことはできないのに、理性的には完全な三角形（三角形のイデア）を知っているわけだ。

数学の世界は、イデアの世界だったのである。

☆魂は死なない？

人間は、生成・消滅するという自然の摂理《せつり》を免《まぬか》れることはできない。現象の世界で生まれ、年老いて死んでいく存在である。しかしイデア論によれば、死んでしまっても私たちの本体はどこかに残ることになる。

プラトンは魂の転生について比喩《ひゆ》的に語っている。プラトンの想起説によると、対象が認識されるのは、イデアが想起されるからだ。このことは人間の魂が、遠い過去にイデアを直視したからだとされる。

しかし、魂はこの世でイデアを直視することはできない。理性によって考えることができるだけだ。とすれば、私たちは不完全なこの世界に生まれ出る前に、前世においてイデアを直視していなければならないことになる。というのは、接触したことのないものを知っているのは矛盾だからだ。

よって、魂はイデアの知識をもってこの肉体に入り込んできた。だから、魂は肉体が滅んでも決して滅びることはない。魂にとって肉体はレンタルされたものにすぎない。

プラトンによれば、それは人間がイデア界と現象界にまたがる存在であるからだ。

プラトンのイデア論をまとめると、この世界（現象界）は、生成・消滅する不完全なものである。完全な土台としてのイデアはイデア界（現象世界を超えた叡智界、世界のサーバーみたいなもの）にある。

イデア界のプログラムが投影されて現実世界が生じる。たとえば、馬のイデアのプログラムが、ヴァーチャルな馬を映し出している。目の前にいる馬は、生成・消滅する不完全な馬だが、馬そのもののイデアは数学の公式、物理の公式と同じくイデア界にちゃんとある。

現代の科学と共通するのは、物質のあり方は、人間の感覚を通じて存在しているのであって、それは単なる一側面にすぎないということだ。真実は科学の力（理性の力）でわかる。

ただ、プラトンの頃と違うのは、論理を実験・検証によって証明できるということである。証明できない領域は、神秘として残ってしまうのだ。

☆異世界を否定したアリストテレス

一方、プラトンの弟子アリストテレス（前３８４頃～前３２２、図１－９）は、私たちが普通に考える立場をとった。アリストテレスは、イデアと個物が分離しているのはおかしいと考えた。

ペットボトルは、現実世界にそのままあるわけだから。イデアという本質もまたこの中に入っている（内在している）はず。だから、べつにアニメ的な異世界については考えなくていいということだ。

ここで、イデア界は否定されてしまったのだが、アリストテレスの哲学がアラビアに流れていって、錬金術となり、ヨーロッパに戻ってきた。アリストテレスも錬金術師も物質の変化（いまの化学のもと）について考えていたからだろう。学問はどこが何とつながるかわからないところがおもしろい。

図 1-9　アリストテレス

アリストテレスは「万学の祖」と呼ばれている。数学（起源はエジプトなどでもっと古い）、自然学（いまでいう物理など）を研究・整理整頓《せいとん》した哲学者である。動物学、霊魂論《れいこん》（心理学のようなもの）、政治学、弁論術、詩学、論理学、形而上学などなどを一人で体系的につくり上げた。

けれども、哲学の真骨頂《しんこっちょう》は、形而上学だ。これは「存在の学」であり、第一哲学と呼ばれている。まさに形而上学は、「キング・オブ・哲学」なのだ。

なぜなら「存在」以外の知識は一面だけを取り出して研究するにすぎないが、あらゆる知識・学問の根本には「存在」がある。何かを話そうが指さそうが、そこには必ず「存在」がある。その「存在」とは何かを、何をさしおいても追究することが必要と考えたからである。

形而上学は、このように存在の仕組みについて考えるわけだが、のちに、物理学と微妙な関係をもつようになる。

プラトンは、銅像という個物は、イデア界のイデアがこの現実世界に投影されている（分有されている）ものと説明した。アリストテレスは、もっと現実的に考える。

銅像はその像の形（プラトンのイデアに当たるもの）がその中に入っている。もちろん形だけでは銅像にはなりえない。その材料が必要である。この場合は、銅がその材料だ。銅像の雛形《ひながた》を形相《けいそう》（エイドス）といい、材料を質料（ヒュレー）という。

この当たり前のようなことは、形相は遺伝子のような情報、質料は肉体の素材と考えるとよくわかる。遺伝子情報が形を決め、骨や肉、血などの素材がその形をつくる。生物は実際にそうやって存在しているのである。

哲学は個別のものを普遍化する学問なので、コップもその形相（設計図）が中に内在していて、生物もまたその形相（設計図）が内在していると考えた。これは現代の科学からすると間違ってはいるが、まずそういう発想でスタートし、それに修正が加えられていって現代の科学につながっていくわけである。

植物の種は、枝葉をつける。赤ちゃんも大人になる。遺伝子のプログラミングに従って、成長する。

こうなると、イデア（アリストテレスのいうエイドス、形相）は、物体の設計図として内在しているので、イデア界という別世界は必要なくなる。神秘的ではないのでおもしろくないのだが、のちにキリスト教と錬金術がアリストテレスの説を神秘主義的に持ち上げてくれたので、本書としてはありがたい。

さて、アリストテレス哲学そのものには神秘性はないが、プラトンは現実世界という仮想空間とそのプログラムがしまわれているイデア界に分けたので、これが発展して、「新プラトン主義」という神秘説が登場することになった。

☆新プラトン主義――一つの原理からすべてが流れ出す

ギリシア哲学末期には神秘主義が盛り上がる。これはアレクサンドロス大王（アレクサンダー大王）の働きによって、ヘレニズム期以降のギリシア文化圏が拡大した影響といえる。ペルシアを滅ぼして中央アジアからインド北西部にまたがる大帝国を築いたアレクサンドロス大王によって、ギリシア哲学と東方諸世界とが融合していったのである。

アレクサンドリアは、アレクサンドロス大王がエジプト征服後の紀元前３３１年、ナイル川デルタ西端の地に、彼の名にちなんだ都市を建設したものだ。

アレクサンドリアは、大王の死後、エジプトに創建されたプトレマイオス朝の首都となった。のちにムセイオン（学問研究所）とその付属の大図書館が設立され、ヘレニズム文化の中心都市となり、さらにローマ帝政期には、この場で、新プラトン主義の哲学とユダヤ・キリスト教神学、グノーシス思想（52ページ参照）が発展していった。

プロティノス（２０５〜２７０頃、図１−10）は、西洋古代末期を代表する哲学者であり、神秘主義哲学、新プラトン主義の創始者である。エジプトに生まれ、28歳のとき、このアレクサンドリアでアンモニオス・サッカス（神秘主義哲学の祖といわれる）に出会って哲学を学んだ。プロティノスは、キリスト教とは違う道によって、神とコンタクトする術を開発した。

プラトンは、現象の世界（私たちの物質的世界、感性界）の上にイデア界をおいた。しかし、プロティノスはイデア界以上の究極の原理を求めた。

プラトンのイデア界にはさまざまな階層がある。それはビルのような構造をもっているので、やはり最上階へ行ってみたいものである。そして、プラトンのイデア論の場合は、ビルの最上階からの情報のみを地上で受けている感じだが、プロティノスの場合は、自分で最上階まで登ってしまえるようなものだ。

図 1-10　プロティノス

以下のような伝説が残されているらしい。あるときローマで、エジプトからやってきた神官が、プロティノスの守護霊《れい》を召喚《しょうかん》しようとした。すると、守護霊として、より上級の神が現れたのである。神官はプロティノスを称賛し、あなたは神を守護霊としていて、その下の霊は付き添っていないと説いたという。

私たちには普通の守護霊がついているのだが（本当かどうかは別として）、プロティノスには、すべてを飛び越えて「神」がついていたという話である。

この言い伝えが表していることは、プロティノスが、多様化した世界の根源を求めていたことだろう。私たちの身のまわりは、コップ、机、椅子、家、道路、植物、ネコ、イヌ等々の多様性に満ちている。多様なものを一つの原理で説明するのが、古代ギリシアの自然哲学やプラトンらの哲学だった。

プロティノスは、さらに究極の原理を求めようとするならば、一切の多様性を取り除いた原理が求められねばならないと考えた。

そこで彼は、多様性どころか存在・思惟《しい》すらも超えたところに究極の原理をおき、それを「一者《いっしゃ》」(ト・ヘン)と呼んだ。さまざまなものに分化する以前の統一体がなければならないと考えたのである。

私たちも、すべての物質を、分子↓原子↓素粒子のように同一のものに還元《かんげん》しようとする考え方を学校で学ぶ。私たち自身もまわりの物質も、すべて同じものからできている。現代科学はこれを詳細に解明していくわけだが、根本的発想は、大昔の哲学者・神秘学者らの発想の延長線上にあるというわけだ。

だから、その思想の歴史をたどっていくと、現代の思想につながり、いろいろな角度から物事を考えられるようになる。こういった発想を学ぶことは、脳トレに効果があるのだ。ぜひおすすめしたい。

☆万有を生み出す「一者」のパワー

プロティノスはこう述べる。「一者」は空間的・時間的規定を超えているから、どこにあるわけでもなく、いつあるのでもあったのでもない。動きもしないし、かといって静止しているのでもない。

重さも大きさもない。形もない。意識すら当てはまらない。というのは、意識は「見るものと見られるもの」という対立の中から生じるのだが、一者の中にはそういった区別がないからである。

一者は神とも呼ばれるが人格をもっているわけでもない。こうしたあらゆる規定に縛《しば》られない根本的原理が一者なのである。

それでは、世界はなぜに多様化しているのだろうか。その問いに、プロティノスはどう答えたか。

一者が世界をつくった？

そういう発想もあるかもしれないが、プロティノスは、なんと「流出」という表現で説明したのである（184ページ参照。グノーシス説にもその起源がみられる）。

一者は無限である。一者を限定するものは何もない。そして一者は、その無限性ゆえにあふれるのだ。

一者は限りなく湧《わ》き出る泉のごときものであって、その充溢《じゅういつ》ゆえに流出せざるをえないのである。これを「流出説」という。

プロティノスの著書から引用してみよう。

……一者は万有のいずれでもなく、むしろ、万有に先立つものでなければならないのである。……それは、万有を生み出す力（デュミナス）であって、この力がなければ万有もないし、知性も第一の普遍的な生命とはなりえないのである。しかし（第一の生命といっても）、その生命を超えたものがあるのであって、これが生命の原因となっているのである。つまり、万有として存在する生命の活動（エネルゲイア）、第一の根源的なものではなく、それ自体がいわば泉を源《みなもと》とする川の流れのようなものなのである。……この泉は、すべてを川の流れにあたえるけれども、川ゆえに自らを使い果たしてしまうようなことはなく、それ自身はもとのままの状態を保ちながら静かに留まっているのである。

（『エネアデス』プロティノス著、田之頭安彦他訳、中央公論新社）

一者は完全すぎて無限のパワーをもっているので、豊かすぎて必然的にあふれる。だから世界はあるのだ。

☆劣化した現実界から高次元界へ

一者からの流出は、プロティノスによれば、「ヌース」（古代ギリシア語で知性、精神、理性の意味。195ページ参照）から魂を経て、段階をおいつつ質料（物質的なもの）へと下る。最下の質

図 1-11　もう一つの世界へと入り込む賢者（カミーユ・フラマリオンの本より、1888）

料は光の完全な欠如《けつじょ》、闇であり、悪そのものである。

……生命は巨木のいたるところに及んでいるのである。だから、つまり、この生命の源は、その全生命を多様化して巨木に提供しているが、自己自身は多とならず、他の源として静止し留まっていることになるわけであるが、別にこれは不可解なことではない。

ここではさらに、世界の構造が明らかにされてくる。一者は太陽にもたとえられる無限のエネルギー源である。が、光は太陽から遠ざかるにしたがって、その明るさを弱める。同じく、一者からの流出も遠ざかるにしたがって、だんだんと完全性を失っていく。だから、流出した後の世界は、劣化《れっか》していることになる。コピーのコピーの……、とどんどんくり返していくと劣化するのと同じだ。

ここで「あれ?」と思った人も多いだろう。私たちの世界は、一者から流出し下降してきたものなのだから、かなり劣化しているのではないか。

そう、なんと私たちの現実世界は、コピーしすぎて、文字がつぶれて読めないくらいのボロカスの世界だったのである。ガッカリである。

本物は天上的であり、魂の故郷はイデア界にある(図1-11参照)。よって、魂を解放してイデア界に帰還させ、そしてそこからさらに知性(ヌース)へと高まり、ついには一者そのものと合一《ごういつ》すること、これが哲学的努力の目標なのだ。自分自身があふれ出ることで、自分の模像《もぞう》(コピーのような感じ)を生み出す。

そこで、プロティノスは、人間は物質世界への「下降を喜ぶ」ことをやめて、一者のほうへと自己を向上させなければならないとする。

本体よりも劣《おと》った存在である模像を踏み台にして、本物に出会う体験をしなければならない。これが神秘体験である。人間における質料的側面は身体であり、欲望にそまることが悪と禍《わざわい》の源泉となっている。

弟子のポルフュリオスによれば、実際にプロティノスは、四度、この神との合体(神人合一)を果たしたという。一者との合一においてはすべてを忘却し、言葉も思考も失って恍惚《こうこつ》のもとに光に満たされるという。まさに光そのものとなるのだ。

☆人間は物質界と霊界の両方にまたがる存在

物質は下位の存在であって、最上位の「一者」と対極的な位置にある。よって私たちの肉体は、劣化した物質世界にあるわけだが、じつはかなり複雑なあり方をしているとされる。

なんと私たちの魂はイデア界（叡智界）から降りてきて、肉体と関わっている部分と、いまなお、そして永久に叡智界にとどまっている部分があるというのだ。

わかりやすくいえば、私たちの魂は物質世界と霊界に同時に存在するのである。この考え方は現代のスピリチュアリズムにも影響を与えている（323ページ参照、『引き寄せの法則 エイブラハムとの対話』などがその立場をとる）。

一般に、霊魂といえば肉体という箱に入っていて、死んだらそこから抜け出して天国のようなところに行くと考えられている（それが本当ならば）。

ところが、新プラトン主義では、霊魂が肉体と叡智界に同時に存在している。だから、いま生きている自分は物質世界と同時に叡智界に存在している。死んだら、物質世界のほうが消え去り、異世界だけになるということだ。

これを応用するのが、現代の「引き寄せの法則」と呼ばれるものである。叡智界に現実世界の雛形が存在し、この世界はそのコピーなのであるから、叡智界に特別な情報を送り込めば、現実世界を変化させることができるのである。

たとえば、現在不幸な境遇《きょうぐう》にあるなら、異世界を操作すれば、そこから流れ出ている現実がよい方向へと向かう、つまり、運のいい世界へと変更させることができるのだ。

このように、神秘主義は修行して、結果を生み出すことができそうなので、そのあたりも魅力的かもしれない。「引き寄せの法則」が真実かどうかについてはさておいて、その方法は第6章に後述する（やるなら、自己責任でお願いします）。

☆神秘体験とは何か——パウロの回心

神は存在しないと考える人の主張はこうである。

「もし、神が存在するなら、なぜこの世に戦争があるのか？　おかしい。だから、神様はいないのだ」

これはもうちょっと正確にいい直すと「神が存在するなら、その神は全能である。全能の神に悪を許す倫理《りんり》上の理由はない。けれども、神はこの世界に悪を許している。だから神は存在しない」という論法である。

じつはこの論法は、古代から続いているのである。この論法はあまりに簡単すぎるので、受けがいい。現代人もこれを信じている。だが、こういった宇宙観にかかわるような事例に対して「絶対に○○だ！」という立場はとらないほうが無難だろう。

人類を、われわれが考えているような「幸せ」に導いてくれる意図を全然もっていない「神のような存在」はあるかもしれない（それは悪魔なのかもしれないが）。要するにわれわれの考えを超越する存在があり、われわれには理解不能な領域を考えておいたほうが謙虚な態度だ。「あるのかないのかわからない」といっておく程度がよいだろう。

さらに、こうも考えられる。あまりにシンプルなこの結論があるにもかかわらず、この世界には神を信じる人たちが無数にいる。ということは、もしかすると神を信じていない自分が知らない何かを彼らは感じ取っているのかもしれない。きっと、神を信じていない自分は、たんに情報不足。アンテナが弱くて圏外に追いやられているだけだという可能性もある。

物事は慎重《しんちょう》に慎重を重ねないと、あとで大きな失敗をすることになる。まずは、本書を読んで情報だけでも手に入れよう。

情報を手に入れた後は、神秘体験をするしかないらしい。そんなのは思い込みじゃないか！　となってしまう。そのとおりである。自分にしかわからないという点ではそうだろう。ただの妄想《もうそう》なのかもしれない。

だが、不思議なことに、そういう妄想的なことを共通に語り合えるところがまた不思議だ。ラーメンの味は、じつは自分にしかわかっていない。他人の舌で食べているわけではない。人間の身体は箱型の閉じた構造になっているので、他人のラーメンの味はわからない。でも、「おいしいね」というと伝わるのである。なぜだろうか。

ラーメンの味からして神秘なのだから、それ以外の感動的なことも神秘にちがいない。そういう神秘体験がキリスト教の『聖書』にいろいろと書いてある。

『新約聖書』に登場するパウロ（?～64頃、ヘブライ名はサウロ）は、最初は激しいキリスト教の迫害者だった。キリスト教徒を見つけ出したら、男女を問わず縛り上げ、エルサレムに連行する

図 1-12　パウロの回心（ピエトロ・ダ・コルトーナ画、1631）

という仕事をしていた。

ところが、エルサレムからダマスカスへの旅の途中で、彼はキリストの姿に接したのである。突然、天からの光が彼のまわりを照らした。

サウロは地に倒れ、「サウロ、サウロ、なぜ、私を迫害するのか」と呼びかける声を聞いた。「主よ、あなたはどなたですか」というと、答えがあった（図1－12）。

「私は、あなたが迫害しているイエスである。起きて町に入れ。そうすれば、あなたのなすべきことが知らされる」

（「使徒言行録」9章5～6節）

こうしてパウロは回心《かいしん》し、熱烈なキリスト教信者、どころかキリスト教を世界に広めた最重要人物となったのである。キリスト教が広まる過程においても、多くの人が神秘的な体験をしたのではないだろうか。

納豆好きの人にとって、納豆がうまいというのは揺るぎない真実である。だが、納豆嫌いの人

図 1-13　磔刑図（アンドレア・マンテーニャ画、1459）

に「そんな腐ったものよく食えるな！」と迫害されることもある。

だが、納豆嫌いは真実を語っているのだろうか。納豆は絶対的にまずいのだろうか。いや、あるとき納豆嫌いは悔《く》い改め、「ああ、こんなうまいものもあったのか」という真実を見いだすかもしれないのである。

ところで、イエス・キリストは人類を贖罪《しょくざい》によって救済した、という思想もパウロが基礎づけたものである。贖罪とはわかりにくい言葉だが、要するに借金を帳消しにしてくれたというような意味である。人類は罪深すぎて自分で自分の罪を消すことができない。借金が重すぎて払えないのだ。

だから、神はこれを哀れんで、受肉《じゅにく》した。すなわち神はわざわざイエスという人の形をとって現れ、自ら計画的に十字架にかかり、全人類のために罪を贖《あがな》ったのだ（図1-13）。

人類のかわりに借金を払ってくれたのである。

キリスト教の土台はユダヤ教にある。キリスト教神秘主義やユダヤ教神秘主義（178ページ参照）などにもつながる。

☆グノーシス主義の祖、魔術師シモン・マグス

ところで、キリスト教にはいろいろライバルがあったが、グノーシス主義もその一つである。グノーシス主義は正統キリスト教と対立した秘教的な一連の運動である。

なぜ対立するのかというと、この世界が善なのか悪なのかという根本問題のところで食い違いがあったからなのだ。

『新約聖書』には、以下のように記されている。


「ところで、この町に以前からシモンという人がいて、魔術を使ってサマリアの人々を驚かせ、偉大な人物と自称していた。それで、小さな者から大きな者にいたるまで皆、『この人こそ偉大なものといわれる神の力だ』といって注目していた。人々が彼に注目していたのは、長い間その魔術に心を奪われていたからである。しかしフィリポが神の国とイエス・キリストの名について福音を告げ知らせるのを人々は信じ、男も女も洗礼を受けた。シモン自身も信じて洗礼を受け、いつもフィリポにつき従い、すばらしいしるしと奇跡がおこなわれるのを見て驚いた」

（「使徒言行録」8章9～13節）

聖書ではこれだけの記述しかなかったのだが、キリスト教の教父《きょうふ》たちは、以下のように伝えている。

「シモン・マグス」（偉大なシモンの意味）と呼ばれる魔術師《マグス》がいた。シモン・マグスは、イエスの使徒ペテロ（初代ローマ教皇となる人物）と超能力対決をしたのだが、あっけなく負けた。シモンは魔術の力で空中飛行をしたところ、ペテロの祈りの力で落下して地面に激突したという（図1－14）。

図 1-14　シモン・マグスの死（『ニュルンベルク年代記』より）

聖書の話はかなり盛られているようだが、このシモン・マグスこそ、グノーシス派の祖とされている。

グノーシス主義の最盛期は2～3世紀頃とされる。自分たちはキリスト教を唱えているつもりなのだが、カトリック（普遍的・正統的）からすると「異端派」なのである。

グノーシスとは何だろうか。も

ともと「知識」「認識」という意味のギリシア語に由来するのだが、これは一種の素質のようなものであるらしい。グノーシスを認識しやすい人としづらい人がいるという。

チェックする方法は簡単だ。もし、あなたが現実の世界において疎外感《そがい》(「自分は本当の自分ではないような気がする」という感覚など)をもっているならば、グノーシスを認識しやすい資質があることになる。

「友人がいない」「いつも人から笑われている」「自分はだめな人間だ」「妻と子供から(犬や猫にも)バカにされている」などの疎外感をもっている人は、グノーシス的な素質をもっていることになる。むしろ、喜ばなければならない。

☆悪神デミウルゴスの正体

キリスト教では、神は世界をつくった善なる存在である。しかし、シモン・マグスはそうではないと考えた。グノーシス主義によれば、神と世界は対立的な存在なのだ。なぜなら、世界は神よりも完成度が低いところにあるから、世界そのものが「悪」なのだ。

よって、世界に戦争があるから神は存在しないということにならない。世界は不完全だからこそ、神が存在するのかもしれない(東洋の思想では、神は存在せず「空《くう》」であると考える。93ページ参照)。

グノーシス主義のめざすところは、自己の本質が神と根本的に同じであることを認識(グノーシス)することで、それによって人は救済されるという。

人間の魂は肉体に閉じ込められている。人間とは「泥《どろ》に埋められた真珠のように、粗大な体にとらわれた精神の花火」という表現がとられている。その意味で、人間は小宇宙（ミクロコスモス）なのだ。

だから、宇宙全体が善と悪に分かれているように、人間の中にも善と悪がある。人間という小宇宙も、大宇宙とともに、光の善の霊と物質を支配する悪霊との戦いの戦場なのだという。

そこで、私たちは人間をまどわせる邪悪な世界から脱出するためにも、正しい知識を得て、人間の内にある魂を解放しなければならないとされる。善の神の恵みに導かれて自分のあり方、起源、定められた運命をグノーシスするならば、解放されるのだ。それに反して、悪霊は、人間に物質的快楽を追求して堕落《だらく》するよう足をひっぱるという。

さらに、以上のような考え方をもった救世主が霊的世界からやってきて、人々を導くことになっている。この考え方がキリスト教に融合してくると、イエスがその救世主と同一視される。

そのうえで、最高神の精霊であるキリストは人間イエスの肉体に宿っていたが、十字架上で死なずに神の国にかえっていったとされた。

しかし、十字架は贖罪なので、十字架に意味がないと困る。よって、正統派のキリスト教からすると、グノーシス主義には「異端」の烙印《らくいん》を押さざるをえなかったのだ。

グノーシス神話はだんだんと肥大化していく。

まず、根源的最高神からいろいろな神々が生まれたが、最後の神ソフィア（知恵）は最高神を知りたかった。これがもとで、ねじまがった悪神デミウルゴス（図1-15参照）が生まれた。悪神

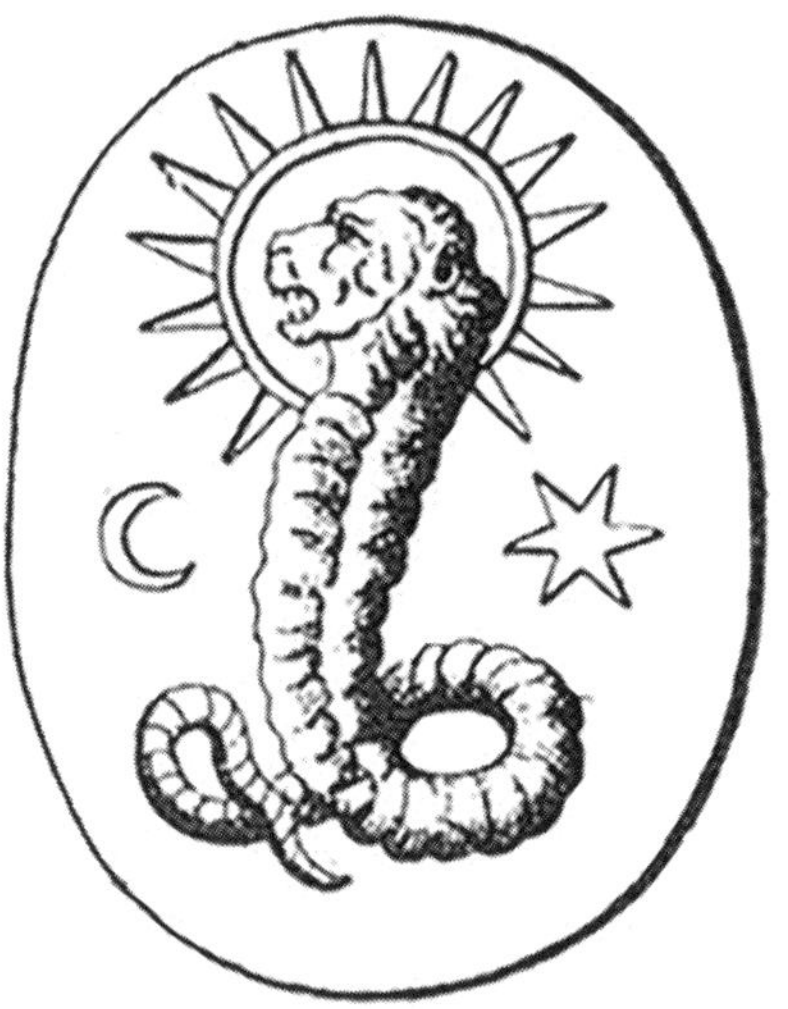

図1-15　グノーシス派の護符。獅子頭をもつ神はデミウルゴスといわれる

デミウルゴスは悪の物質界を創造した。

なんと、グノーシス派によると、私たちが普通に知っている神はデミウルゴスだったのだ！

この悪神デミウルゴスと『旧約聖書』の天地創造の神は同じものであり、天地創造の唯一神《ゆいいっしん》ヤハウェは悪神だったというのである。もうムチャクチャである。

2世紀の異端指導者的なグノーシス主義者マルキオンは、「悪はどこから来たか？」という問題で悩んでいた。『聖書』はユダヤ教の『聖書（旧約聖書）』と『新約聖書』から成り立っている。たしかに前半部分の神と後半部分の神の性格が違いすぎる。『旧約』の神は、怒り、妬《ねた》み、罰《ばつ》を与える。『新約』の神は「愛」である。マルキオンは、『旧約』の残酷な神と『新約』の愛の神の差にショックを受けたらしい。

結論として、マルキオンは、「二人の神がいる」と考えた。前者の神は正しいが残酷《ざんこく》で好戦的、かつ、きびしい律法《りっぽう》の文言にこだわる。これは『旧約聖書』の神デミウルゴスである。物質世界の創造者である。

宇宙は完全に悪であり、救いようがない。これがグノーシス主義者たちの信念だった。だから、激しく善と悪の問題をつきつめていった結果、二元論になってしまったのである。

一方、善の神は好意的で恵み深くやさしい。愛に満ちている。この神はキリストがくるまでは知らされていなかったという。真の神はイエス・キリストの父であり、『旧約』の悪の神が宣伝した嘘《うそ》の教えとは反対の真実を教えるため、イエスが派遣されたというのだ。

キリスト教では、イエスを信じて洗礼を受け、教会でいろいろと教えを請《こ》えば救われる。グノーシス主義ではどうすればよいのだろうか。

教えが強烈に神秘的なわりには、実践法《じっせんほう》は理知的である。以上のような理屈を頭で考えるのが修行なのだ。こうして「知識」「認識」＝グノーシスを得るという修行をすれば救われるのである。

結局、グノーシス主義は迫害され、３世紀には消えてゆく。その後、新プラトン主義（40ページ参照）の登場となったというわけである。

☆天使と悪魔

ユダヤ教、キリスト教、そしてイスラム教にも天使と悪魔が登場する。

天使とは、神によって創られた純粋な霊であり、無数の天使の中からほんの一部の天使が、神の使いとして人間のもとに派遣される。キリスト教では、天使は高位から低位へと９群に分けられている。天使は肉体をもたず、物質に依存していない純粋な霊なので、位が高い天使になると、もはや人間のような形はしていない。

『聖書』では、「車輪のまわりに無数の目がある」などの表現になっているので、『新世紀エヴァンゲリオン』の使徒のような人間離れしている存在だ。いくつか紹介しよう。

『旧約』の「創世記」では、アブラハムがその子イサクを神の願いにより生贄《いけにえ》にしようとする（174ページ参照）。まさに刃物を振り下ろしたその瞬間、神の使いがそれを止めた（「天使」と「神の使い」は微妙に違うようだが、ここでは同じとする）。

イサクの子ヤコブは天使と格闘をして勝ったので、イスラエルという名をもらった。「十戒《じっかい》」のモーセも神の使いに守られて、「出エジプト」をおこなっている。

イエスの母マリアの受胎《じゅたい》告知をしたのは天使ガブリエルである（図1－16）。荒野で悪魔の誘惑を退けたイエスの許に来て仕えたのも神の使いたちであるとされている（「マタイによる福音書」）。『聖書』の巻末となる「ヨハネの黙示録《もくしろく》」では、天使が役割を果たし、アブラハム、ロト、処女マリア、ヨセフ、ザカリア、キリスト降誕の際の羊飼い、聖墳墓《せいふんぼ》を訪れた女たちに現れて神の言葉を告げる。「最後の審判」において天使ミカエルが人間の魂を計り、天の軍勢としてサタンと闘う。

イスラム教の預言者ムハンマドに啓示を伝えたのは、天使ガブリエル（ジーブリール）だ。終末のラッパを吹くのはイスラーフィールである。

以下、一般的な天使の分類を示しておこう。

ちなみに、私たちがよく知っているミカエル、ガブリエル、ラファエル、ウリエルの大天使たちは、けっこう下のほうの位にいる。

図 1-16　天使の受胎告知（フラ・アンジェリコ画、1433 頃）

【上級３隊】

・第一階級 熾《し》天使（セラフィム）

Seraphim：六つの赤い翼と目とによって、火と愛を象徴している（図1-17）。

・第二階級　智《ち》天使（ケルビム）

Cherubim：青色の目がついた四枚の翼《つばさ》をもち、本をもった姿で表され、豊富な知識をもっていることを示している。

『旧約聖書』「エゼキエル書」にはこうある。

「彼らは人間のようなものであった。それぞれが四つの顔をもち、四つの翼をもっていた……翼の下には四つの方向に人間の手があった。四つともそれぞれの顔と翼をもってい

図 1-17　熾天使（ヴィクトル・ヴァスネツォフ画、19 世紀）

た……」（第1章5～8節）

・第三階級　座天使（スローンズ）Thrones：神の玉座、神の乗る戦車の車輪の形をもつ。

【中級3隊】

・第四階級　主天使（ドミニオンズ）Dominions：王の服を着て、冠《かんむり》をつけ、笏《しゃく》をもち、権威を示している。

・第五階級　力《りき》天使（ヴァーチューズ）Virtues：鎧《よろい》をつけ、天上からの奇跡の配分係である。

「イエスは天に上げられたが、雲に覆われて彼らの目から見えなくなった。イエスが離れ去っていかれるとき、彼らは天を見つめていた。すると白い服を着た二人の人がそばに立って、言った……」この2人の人は力天使であるという説がある。

・第六階級　能天使（パワーズ）Powers：剣をもち、悪霊を足で踏みつけてこれを征服したことを表している。

【下級3隊】

・第七階級　権《ごん》天使（プリンシパリティーズ）Principalities：地上の国や都市を統治・支配し、指導者層を監視する。

・第八階級　大天使（アークエンジェルス）Archangels：七大天使は、ミカエル、ガブリエル、ラファエル、ウリエルの四大天使とサリエル、ラグエル、ラジエル、レミエル、アナエル、メタトロンの中から選ばれる三大天使とのユニット構成だ。

ミカエルはサタンを天国から追放している（ヨハネの黙示録）。ガブリエルは、マリアに受胎告知をおこなった（ルカ伝）。

ラファエルは、魚の内臓から目薬をつくる方法や悪魔防衛の方法を教えている（トビト記）。すべての魂はウリエルによって審判の席に座らされることになっている。

・第九階級 天使（エンジェルス）Angels：その他たくさんの天使のことである。

教父アウグスティヌスによれば、天使は自由であると同時に限定された堕落しうる存在であるから、放置しておくと罪を犯す可能性がある。

だが神は彼らが堕落することを望まなかったので、恩寵《おんちょう》（神の恵み）によって天使たちを励まし、彼らの善を強固にしようと決めた。

これが天使の一軍だが、じつは二軍もあった。二軍はかなり自由意志をもっていたので、罪を犯し堕《だ》天使となった。

「天使の位階の一つがその下なる位階と共に神に背き、信じがたい考えをいだきて、大地の上なる雲よりも高く御座をもうけようとした」

（旧約聖書の偽典『エノク書』）

大天使長ルシファーは、自分が神の代わりに天の御座につきたいとの野望をもった。ルシファーは他の天使たちを率いて神に反逆したが、敗北して天より落とされた。

これが悪魔のはじまりだという。

☆魔女と悪魔

魔女は、儀式、まじない、呪縛《じゅばく》、霊を呼び出すこと、霊に訴えること、透明化、飛行、変身、透視、天候操作、治療などなんでもする。ちなみに日本語では魔女だが、もとは「Witch」なので、女性のウィッチと男性のウィッチがいる。

彼女（彼）らは悪魔と契約し、さまざまな手段を用いて社会に混乱（疫病《えきびょう》、悪天候、不作など）をもたらすとされた。

深夜、ほうきにまたがって森や野や山岳に集《つど》い、魔女集会（サバト）を開く。日本はキリスト教がそれほど流行っていないので、魔女も悪魔もかわいいキャラが多い。魔女っ子やサキュバス（女性形の夢魔）は人気だ。

魔女が鍋であやしいものをグツグツとつくっているのは、いまでいう薬剤師的な仕事をしていたらしい（図1–18）。占いや巫女《みこ》的な仕事もするので、カウンセラー役でもある。

ところが、キリスト教が成立してからは、とりあえず科学的なこと（錬金術的なこと）をコソコソおこなうと魔術師とか魔女とかに分類されてしまうのである。

薬草に麻薬が含まれていて、魔女が集会でこれを使ってトリップしていたので、空を飛んでい

図 1-18 『魔女と女予言者について』（ウルリヒ・モリトール、1489）の挿絵

るような気分になったのだろうという説もある。どちらにしても、キリスト教会からするとアブナイ人たちに見えるので差別されていたのだろう。

14世紀前後から17世紀にかけての魔女狩りは、社会集団的なパニック状態だったらしい。中世の政治・宗教が崩れていき、中部ヨーロッパに不安が広がった。聖書によると世界の終末に悪魔が表に現れてくるので、魔女として迫害された人々はその犠《ぎ》牲《せい》となったのだ。

魔女についての有名な著作が『魔女の槌《つち》』（J・シュプレンガー、H・クレーマー共著、１４８６）である。

実際はよい魔女と悪い魔女がいるらしい。悪い魔女は悪魔と契約を結ぶという。

先に天使の階級にふれたが、悪魔にも階級がある。17世紀の宗教者セバスチャン・ミカエリスは、天使の階級にたいして悪魔の階級というものを発表した。悪魔はもともと天使だったのだから、天使と同じパターンの階級をもっているのだ（図1-19）。

セバスチャン・ミカエリスはエクソシストだった。悪魔を祓《はら》うには、まず敵を知るということだろうか。

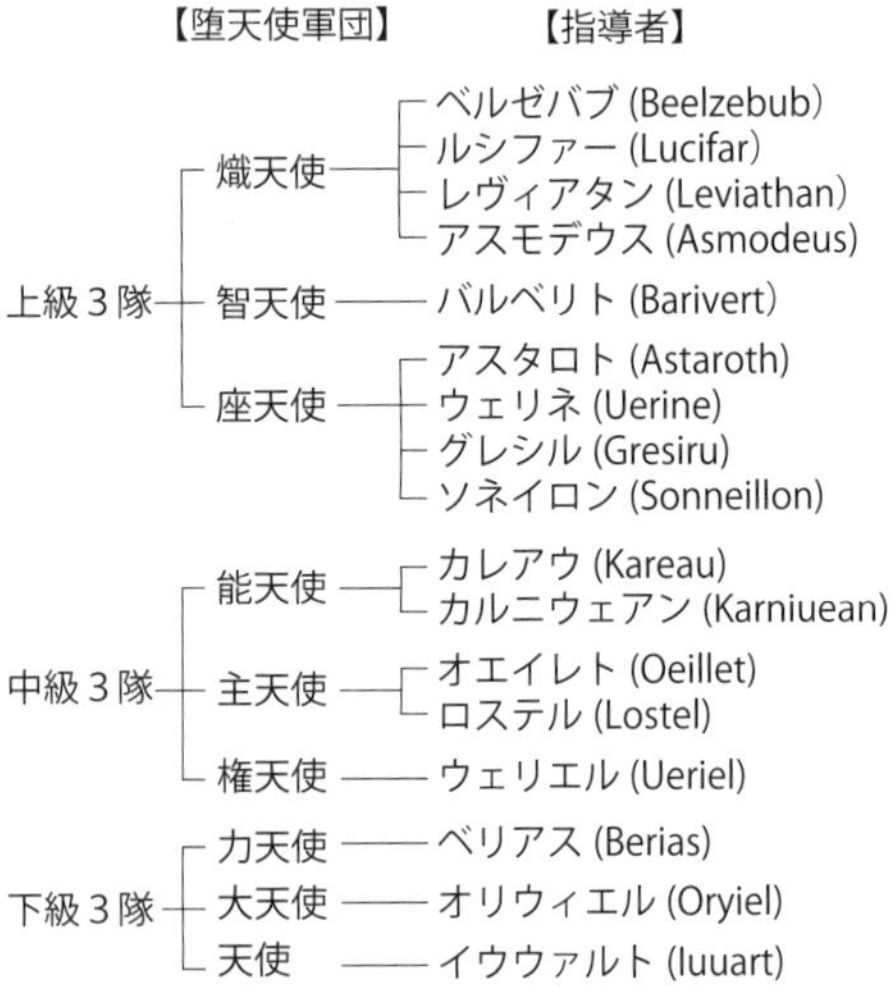

図 1-19　悪魔（堕天使）の階級

悪魔に取り憑《つ》かれると、どのような症状が出るのだろう。

「呪《のろ》いの術によって憑依《ひょうい》されたことを示す徴候」の一覧が示されている。

「呪われた人間は、これ以上ないほどひどい食べ物を欲しがる」

「また胃が非常に重くなり、何かの球が胃から食道のほうに上がってくるような感じがする」

「また別の場合には、肉体が激しく衰弱し、骨と皮のようになり、無気力のきわみにいたる」

これによれば、現代人はみな悪魔に取り憑かれていることになってしまう。疲れが出ているだけかもしれないので、ちゃんとお医者さんに相談したほうがいいだろう。

第2章

東洋の神秘思想

――超人的能力の覚醒

☆輪廻サイクルからの脱出を願った古代インド人

人間は、死んでも本当には死なない。これは神秘主義に共通する考え方だろう。死んだら消えてしまうというのは唯物論《ゆいぶつ》である。唯物論は、すべては物質で成り立っており、実在するのは物質だけ。だから、死んだら魂《たましい》も消えてしまう。これでは、ちょっと味気ないかもしれない。

古代インドでは、ヨガから仏教、ヒンドゥー教まで、いちおう輪廻《りんね》というものがある（魂があるかないかは後述する）。インドの思想は非常に論理的であるけれども、神秘が途中から混ざってくる。最後に仏教では神通力が説かれるようになる（98ページ参照）。

以下、この流れをたどってみよう。

古代インドでは、人間は死んだ後、心の本体（魂）が永遠に存在しつづけると信じられていた。これが輪廻転生《てんしょう》である。

古代インド哲学の聖典『ウパニシャッド』では、人間の魂は永遠に不滅であり、生まれては死んで死んでは生まれ、と輪廻転生しつづける。

けれども、それが本当なら、現代の私たちは、とりあえず現世の雑事を来世へと見送ればいいじゃないかと思ってしまう。死んだらリセットして生き返るだけの話。だったら、現世ではテキトーに生きて、苦や努力は来世の課題とすればいいと先延ばししてしまいそうだ。

ところが、古代インド人は、なんとかしてこの現世と来世の循環である輪廻から脱出を試みるために苦行を重ねたのである。生まれ変われるのに、ゲームのように転生できるのに、それがいやで苦行をする。ちょっと現代の私たちには理解しにくい。

じつは、輪廻はとてつもない苦しみであり、それも永遠の苦しみであるらしい。永遠の苦しみから逃《のが》れるには、この人生で苦行する、つまり、この世に再び生まれてこないようにするために修行するのである。ますますわけがわからなくなるかもしれない。

だが、輪廻の説によると、魂は生まれ変わった後、次はなんの姿になるのかはわからないのだ。いまは運よく人間だけれども、来世は牛か豚か、カエルかゴキブリか、まったく予想がつかない。それを永遠にくり返す。この永遠というのが、あまりに長すぎて想像がつかないのだが、ちょっと考えてほしい。

私たちは、頭痛、腹痛、神経痛、その他もっと痛い体験をすることがある。でも、いつかは解決する。治ったりまた悪くなったり、だましだまし生きていくうちに、最後には終わりがかならずくる。終わりがくれば痛みも消える。

足がつって「イタタター」となっても、そのうちおさまるから、なんとか我慢《がまん》しているのである。けれども、頭痛、腹痛、神経痛その他、精神的・肉体的な苦しみが永遠に続くとしたら、どうだろう。なんの希望もないから我慢もできない。

もし、足がつったとき、それが未来永劫《えいごう》に続くとしたら？　「イタタター」を我慢するどころではない。絶望の縁《ふち》に立たされるだろうが、でもどうしようもない。輪廻の説によれば、それが私たちの魂の行く末なのである。もし本当だったら、発狂するほどの恐怖である。

ドイツの哲学者ニーチェは、輪廻とはちょっと違うのだが「永遠回帰」という発想をもってしまった。私たちの人生が寸分違《たが》わずリピートするというのだ。そうなると、世界には意味がないことがわかる（ニヒリズム）。

ニーチェは、この「永遠回帰」の解決法を明確には説いてはいない（ポジティブに考えようというのは一つの解釈）。人生に意味がないということをハッキリと主張した哲学者だった。最後、本人も発狂してしまった。

それほど世界に対して人間は無力なのだ。もしかしたら、恐ろしい仕組みが隠されていて、科学の力では対処できない可能性もある。

話は戻るが、インドの思想では、ちゃんと救いがある。「救済」されることこそがインド思想の根本だ。輪廻が存在しても、そこから脱出する修行法が残されているのだ。

私たちの人生そのものも、小さな輪廻のようなもの。朝起きて歯をみがき、満員電車に乗って学校や会社へ。ノルマ、人とのいざこざ、身体の不調、満たされない欲求、どれもこれも毎日同じことではないだろうか。まるで、一日が終わって死んで、また次の日に生まれ変わって、まったく同じ生活。そのうえ、未来がどうなるかわからない。

宇宙全体にサイクルがあり、星々にもサイクルがあり、微粒子にもサイクルがある。私たちの人生にもサイクルがある。だったら、生きては死んで別世界へ、そしてこの世界に戻ってくるというサイクルがないとはいえない。

逆にこの生まれては死んで、死んでは生まれという輪廻のサイクルから脱出できるようなメソッドがあり、それを実践《じっせん》できたとしよう。ならば、私たちのくり返しの生活サイクルなんて、ラクラク乗り越えられるのではないだろうか。その修行をすれば、なんとかなるのではないだろうか。

その方法こそがチャクラの開発である。

☆梵我一如で解脱するウパニシャッド哲学のメソッド

『リグ・ヴェーダ』はインド最古の文献である（図2-1）。紀元前1200～1000年頃といわれている。これは神々に対する賛美の集成で、ほかにもさまざまな種類の「ヴェーダ」（バラモン教の聖典）があった。この「ヴェーダ」の延長線上に含まれるのが、「サンヒター」（本集）に附属する『ブラーフマナ』『アーラニカ』『ウパニシャッド』などだ。

『ウパニシャッド』は奥義書《おうぎしょ》、つまり秘密の教義を意味する。この聖典に、輪廻からの脱出方法が記されているのだ。

もともと牧畜を生活の基盤としていたアーリア人の宗教観には、輪廻の発想はなかったようだ。ところが、先住民の農耕文化を吸収していった結果、自然の循環という法則性を見いだし、魂もまた輪廻するという真実（？）を知ってしまったらしい。

こうして生まれたのがバラモン教。バラモン教とは古代インドにおいて、仏教が盛んになる以前に、バラモン階級（僧侶《そうりょ》階級）を中心に、ヴェーダ聖典に基づいて発達した宗教である。特定の開祖をもたない。

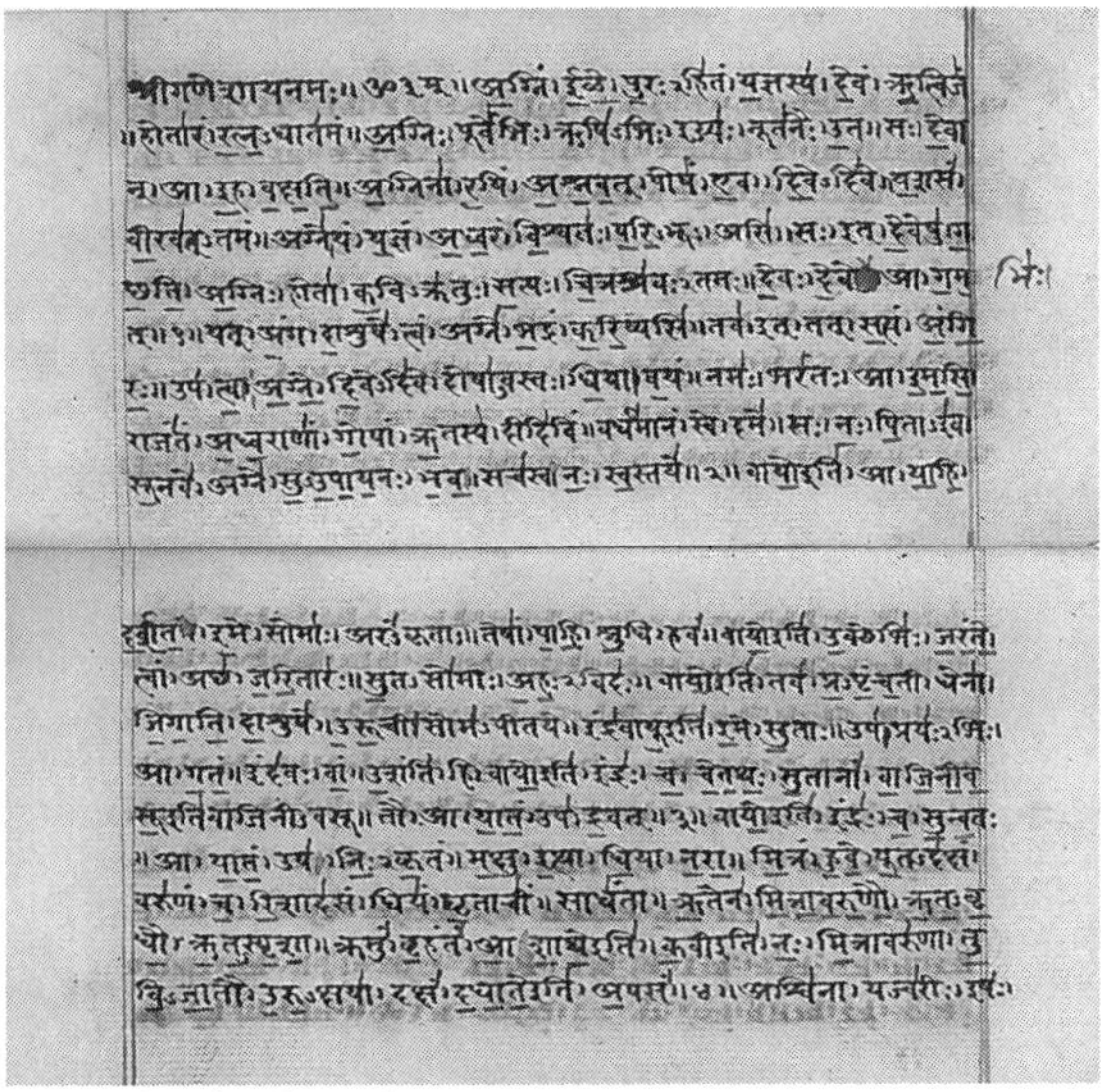

図 2-1　『リグ・ヴェーダ』

およそ紀元前3世紀頃から、バラモン教がインド土着の諸要素を吸収して大きく変貌し、ヒンドゥー教へと発展する。ややこしいので、これらを区別するために西洋の学者はバラモン教をブラフマニズムと呼んだ。

バラモン教は、『ウパニシャッド』の哲学に基づき、「ブラフマン」（梵《ぼん》）を宇宙の最高原理とする思想である。だからブラフマニズムという（それを受け継いだのがいまのヒンドゥー教）。ブラフマンは、『リグ・ヴェーダ』という神話では宇宙の創造神で、『ブラーフマナ』文献（前800年頃成立）では、世界の根本的原理となった究極の存在だ。

さて、輪廻の話に戻るが、現代のスピリチュアルな世界でも、前世を覚えている人々についての話題が盛り上がっている。

あるとき、まったく覚えのない場所の記憶がよみがえってきて、それをたどっていったら前世の自分の墓を発見したとか、習ったこともない古代のサンスクリット語（梵語。インドの古語）をトランス状態で口にしたなどの話だ（スピリチュアリズム的なブームは周期的に起こる。その昔、１９８０年代にも日本にはオカルトブームがあった）。

とはいっても、この輪廻は古代インド人にとっては最大の苦痛であったことは先に述べた。なんとかしてぐるぐる回る魂のジェットコースターから降りたい。

さて、降りるにはどうすればよいのか。それは「すでに降りている」ということを悟《さと》ればよいという。すでに降りているとはどういうことなのか。それはジェットコースターに乗っているということを自然に受け入れることができれば、もう降りていると同じだというのだ。

これでは、よくわからないので、別のたとえで説明しよう。もしあなたの会社がブラック企業でいつもこき使われて、日々血の汗を流しながら、なんとかこの苦痛のくり返し、仕事の輪廻から脱出したがっていたとする。

転職する？　いや、それは輪廻と同じだ。またブラックだったら？　さらに転職？

それもいいかもしれないが、いちばんの理想は、社員という立場を超越し、ＣＥＯ（最高経営責任者）になってしまえばブラックな状態から脱出できる。起業すればよいわけだ（これはあくまでたとえである）。

というわけで、世界の中で、魂が死んでは生まれて苦しむのなら、「世界のＣＥＯ」になってしまえばよい。

図 2-2　梵我一如のイメージ

　古代インド人は、なぜ魂が輪廻するのかを以下のように説明している。この原理がわかれば、方法もわかるはずだからである。

　まず、魂はアートマン（我《が》）と呼ばれる。魂が何度も生まれ変わってしまうということは、魂は死んでも消えないということ。死んでも消えないどころか永遠に消えない。なぜ魂は消えないのだろう。それは、アートマンは実体（不滅の存在）だからだとされた。

　一方、宇宙の原理はブラフマン（梵）である。自分は、アートマンとして輪廻しているが、じつは本来の自己はブラフマンなのだと認識すること、ここに解脱《げだつ》（苦しみから解き放たれること）の境地があるのだ。ブラフマン（梵）とアートマン（我）は本来同じものであるという境地を「梵我《ぼんが》一如《いちにょ》」という（図2-2）。

　まだ、よくわからない。どうすれば「梵我一如」できるのだろう。何をしたら自分と宇宙が同じ存在であることに気づけるのか？

　このあたりが東洋思想の優れたところで、梵我一如するメソッドがカリキュラムのように組まれており、ちゃんとメニューがあるのだ。たとえれば、フィットネスクラブのダイエットコースのようなもの。トレーナーが付き添ってくれて、坐法《ざほう》、呼吸法、ストレッチ、食事制限、イメージトレーニングなどを手取り足取り教えてくれる。

さて、いったいどんな修行をすると、宇宙と合体できるのか？　それはすでにわれわれが知っているものだし、人によっては毎日実行している。

その修行法が「ヨガ」（ヨーガ）である。そう、あの身体を妙な形にねじる体操の「ヨガ」。どうして身体をねじると解脱できるのかには理由がある。身体を浄化するのにさまざまなポーズが必要なのだ。なんといっても「背骨」をまっすぐにしなければならないのだ。

ヨガの起源はあまりに古く、すでに『リグ・ヴェーダ』に記されている。一般的に、バラモン哲学の一派であるサーンキヤ学派の二元論を基礎に、「真我」（見るもの）と「根本原質」（見られるもの）立場を超えて解脱を求める方法が示されている。

しかし、見るものと見られるものはじつは同じという境地に達するために、背骨を伸ばすとはどういうことだろうか。

☆ヨガで肉体と魂をコントロールする

ヨガの経典としては『ヨーガ・スートラ』が残っている。ヨガも仏教とともに並行して発展しているので、仏教の年代とはパラレルに考えたらよいだろう。この経典は、紀元３～５世紀頃、パタンジャリというヨーギによって編纂《へんさん》されたといわれる。「ヨーガは心作用の抑制である」という教えからはじまる。実践により三昧《さんまい》（心が一つの対象に集中し散乱しない状態）が得られ、解脱できると説かれている。

実践法が具体化されているのが、「ハタ・ヨーガ」である。現代のヨガ教室で流行っているヨガの起源といえるだろう。座法（アーサナ）・呼吸法（プラーナーヤーマ）・印契《いんげい》（ムドラー）などの複雑な技法・瞑想《めいそう》により、三昧（サマーディ）にいたる方法だ。

『ウパニシャッド』にはこう記されている。

「五つの知覚器官が意とともに静止し、覚もまた動かなくなったとき、人々はこれを至上の境地だという。かように諸々の心理器官をかたく執持《しゅうじ》することを人々はヨーガと見なしている」

つまり、もともとヨガとは、あらゆる感覚器官や心そのものを自分でコントロールする技法だったのだ。それが精神の制御《せいぎょ》、ひいては魂の制御にまでいたる。

たしかに、心が止滅してしまえば、職場で叱《しか》られたり、家で文句をいわれたりしてもなんの問題もないだろう。日々おだやかに暮らして、いつの間にか人生が終わっており、輪廻することもない。魂が完全にストップしているからだ。

心の動きを無くしてしまうことを『ウパニシャッド』では「抑止する」（ヤム）という。無くしてしまうといっても完全に消えてしまうのではなく、低い心のステージから高い心のステージへと引き上げられていき、最後は静止してしまうという流れだろう。

とはいえ、それをどう実践するのだろう。じつは、経典そのままだと、現代人にはかなり難しい。

簡単にまとめるとこうなる。肉体をもつ小さな自己と広大な宇宙が同じものだから、それを自覚させるスイッチが自分の身体にすでにしこまれている。そのスイッチを入れる行法《ぎょうほう》を実践すれば、人生の苦から、また輪廻の苦から脱出することができるのだ。

『ウパニシャッド』には以下のような記述がある。

「アートマンを車主と知れ。肉体を車、覚を御者、意を手綱《たづな》と心得よ。賢者たちは、もろもろの知覚器官を馬とよび、諸知覚に対応する諸対象を道路とよんでいる」

「ヨーガ」のもともとの意味が、「馬を車につける」ということなので、これは、どこに走っていくかわからない心をしっかりとつなぎとめる修行ということになる。

「心の作用が止滅されてしまったときには、純粋観照者である真我は自己本来の状態に止まることになる」

（『ヨーガ・スートラ』）

「かくして心の作用がすべて消え去ったならば、あたかも透明な宝石がそのかたわらの花などの色に染まるように、心は認識主体（真我）、認識器具（真理器官）、認識対象のうちのどれかの上にとどまって、それに染まる。これが定《じょう》とよばれるものである」

（前掲書）

自分で自分をコントロールすることほど難しいものはないが、ヨガを実践することで、節約やダイエットにも使えるだろう。

『ヨーガ・スートラ』にはこのように記されている。

「禁戒《きんかい》には、非暴力、正直、不盗、禁欲、不貪《ふとん》の五つがある」

「非暴力の戒行に徹したならば、その人のそばではすべてのものが敵意を捨てる」

マハトマ・ガンディー（1869～1948）は、ヒンドゥー教の教えによりアヒンサー（非暴力）を説いた。あのような境地にちがいない。

『ヨーガ・スートラ』には、ヨガの定義、瞑想状態の意識の説明、主観と客観の同一性などについて、ヨガの原理的な解説が続いている。半ばあたりから「坐法」、「呼吸法」（クンバカ）へと実践的な説明になる。

なんと、呼吸を整えることで、強靭《きょうじん》な力が得られるのだ。さまざまな呼吸法があるので、注意しておこなってもらいたい。一例をあげてみよう。まず、指で左の鼻を押さえて、右の鼻で強力に息を吸う。今度は、指で右の鼻を押さえて、左の鼻で空気を一気に排出する。そのまま、左の鼻から空気を吸い込んだら、指で左の鼻を押さえて、右の鼻から空気を排出する（以下くり返し）。『鬼滅の刃』のように、「呼吸」こそが修行のはじまりなのだ。

☆チャクラを開発して超人化

さて、ハタ・ヨーガでは、チャクラと霊的資質の開発についての理論が説かれる。チャクラとは、超心理的なエネルギーセンターである。チャクラは人体の中に7つあり、一連の体系をなしている。それは単なる生理的な肉体組織ではなく、エーテル体（幽体《ゆうたい》。263ページ参照）の組織であるから、目で見えるようなものではない。

だが、ヨガの行者にはその存在をはっきりと実感できるという。チャクラがクンダリニーという宇宙的なエネルギーの働きで活性化されると、肉体と精神に著《いちじる》しい進化が生じるのである。

人体の中にはプラーナ（生体エネルギー）が流れている。このプラーナが流れるパイプ（管のようになっている）がナーディーである。ナーディーは7万2000本あるという。そのなかで、最も重要なパイプがスシュムナーとイダー、ピンガラである。この3本のパイプは尾てい骨から頭頂に伸びている（図2−3）。

スシュムナーは背骨の下からはじまって、一直線に頭頂に達し、イダーとピンガラは螺旋《らせん》のようになって上に登っていき、それぞれ右の鼻と左の鼻の穴に達している。

よって、ヨガの呼吸をすることで、イダーとピンガラが活性化され、尾てい骨のエネルギーを活性化し、上昇させることが可能なのだ。そしてチャクラが活性化される。

1　ムーラーダーラ・チャクラ（性器）

2　スヴァーディスターナー・チャクラ（下腹部）

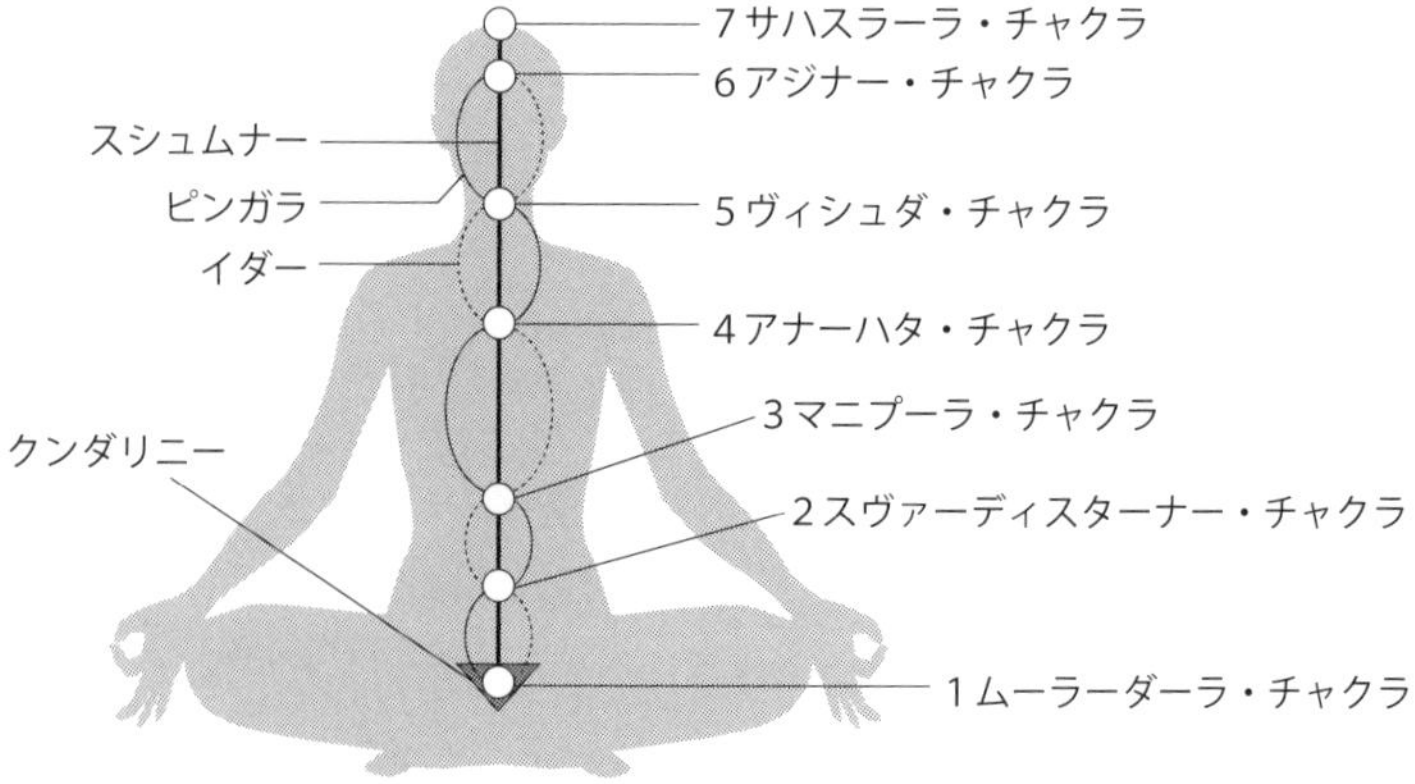

図 2-3　チャクラの図

3　マニプーラ・チャクラ（胃）
4　アナーハタ・チャクラ（心臓）
5　ヴィシュダ・チャクラ（喉）
6　アジナー・チャクラ（額）
7　サハスラーラ・チャクラ（頭頂）

これらのチャクラは、神経が集中しているところで、ホルモンが分泌《ぶんぴつ》される中枢《ちゅうすう》（性腺《せいせん》、甲状腺《こうじょうせん》、脳下《のうか》垂体《すいたい》など）とぴたりと一致している。なぜ、瞑想しただけでそんなことがわかったのかは謎である。やはりインドの神秘としかいいようがない。

さて、坐法だが、これはあぐらのようにして、左の足先を右脚のももとふくらはぎの間にさしこむ「吉祥坐《きちじょうざ》」（スヴァスティカ・アーサナ）をとるか、あるいは身体のやわらかい人は、両脚を互いのももの上にのせる「蓮華《れんげ》坐」（パドマ・

アーサナ）などの坐法を一つ選ぶ（図２-４）。

心を臍《へそ》に集中して、腹をゆっくりとへこませながら十分に息を吐《は》く。そこで1〜2秒止めてから緊張をゆるめ、鼻から自然に息を吸い込む。

今度は胸を拡げながらその息を胸全体に満たしていく（胸の下から上へ）。胸の上のほうまで息が入ったら、また1〜2秒息を止めておき、ゆっくりと吐き出す。これが終わったらまた、腹をへこませて吸い込む。これを5セットおこなう。

効果としては明るい気分になり、頭がクリアになる、怒りがおさまる、集中力が高まる、血圧を下げて新陳代謝《しんちんたいしゃ》を高める、テレパシーが発生するのはもちろんのこと、場合によっては、遠隔透視（リモート・ビューイング）、透視能力（クレヤボヤンス）、念力（サイコキネシス）、未来透視（フューチャーリーディング）の能力を手に入れ、さらには、体外離脱（アウト・オブ・ボディ）ができるだろう（超能力開発は、自己責任でお願いします）。

これだけあれば、人間関係、恋愛、ブラック企業で働くことで悩む必要はない。病気、事故なども事前に防げばよい。

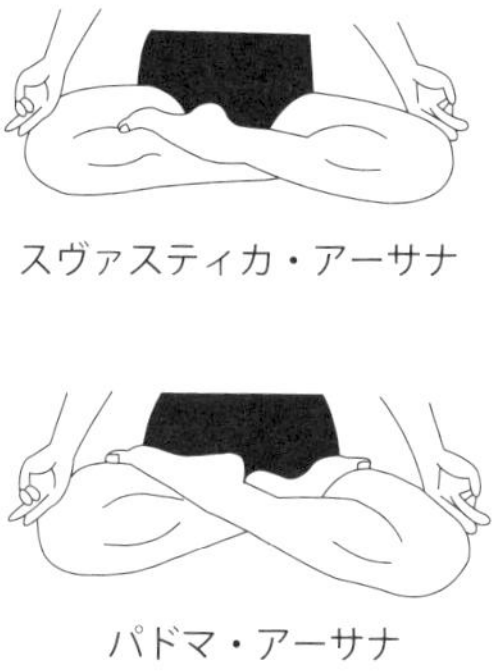

図 2-4　ヨガの坐法

☆ムーラーダーラ・チャクラ開発には要注意

だが、ヨガの行法は、日常で超能力を使うのが目的ではなかったはずだ。

修行法を高度化していき、アートマンとブラフマンが究極的には同じものだと悟ることで、輪廻から脱出するために修行するのだった。道を間違えないようにしたいものだ。

尾てい骨に眠っているクンダリニーという潜在的な宇宙エネルギーが、スシュムナーを通り抜けてチャクラを次々と突き破りつつ上昇する。クンダリニーはもともと、女神シャクティの分身であって、それが男性神であるシヴァ神が鎮座《ちんざ》する頭頂のサハスラーラ・チャクラに達するとき、完全な解脱がなされる（タントラ密教と関係がある。124ページ参照）。

このクンダリニーが上昇するときのエネルギーによって、空中浮遊が発生する（空中浮遊は『ヨーガ・スートラ』に記述されている。ヨガの行者が空中浮遊を教えていても怖がらなくていい、歴史は古いのだから）。

これを成就《じょうじゅ》するためには、心身ともに浄化されていなければならない。特に背骨をまっすぐにすることが大事（クンダリニーが上昇するパイプが背骨だから）。その修行の一つがさまざまなアーサナ（体位）をとることだ。

本格的に修行したい人は、各地にクンダリニー・ヨガのセンターがあるので、そこで指導を受けるとよい。

チャクラをどうやって開発するのかは、ここでは割愛《かつあい》するが、ムーラーダーラ・チャクラからはじめることとなる（下からだんだん開いていく）。ムーラーダーラは開きやすいが、危険性もともなう。というのは、ムーラーダーラ・チャクラが覚醒《かくせい》すると、頭が錯乱《さくらん》したり、暴力的になったりすることがあると伝えられている。

だから、師匠（グル）の指導のもとに、額のアジナー・チャクラで制御をする方法を学びつつ修行しなければならない。それがうまくいかない場合、犯罪的な行為をおこなうまでにいたるらしい。

というわけで、チャクラの開発は、先にアジナーからはじめたほうがいいという人もいる。「自宅でできるチャクラ開発」といった本もいろいろあり、これらはゆっくり開発する方法だから安全だろう。

☆釈迦が悟ったこの世の仕組み

バラモン教の『ウパニシャッド』では、アートマン（我）は実体であり、永遠不滅で輪廻するのだった。そこで、ブラフマン（梵）という宇宙の原理と合体すれば、輪廻から脱出し（解脱）、安らぎを得ることができるという。

この後、釈迦《しゃか》の登場でそれが大きく変わる。

釈迦は言わずと知れた仏教の開祖である。釈迦とは種族に由来する名で、姓はガウタマ、名はシッダールタ（パーリ語ではゴータマ・シッダッタ）という（図2-5）。紀元前5～6世紀頃、ルンビニー（現在のインドとネパールの国境付近にあった小国）に生まれた。それも王子様だ。

19歳になったときには、ヤショーダラーと結婚し、息子ラーフラを授かる。

ある日、東の門から出かけようとしたとき、老人を目にした。「あれはなんなのだ？」。王子様

図2-5　釈迦

は老人を見たことがなかったのだ。

　老人について侍従《じじゅう》に尋ねたガウタマは、自らもいつかは高齢化することを知ったことから、外出を自粛《じしゅく》した。

　後日、南の門から出かけて、病人を目にした。「あれは?」。侍従から「病気になったら、誰もがあのような姿になる」と聞いた彼は、またショックで自宅にこもる。

　さらに今度は西の門から出たら死体に遭遇《そうぐう》!「あれは……もしかしてまた?」。侍従に尋ねたガウタマは、人は誰しも最後には死を迎えることを知り、大きなショックを受けたのだった。すべての人間は、老・病・死という苦しみを経験しなければならない。

　だが、最後に北門を出たときに出家者に会う。「あれは、老病死を超越した人間らしい」。ガウタマは自分の進むべき道を見いだして出家を決意した。

　ところが、6年もの長い間、苦行に苦行を重ねても、彼は悟る(覚《さと》る)ことができなかった。この苦行は、激しい断食《だんじき》や不眠不休で瞑想するものだった。チャクラを開発したかどうかは定かではないが、もしかしたらガウタマもそれにチャレンジしたかもしれない。けれども彼は苦しむばかりで悟ることはできなかった。

そこで、とうとう苦行を放棄したが、もう命が尽きそうになったという。６年間の苦行で心身ともにボロボロになっていたのだ。そこに通りかかった村娘のスジャーターから乳粥《ちちがゆ》をもらって体力回復。

その後、ガウタマは菩提樹《ぼだいじゅ》の下で瞑想をおこない、その間に悪魔や鬼神の脅《おど》しや誘惑を受けたがまどわされることはなく、ついに悟りの境地に達したという。ガウタマが仏陀《ぶっだ》（真理を得た人、覚者《かくしゃ》）となったのは、35歳のときであった。

これは、楽器のたとえで説明される。弦《げん》は強く締めすぎても、緩《ゆる》めすぎてもよい音が出ない。バランスのとれた締め方でこそ正しい音が出る。修行もまた快楽と苦行の両極端を避けて、バランスのとれた中道《ちゅうどう》をとるべきである。

中道の実践の道が「四諦《したい》」と「八正道《はっしょうどう》」であり、この道によって悟りを得ることで、煩悩《ぼんのう》の吹き消された状態としての涅槃《ねはん》の境地に入ることができるとされた。

四諦とは、苦諦《くたい》・集諦《じったい》・滅諦《めったい》・道諦《どうたい》のことである。

まず人生は苦しみであること（苦諦）、それは苦しみの原因があるから（集諦。集は原因の意味）、その苦しみの原因を取り去ればよい（滅諦）、その方法が八正道である（道諦）。つまり、四諦とは仏教ガイドのようなものだ。

人生は苦であるというのは間違いない。四苦《しく》とは「生老病死《しょうろうびょうし》」のことだ。生は生まれてくる赤子のことなのか、この世に生まれ出たことなのかは諸説ある。これにさらに苦が追加されて、四苦八苦《しくはっく》という。

八苦とは愛別離苦《あいべつりく》（愛するものと別れる苦しみ）、怨憎会苦《おんぞうえく》（嫌なものと一緒にいなければならない苦しみ）、求不得苦《ぐふとっく》（求めても得られない苦しみ）、五蘊盛苦《ごうんじょうく》（心と体を構成する要素から生じる苦しみ）で、四苦とあわせて八苦となる。

これらの苦しみはなぜ起こるのか？

仏陀によると、それは、すべてのものが生成・消滅、つまり変化するのに、ずっと同じでありたいとしがみつく執着《しゅうちゃく》による。執着するから苦しみが増える。これは私たちも仏教の教えの中で育ってきたので、理解しやすい。

年々老けていく自分を鏡で見て「ああ、年はとりたくないものだ」と嘆《なげ》くのは、永遠に若くありたいという執着にほかならない。健康でいたい、死にたくないというのも同じこと。あれが欲しい、これが欲しい。こうありたい、ああありたい。人間は執着のかたまりのようなもの。

しかし、この世界のすべてのものは、常に変化しないものはない（諸行無常《しょぎょうむじょう》）、自分一人だけ変わりたくないとしがみついても無理。

しかし、なぜに世界はこうも変化するのか？

その答えは、この世界すべてのものが相互依存関係にあるからであり、それだけで独立して存在しているものがどこにもないからだという。

「これに因《よ》りてかれ有り、これ生ずれば則《すなわ》ち生ず、これ滅すれば則ち滅す、これ無ければ則ち

無し」（阿含経）

阿含経《あごんきょう》とは、初期の仏教経典である。原始仏教の重要な資料とされている。仏陀の死後に、教えが口伝《くでん》によって伝えられていき、徐々にまとめられていったものだ。

自分が会社の仕事をせっせと消化しているとする。残業しても手当ては出ないので、時間内になんとか終わらせた。「ああ、こんな仕事辞めたい！」そんなふうに思うかもしれない。

仏陀の教えを嚙《か》みしめよう。

その仕事を処理したのは誰だろう。もちろん自分の力でそれをなし遂げたのだろうが、自分一人だけでその仕事が終えられたとはいえない。

上司・同僚の協力、いや、会社があるからこそ。それどころか、パソコンや机があるからその仕事ができる。それらもどこかの誰かがやはり働いてつくったもの。

その場にいられるのも電車や自動車などの乗り物に乗ってきたからだし、そもそも、自分の身体も自分が動かしているわけではない（心臓とか）。また、親がいてくれなくては、自分さえいなかったわけだ。

目が見えるのも、手があり足があるのも自分の力ではない。感謝……。

こう考えはじめると、たとえば水道から水が出てくるだけで、「ああ、水道局の人が……」「下水道を整備している人が……」と感謝の心が生じ「今月の水道料金払えてよかった」とか思えるのである。

このように、自分一人の力だけで独立して生きているような気がしても、じつはすべての存在は、原因・結果の編み目によって織りなされた布のようなものなのだ。

すべてのものがそれ自体で独自に存在しているのではなく、相互依存しつつあるというこの世界のあり方。これが「縁起《えんぎ》」である。縁起がいいとか悪いとかいうが、あれとはちょっと違う。

縁起は、相互作用で世界が成り立っているという法則である。ここから、すべてのものが流れ去っていく道理も理解できる。無数の出来事が組み合わされては次々に変化していく。その中で、自分だけが変化せずにいたとしたら、それは宇宙の法則に反しているということになるだろう。

さて、縁起の法からすると、自分というものはもっと不思議な存在であることがわかってくる。それを仏陀は世界で最初に覚ったのである。

☆「私がない」とはどういうことか

縁起の思想によると「諸行無常」となる。すべての存在は相互関係によって結びついているから「常ではない」、つまり常住不変《じょうじゅうふへん》ではなく変化・消滅する。だから私たちは年をとって死ぬ。

さらに、「私」という意識状態も刻々と変化していく以上、それをとらえることはできない。1分前の私といまの私はまったく別物だ。さまざまな刺激に反応するという形で動いている。それが「煩悩《ぼんのう》」である。

私たちは「煩悩」に突き動かされ、世間に対する執着をもち、せわしなく動き回っている。け

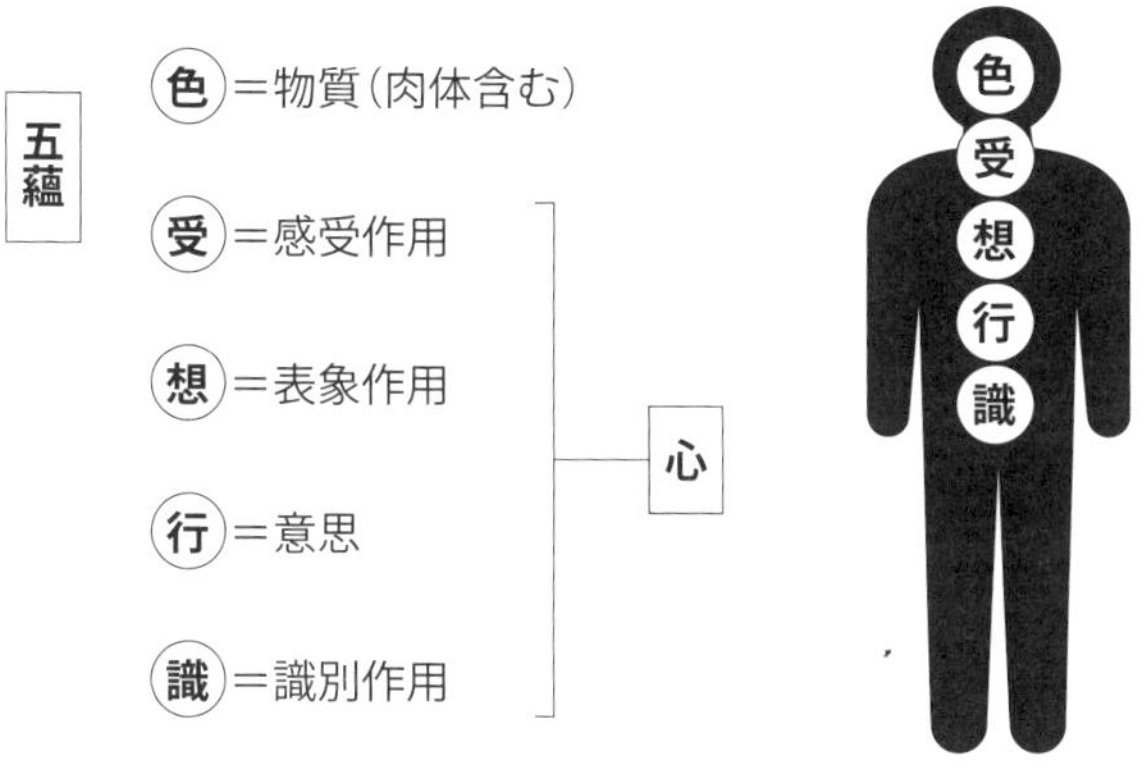

人間は５つの要素から構成されるもので、
人間という実体があるわけではない

図 2-6　五蘊

れども、そこにはじつは意識の連続性が保たれているだけで、縁起の法によって、「私」なるものが錯覚されているだけにすぎない。永遠に変わらない「私そのもの」など存在しない。だから、「無我《むが》」（諸《しょ》法《ほう》無《む》我《が》）なのだ。

要するにこういうことだ。機械はパーツでできている。また、パーツにはそれぞれの働きがある。スマホでいえば、画面のガラス部品、カメラ、ＣＰＵ、メモリなどからできている。が、カメラはスマホではないし、メモリもスマホではない。また、電話機能がスマホではないし、メール機能もスマホではない。全体をもってスマホという。

同じく、人間も「五蘊《ごうん》」というパーツでできている。五蘊とは「色《しき》・受《じゅ》・想《そう》・行《ぎょう》・識《しき》」のことをいう。

色＝物質（身体）、受＝外界からの刺激を感じる作用、想＝表象する作用、行＝意思する作用、識＝認識する作用、人間はこの5つのパーツから成り立っているのだ（図2-6）。

五蘊という部品のようなものがそろって人間といえるのだから、人間そのもの（実体）が存在するとは考えられない。だから私は私ではない。それどころか、私（アートマン、我、魂）も私ではない。だから、『ウパニシャッド』のいうアートマンは存在しない。これが「無我」である（いわゆる忘我の境地とはちょっと違う）。

「自分には子供があり、財産があると人はいうが、人はそれを失うと悩むものだ。が、すでに自分が自分のものではない。自分が自分のものではないのにどうして子供や財産が自分のものであるといえるだろうか」

（『ウダーナヴァルガ』1・20）

というわけで、輪廻の一環としての今日の私と明日の私をつなげているのは、じつに私という実体ではなく、ものに対する執着だった。だから、執着を消しされば私は消え去り、永遠の苦悩から逃れられるということになる。

この無我の教えの中に、日々の苦しみから脱出できるヒントが隠されている。たとえば、人から中傷されたら「私がけなされた」と思わないほうがいい。私などいないのだから。他人に対してもコントロールしようとか思わないほうがいい。

私も所有できないのに、どうして他人を所有することができようか、と仏陀にいわれそうだ。

「すべては流れ去っていくもの（諸行無常）なのにねえ」と。

何か大切なものを失ってしまったら、それはもともと流れ去るものであり、自分のものとしてつなぎ止めることができない存在だったと考えよう。そこに執着をもってはいけないのだ。

「ああ、あの服が欲しい」と思ったら、「これは私のものではない」。

「腹減った！　ラーメンが食いたい！」と思ったら、「しょせんラーメンは私のものではない、胃袋も私のものではない。すべては縁起で相互関係をもっているだけ……」と、ダイエットにも効果的だ。

煩悩を滅すれば苦も滅するという真理（滅諦）は、欲望を消せばその苦しみも消えていくという意味だ。最初からその欲望がなければ苦しまないですむし、またそれがなくても生活になんら支障もないということも多いかもしれない。

いきなり欲望を滅して苦しみを消すのは難しいが、それを日常化する。その修行が中道＝八正道《はっしょうどう》だ。

八正道とは「正見《しょうけん》」＝正しい見解、「正思《しょうし》」＝正しい思惟《しい》、「正語《しょうご》」＝正しい言葉、「正業《しょうごう》」＝正しいおこない、「正命《しょうみょう》」＝正しい生活、「正精進《しょうしょうじん》」＝正しい努力、「正念《しょうねん》」＝正しい気遣い、「正定《しょうじょう》」＝正しい精神統一、のことである。

☆ハードルが高い初期仏教

しかし、ここで私たちは、何かおかしいなと感じはじめるのである。アートマン（我）は永遠不滅だから輪廻していた。でも、アートマンが輪廻しないのなら何が輪廻するのだろう。

そう、アートマンの否定は、輪廻をも否定しているように見えるのだ。でも、仏教には輪廻転生がある。おかしい……。

さらに、こう感じる人もいるかもしれない。「この本は神秘思想の本のくせに、仏陀の教えは理詰めで、まったく神秘性がないではないか」と。

そのとおり。仏陀の教えとその弟子がまとめた初期の仏教（原始仏教）は完璧《かんぺき》に論理的な哲学なのである。これらの疑問はのちのち解決されていく。というよりも、仏教の歴史とは、この疑問解決への流れをそのまま反映しているものなのだ。

もう一つ、おまけの疑問がわく。「そんな修行、私たちにできるの？」

答えは「できない」である。なぜなら、仏陀の時代は出家主義だから（在家《ざいけ》＝在俗信者もいることはいるが）、私たちも完璧に覚醒《かくせい》するには出家しなければならないのだ。結局、ブラックな会社ややこしい人づきあいから逃げるには、出家するしか方法がないのだ。

諸行無常、諸法無我、そして、心が安らかになるという涅槃寂静《ねはんじやくじょう》の境地は、そこそこ使えるけど、成就することはできないのである。

さらに原始仏教では、できるだけ、何もしてはならないのが理想だ。というのは、何かをするとカルマ（業《ごう》）が発生するからである。カルマは、それ自体は中性的でよくも悪くもない。ただ、何かをおこなうと、因果応報《いんがおうほう》で「作用―反作用」の現象が起こるのである。

それも、現世で起こるのか、来世で起こるのかはわからない。だから、できるだけ瞑想をして動かないで、カルマの発生を防がなければならない。ひとたび煩悩が生じて、苦の原因をかき集めてしまったら、それがカルマとなって、苦の現象が引き寄せられてしまうのだ。

では、どうすればいいのだろう。やはり、自宅でヨガでもしながら、チャクラを開発する方法がいいのかもしれない。あるいは、西洋魔術のほうが効くかもしれない。自分にマッチした方法を使うことをおすすめする（自己責任でお願いします）。

☆神秘化していく大乗仏教

初期の原始仏教教団とのちの上座部《じょうざぶ》など部派仏教（110ページ参照）に引き継がれた小乗《しょうじょう》系の教えはけっこう厳しい。一般の人々はこれらの教えを日々の生活にそのまま適用することはできなかった。

だから、次の新しい仏教ができる。「新しい仏教ができるってなに？　仏教はお釈迦様の教えでしょう！」。それが残念ながら違うのである。

仏陀なき後の仏教教団は、弟子が教え（教典）と戒律《かいりつ》をつくることにより守られていった。しかし、仏陀がとなえたシンプルな初期仏教も、200年、300年とたつうちに哲学化していく。

そこで、紀元前後頃から、主として在俗信者たちを中心としての、新しい仏教ムーブメントが展開された。これが大乗《だいじょう》仏教だ。

いつの時代のどの宗教も、同じように内部における意見対立が生じる。教祖がいなくなると、解釈が発生するのである。

在俗信者は、インド各地に散在する仏塔（ストゥーパ）を中心に集まり、仏陀への信仰心をもちはじめた。彼らは、「菩薩《ぼさつ》」（ボーディサットバ、悟りを求める者）を目標としはじめ、さらには、このムーブメントに参加したものは男女を問わずみな「菩薩」と呼ばれはじめた。

彼らはやがて、自らの思想を表明する手段として、新作の経典を次々とつくり出していく。「般若経《はんにゃきょう》」「法華経《ほけ》」「華厳経《けごん》」「阿弥陀経《あみだ》」などは、すべてのちの創作経典なのである（べつに悪いことではない。思想というのはそういうもの。キリスト教も同じだ。第3章参照）。

これらの経典の中で、彼らは自らの仏教ムーブメントを「あらゆる人々の救いをめざす大きな乗り物」＝「大乗」（マハーヤーナ）と称して、いままでの出家主義の部派仏教を「限られた出家者だけの小さな乗り物」という意味で「小乗」（ヒーナヤーナ）と批判したのである。

部派仏教のほうは、そんなことをいわれるのはたまらない。これらの思想は、のちに東南アジアへと伝わっていった。

さらに、経典崇拝が強まって、お経の受持《じゅじ》・読誦《どくじゅ》・解説《げせつ》をすると功徳《くどく》が得られる、また、書写《しょしゃ》すれば功徳があると説かれるようになる。

「ああ、だから写経するのね」という感じだろう。だが、仏陀が「写経せよ」と言ったわけではないので、仏教史で考えると大変に興味深いことだ。

また、部派仏教では、人間がどんなに修行しても誰も仏陀にはなれない。最高の悟りのレベルにいたった人は阿羅漢《あらかん》という。部派仏教上座部における最高の到達点だ。もはや学ぶべきもののない聖者である。

だが、大乗仏教の立場では、阿羅漢は自利《じり》的・隠遁《いんとん》的として批判されている。菩薩のほうが上なのだ。いわば「誰でも仏陀」という考え方が生まれてきたといえる。いままでは、仏陀はただひとり（釈迦だけ）というのが常識だったのだが、すべての人が仏陀になれる。「なろう！」と決意すればなれるのだから、かなり仏陀のハードルが下がってきた。

まず、菩薩として活躍し、教えを広めると最後は仏陀になれる。いい話である。

ただ、大乗仏教がお手軽な方法を説いたから広まったと思っては失礼だろう。大乗仏教が大きな飛躍をとげたのは、「空《くう》」の思想を展開したことによる。

☆「空」の思想──この世は仮想現実《ヴァーチャル・リアリティ》

空の思想が説かれている教典は、大乗仏教の『大般若経《だいはんにゃ》』である。般若波羅蜜《はんにゃはらみつ》（完全なる智慧《ちえ》）の教えが説かれた教典であり、唐《とう》の玄奘《げんじょう》が訳した『大般若波羅蜜多経』六百巻にほとんどが含まれている。

総称して「般若経」という。大乗仏教での最初の教典とされ、さまざまな大乗教典のルーツをなしている。いちばん短い教えは、おなじみ『般若心経』である。寺院のみならず神社でも神前読誦《どくじゅ》され、日本では短いがゆえに超人気のお経だ。

ここで重要なのは「神秘」。

釈迦のシンプルな教え（『法句経《ほっく》』など）やその弟子たちの仏教哲学では、論理的な関連性が強調された。たとえば、自業自得《じごうじとく》というのは、自分のつくったカルマ（業）が跳《は》ね返ってくるので、論理の連鎖で世界ができているということ。これはある意味では、「宿命論」なのである。いま、何か悪いことが起こっているのは、自分の過去のカルマのせいなのだ。

カルマを断ち切るには出家しかない。それはいやなのだ。

では、大乗仏教の人々はどう考えたのだろうか。

簡単にいうと、お経を読んだり唱えたり写したり人に伝えたりすると、神秘のパワーが発現されて、カルマが消滅してしまうから、輪廻しなくなるのである。もちろん単に神秘の力に頼ったわけではなくて、仏陀の教えを発展させた成果である。

まず、この世界は縁起による相互作用で成り立っている。だから、我《が》はない。ここまでは同じ。しかし、相互作用で成り立っているのは我だけではなく、身のまわりの物質も同じだ。だから、物質には実体がない。つまり世界は仮想現実《ヴァーチャル・リアリティ》。

これが「空の思想」である。『般若心経』（図2-7）の出だしではこう説かれる。


「観音様《かんのん》（観自在菩薩《かんじざいぼさつ》）が真なる認識（般若波羅蜜多）を身につけ、五蘊《ごうん》はすべて空であることを看破した」


観音は救いを求める人々の姿に対応して、さまざまな姿で現れ、衆生《しゅじょう》の救済を果たす大慈悲《だいじひ》の菩薩である。千手《せんじゅ》観音、十一面観音、如意輪《にょいりん》観音、不空羂索《ふくうけんじゃく》観音などがいる。

そして、五蘊という5つの要素（色・受・想・行・識）もじつは空だから存在しないのであ

摩訶《まか》般若《はんにゃ》波羅蜜多《はらみった》心経《しんぎょう》

観自在《かんじざい》菩薩《ぼさつ》。行深《ぎょうじん》般若《はんにゃ》波羅蜜多《はらみった》時《じ》。照見《しょうけん》五蘊《ごうん》皆空《かいくう》。度《ど》一切《いっさい》苦厄《くやく》。舎利子《しゃりし》。色《しき》不《ふ》異《い》空《くう》。空《くう》不《ふ》異《い》色《しき》。色即是空《しきそくぜくう》。空即是色《くうそくぜしき》。受想行《じゅそうぎょう》 識《しき》。亦復如是《やくぶにょぜ》。舎利子《しゃりし》。是《ぜ》諸法《しょほう》空相《くうそう》。不生《ふしょう》 不滅《ふめつ》。不垢《ふく》不浄《ふじょう》。不増《ふぞう》不減《ふげん》。是故《ぜこ》空中《くうちゅう》。無色《むしき》無受想行《むじゅそうぎょう》 識《しき》。無眼耳鼻舌身意《むげんにびぜつしんに》。無色声《むしきしょう》 香味《こうみ》触法《そくほう》。無眼界《むげんかい》。乃至《ないし》無意識界《むいしきかい》。無無明《むむみょう》。亦無無明《やくむむみょう》 尽《じん》。乃至《ないし》無老死《むろうし》。亦無老死尽《やくむろうしじん》。無苦《むく》集滅道《しゅうめつどう》。無智《むち》亦無得《やくむとく》。以無所得故《いむしょとくこ》。菩提薩埵《ぼだいさった》。依《え》般若《はんにゃ》波羅蜜多《はらみった》故《こ》。心無罣礙《しんむけいげ》。無罣礙《むけいげ》故《こ》。無有恐怖《むうくふ》。遠離《おんり》一切《いっさい》顛倒夢想《てんどうむそう》。究竟《くぎょう》 涅槃《ねはん》。三世《さんぜ》諸仏《しょぶつ》。依《え》般若《はんにゃ》波羅蜜多《はらみった》故《こ》。得《とく》阿耨多羅三藐 三菩提《あのくたらさんみゃくさんぼだい》。故知《こち》般若波羅蜜多《はんにゃはらみった》。是大神呪《ぜだいじんしゅ》。是大明 呪《ぜだいみょうしゅ》。是無上 呪《ぜむじょうしゅ》。是無等等呪《ぜむとうどうしゅ》。能除一切苦《のうじょいっさいく》。真実不虚《しんじつふこ》。故説《こせつ》般若波羅蜜多呪《はんにゃはらみったしゅ》。

即説呪曰《そくせつしゅわつ》。

掲諦《ぎゃてい》。掲諦《ぎゃてい》。波羅掲諦《はらぎゃてい》。波羅僧掲諦《はらそうぎゃてい》。菩提薩婆訶《ぼうじそわか》。

般若心経《はんにゃしんぎょう》

図 2-7　般若心経

る。

ええ？　仏陀の教えは間違っていたのか。いや、部派仏教の阿羅漢の悟りが中途半端だっただけであり、「じつは五蘊、アレはなしね」という話になった。

というわけで、最初はごちゃごちゃとした教えがあったけれども、じつは、すべては空なのだから、そのことを知れば一切の苦しみが消えるのである（度一切苦厄《どいっさいくやく》）。

舎利子《しゃりし》とは仏陀の愛弟子シャーリプトラのこと。そのシャーリプトラに向かって、あとから出てきた観音菩薩が、ネタバレ話をするという設定になっている。

さらに、「色は空に異ならず、空は色に異ならず」（色即是空《しきそくぜくう》　空即是色《くうそくぜしき》）で、「物質は空なのだ」となる。つまり世界はヴァーチャル・リアリティ。

あらゆる物質は縁起《えんぎ》の法によって、さまざまな原因結果の網の目の結果として存在している。物質は固定的・永久的に存在するものではない。物質の本質はない。すなわち色即是空＝物質は空なのだ。

空の思想を発展させたのは、竜樹《りゅうじゅ》（ナーガールジュナ、１５０頃～２５０頃）で、一般に、彼の思想が大乗仏教を支えているといわれる。竜樹は物体に本性《ほんしょう》がないということを「自性《じしょう》がない」とし、「空」であると解釈した。

この世界に生じたり滅したりするのは、何かが「有る」からではなく、「空」だから可能なのであって、私たちの日常的な実在感は捨て去るべきだということになる。

プラトンのイデア論や新プラトン主義（40ページ参照）もそうであったが、神秘の要素が出てくるには、この世界がヴァーチャルであるという考え方が不可欠なのである。

☆神秘のパワーが得られる『般若心経』

『般若心経』の内容を具体的に見ていこう。

目の前にいろいろな物が生じてまた消えていくが、空というハイレベルな角度からみると、それは生まれることも滅することも、汚れることも清くなることも、増えたり減ったりすることもない（不生《ふしょう》不滅《ふめつ》。不垢《ふく》不浄《ふじょう》。不増《ふぞう》不減《ふげん》）。

そして、眼・耳・鼻・舌・身（触覚）・意（意識）の６つの感覚器官（六根《ろっこん》）のそれぞれに対応する、目で見る物質、耳で聞く音、鼻で感じる香り、舌で感じる味、さまざまな身体的感覚、心に行き交う考え、これらすべては刻々と変化する縁起の渦《うず》にあり、ずっと変わらないということはない（無眼耳鼻舌身意《むげんにびぜっしんに》。無色声《むしきしょう》 香味触法《こうみそくほう》。無眼界乃至無意識界《むげんかいないしむいしきかい》）。

空の境地からすれば、あらゆるものに固定的な本質はない（無自性《むじしょう》である）のだから、自分も「こんなものだ」と決まっているわけではない。だから、未来は何にでもなれるのである。神秘の力で未来を変えればよいのだ。「私はすごい」も「私はだめだ」も空である。どっちでも同じだ。すべてが迷いであるということ。

だから、空の思想を体得することで、根本の迷いはなくなり（無無明《むむみょう》）、また、迷いがなくなって悟りを開くというわけでもない（亦無無明尽《やくむむみょうじん》）。

本当に老化しているわけではなく、死んだように見えても本当に死んでいるわけでもない。というよりそんなものは最初からない（乃至無老死《ないしむろうし》。亦無老死尽《やくむろうしじん》）。だから四諦も、さっきはあるといっていたが、「取り消し。苦諦・集諦・滅諦・道諦あれなかったことにして」（無苦集滅道《むくしゅうめつどう》）。べつに悟ることもないし（無智亦無得《むちやくむとく》）、無理して得るものもない（以無所得故《いむしょとくこ》）。

このあたりから、「もしかして、般若思想って部派仏教の全否定？」ということがわかってくる。

空の道をきわめた菩薩（菩提薩埵《ぼだいさった》）には完璧な智慧の秘密が備わったのであるから（依般若波羅蜜多故《えはんにゃはらみったこ》）、このゆえに菩薩は迷うことがないし恐れもない（心無罣礙《しんむけいげ》。無罣礙故《むけいげこ》。無有恐怖《むうくふ》）。すべてのねじ曲がった考え方を乗り越えて（部派仏教の仏教哲学のこと）、究極の悟り・涅槃《ねはん》の境地へと入るのだ（遠離一切顛倒夢想《おんりいっさいてんどうむそう》。究竟涅槃《くぎょうねはん》）。

過去・現在・未来の仏様たちもこの究極の真理を体得された（三世諸仏《さんぜしょぶつ》。依般若波羅蜜多故《えはんにゃはらみったこ》。得阿耨多羅三藐三菩提《とくあのくたらさんみゃくさんぼだい》）。

「阿耨多羅三藐三菩提」は、「アヌッタラー・サムヤック・サンボーディ」を音で写したもので、「無上の正しい悟り」という意味。

それゆえに知りなさい、般若波羅蜜多という智慧には無限のパワーがあるのだ。それは神通力のように偉大な力であり比類なき仏の真実だ（故知般若波羅蜜多《こちはんにゃはらみった》。是大神呪《ぜだいじんしゅ》。是大明呪《ぜだいみょうしゅ》。是無上呪《ぜむじょうしゅ》。是無等等呪《ぜむとうどうしゅ》）。

ここで神通力が出てきてしまった。いままでの理屈っぽい哲学を超越して、アヌッタラー・サムヤック・サンボーディを知り、パンニャ・パーラミター（般若波羅蜜多）という以上に述べた智慧を身につけたあなたは、一切の苦しみを取り除く神秘のパワーを得たのだ。だから、実践してみればそれがわかるのだ（能除一切苦《のうじょいっさいく》。真実不虚《しんじつふこ》）。

そうして般若心経は「このうえない究極の呪文を教えよう」と説く。その呪文がこれだ。

ガテー　ガテー　パーラガテー　パーラサンガテー　ボーディースヴァーハー

（「羯諦《ぎゃてい》。羯諦《ぎゃてい》。波羅羯諦《はらぎゃてい》。波羅僧羯諦《はらそうぎゃてい》。菩提薩婆訶《ぼうじそわか》」行くものよ、行くものよ、彼岸《ひがん》（現実を超えた超越的世界）へと行くものよ、彼岸へと完全に行くものよ、ああ悟りよ、幸あれ）。

こうして智慧の完成は示されたのである、と終わる。

「そんなお経をいままで写していたのか!?」と驚く方がいるかもしれない。さらにこの後に、究極の究極のさらに究極の仏教が出現するのである。

それが「密教」――。

そして、輪廻の秘密も、引き寄せの法則もすべてが明らかになっていく。が、まずは空の思想と認識の話を続けよう。

☆人間は認識の限界を超えられるか

私たちの身のまわりの世界は、本当はあってないような、なくてあるようなものだ。たとえば、目の前にコップがあるなら、そのコップは私の意識を通じてしか理解されない。

「いや、自分が見ていようがいまいが、コップはコップでしょう」という声があがりそうだが、本当にそうだろうか。「コップの姿が見える」ということは、それが発する電磁波《でんじは》（＝光）が、私たちの目の網膜《もうまく》に当たって、脳が「コップ」として処理していることである。ならば、コップの姿は、脳内でかなり加工された後の姿ではないだろうか。

仏教では、まず6つの感覚器官（六根）と作用（眼識・耳識・鼻識・舌識・身識・意識の六識《ろくしき》）が生じ、これで対象の情報をとらえ、五蘊によって認識が完成する、と説明される。

つまり、私たちが認識している世界は、じつはとてつもなく狭い、ということである。世間話やニュースなどで、世の中のことをわかってしまっているような気分になるが、この世界全体の真実を一生で知るのはとうてい無理だし、永遠に輪廻しても把握することは不可能なのだ。

宇宙の神秘など、いつかは科学の力で解決できるという考え方もあるだろう。たしかに、ニュートン力学《りきがく》から相対性理論、そして量子《りょうし》力学と、世界の謎は科学によって明らかになってきた（327ページ〜参照）。だが、現代科学ではまだ解明できない、さらに奥深い未来の科学があり、それもまた乗り越えられ、新たな科学的認識が生じる。このくり返しは続くだろう。

けれども、人間が人間という箱の中に入っていて世界をのぞき見しているわけだから、人間が宇宙のすべてを理解するというのはホントウにできることなのだろうか。最後の最後まで、わからないことが残るのではないだろうか。

そのわからないもの全体を「空」と呼んでいるのである。

「空」とは現代科学が探求しつづけてもまだ残っている全体、と考えるとわかりやすい。

では、科学的にとらえられないのならどうすればよいのだろう。それは、瞑想により直観的にとらえるという神秘的な方法をとればよいのである。

なぜなら私たちの内側に、世界のヒントが「隠しコマンド」「裏技」として組み込まれているからだ。

☆唯識——すべての事象は心が生み出したもの

さて、仏教もどんどん進んでいくと、その根本にあるプログラムをいじくって、現実と思われている仮想世界をさらに変化させるという、とてつもない方向に進んでいく。神秘主義のポイントであり、現代のスピリチュアル（第６章参照）につながってくる。

宇宙全体が一種のプログラム、つまりアプリケーションのようなものだから、仏教のシステムエンジニア（僧侶）にお願いして、世界をプログラミングしなおしてもらえばいいのだ。

クリアできないゲームがあったら、ゲームそのもののプログラミングをいじれば、ラクラクあなたも勇者になれるというわけだ（違法でないか注意しましょう）。

釈迦が偉大だったのは、数千年も前に瞑想だけで、この世界が仮想空間であることを見破ってしまったところだといえる。現代の私たちはパソコンやスマホをもっているし、物理の授業で原子の構造を教えてもらっているから「ああ、目の前にある机とか椅子とかは、人間にそう見えているだけなんだよね」と知っている。

だが、釈迦の時代にはそんなものはないのに、なぜか「この世界は仮象《かしょう》である（ありのままの姿ではない）」という真理に到達できてしまったのだ。

この悟りが、部派仏教の思想家たちによって哲学化され、さらに大乗仏教では空の思想が生み出された。だが、ここで終わりではなかった。空の思想を発展させた仏教思想家たちは、さらなる新理論を展開したのである。

それが「唯識《ゆいしき》思想」（瑜伽行唯識《ゆがぎょうゆいしき》学派の思想）と呼ばれるものである。

唯識論は、般若経の空の思想などを前提として、弥勒《みろく》（マイトレーヤ）なる者が説いたと伝えられる。のちに無著《むちゃく》（アサンガ）と世親《せしん》（ヴァスバンドゥ）の兄弟によって完成されたという。日本史で、鎌倉文化を勉強したことのある人は、無著・世親像という仏像を覚えているかもしれない。あの人たちはインド人だったのだ。

無著・世親らのあとを継いだ弟子たちが、5～6世紀にかけて思索を深めていった。

唯識論は、私たちにとって大変に奇妙な思想のように思えるだろう。簡単にまとめるとこうなる。

この世に存在する有形・無形の一切のもの（諸法）は識《しき》としての心が映し出したもので、識以外に存在するものはない。さらにこの識そのものもじつは仮想的であるにすぎず、真にあるものではない。

ちょっと何をいっているのか不明なので、もう少しくわしく解説させていただきたい。

ここまでの仏教理論では、現実の世界の実相をありのままにとらえて、その智慧を体得すれば悟りが得られるということ、そして、その悟りの果てに「空」の境地が存在した。

般若思想では、「空」の境地から世界をながめれば、この世界全体がヴァーチャル・リアリティ、仮想現実であることがわかる。そういうことだった。

ところが唯識論によると、なんと、そのヴァーチャル・リアリティは心の内側から投影されているのである。たとえれば、私たちの脳の中にナノサイズのロボットがたくさん動いていて、目や耳や鼻や舌やその他いろいろな感覚器官に、外部に存在しているかのような情報を送り込み、仮想現実をつくっている、ということ。

目の前にハンバーガーは存在していないのだが、内部情報を投影するので、ハンバーガーの形、包み紙のバリバリとこすれる音、匂い、味が出現する。それは心がつくった仮想現実なのだ。さらに目や耳や鼻や舌も仮想現実にあるだけ。

この本『神秘思想　光と闇の全史』も仮想現実なので、本当は存在していない。この本をもっている手も仮想現実だ。そこまで悟ることが唯識仏教である。

☆阿頼耶識にアップされた「情報」が輪廻する

これまでみてきたように、原始仏教や大乗仏教の思想では、私（我＝魂）というものは本当に存在するのではなく、あるのは五蘊が集まっているだけであり、世界は「空」であった。

でも、魂というものがないのに何が輪廻するのかと疑問に思った仏教徒も多かったらしく、その解明には多くの学説が展開された。唯識学派はこれを、いまでいうとクラウド的に説明しているのである。

パソコンのデータは、通信システムでいったんクラウド・サーバーに保存できる。たとえば、ワープロ文書をつくったら、「○○box」とか「○○drive」などに飛んでいって、そこで保存される。そして、別のパソコンからそのデータをダウンロードできる。

唯識学派の人々は、アートマン（我・私・魂）は存在しないという仏教の伝統を維持する。けれども、「私がおこなった行動」はクラウド化されてどこかに保存されているので、再びダウンロードすることで、この世界に戻って輪廻してくる、というようなことを考えた。

つまり、「私」という実体が輪廻して生まれ変わってくるのではなく、「情報」だけが輪廻してくるのである。ということは、前世で殺人を犯したら、「殺人をした」というデータがクラウドにアップされ、それがダウンロードされて、豚に生まれ変わって、今度は殺される側になる。「豚の私」は「今の私」ではないけれども、クローンのようなもので、やっぱり痛いし苦しいのだ。

唯識とは文字どおり「唯《ただ》、識のみ」。世界のすべては私の意識の所産であると同時に、その記憶はどこかに保存されて、再びこの世界が仮想現実として再構築されるのである。

この自分がおこなった思考と行動（カルマ）が全部記録されている場は「阿頼耶識《あらやしき》」（サンスクリット語でアーラヤ・ビジュニャーナ）である。

唯識論によるとまず、心は大きく分けて六識《ろくしき》、末那《まな》識、阿頼耶識という3つの領域からなると

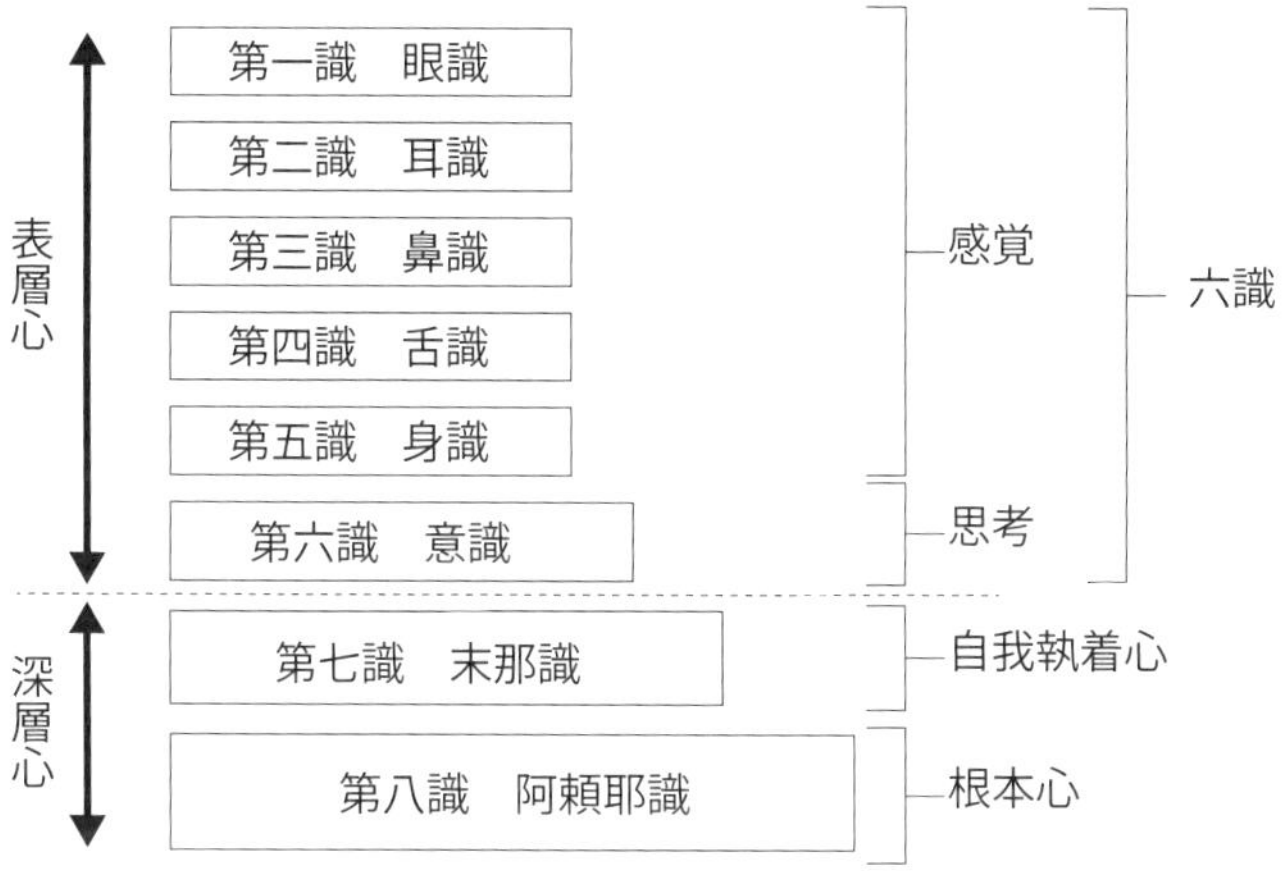

図 2-8　唯識の「八識」

される。眼・耳・鼻・舌・身・意という6つの感覚器官（六根）を中心とした通常の6つの認識（六識）と、末那識、阿頼耶識との8つの認識（八識《はっしき》）をたてる（図2-8）。

末那識は阿頼耶識を自我と間違ってしまう意識である（阿頼耶識の情報を本物と思ってしまうということ。ハンバーガーが本当にあると思ってしまうなど）。末那識の思い込みは自己執着《しゅうちゃく》となる。

六識が心理学でいう、顕在《けんざい》的・表層的、また前意識を含んだ領域のことで、末那識と阿頼耶識は深層心理的、無意識的な認識である。サーバー情報のような阿頼耶識は自我意識、意識ある存在者、自然などのあらゆる認識表象を生み出し、それらの表象の情報をもう一度溜め込む。そして現象化させる。

したがって、自分のまいた種は自分で刈り取ることになる。それも、現世から来世かはわからない。たとえば、誰かに怒り狂ってネガティブな気分をもったとする。思考も行動も阿頼耶識に蓄積する。阿頼耶識は機械的に、そのネガティブな情報を日常生活に投影する。かくして、またまた嫌なことが起こる。

それについてまたネガティブな気分をもつ。嫌なこと、起こってほしくないことを考える。そこに意識を集中するので情報が阿頼耶識に蓄積する。すると嫌なこと、起こってほしくないことがこの仮想空間としての世界、本当には存在していない日常の世界に投影される。そのまま、死んだ後、阿頼耶識に蓄積した情報に見合った輪廻が発生する。

阿頼耶識に蓄積された情報は「種子《しゅうじ》」と呼ばれている。種子は、刻々に変化しながら成長し、成熟すると世界のあらゆる現象を生み出し、その果実としての印象を自己の中に潜在《せんざい》化した後、世界の認識表象として出現する。

なんと恐ろしいことだろうか。怒り、そねみ、妬《ねた》み、そして他人を恨《うら》んだり呪《のろ》ったりすると、それが自分に跳ね返ってくるのだ。

この法則からは誰も逃れることができないし、意識するしないにかかわらず、起こっていることなのである。

唯識の思想にはさまざまな解釈がある。一つは、これらは心理学的な仏教説であるという解釈。フロイト（274ページ参照）の意識と無意識の深層心理学を先取りしている感もある。日常生活での応用例としては、「私は健康だ」「私は幸せだ」などのアファメーション（自己宣言）を唱える癖がつけば、それが深層意識（阿頼耶識）に植えつけられる。

そうすると、健康や幸せに関連することに意識が集中するので、嫌なことはフィルタリングされて心に映りづらくなる。いいことだけが見えて、嫌なことが見えなくなるのだから、結果的に、毎日を明るい気分で過ごすことができる。

この解釈だと、「気の持ちようで人生は変わる」という程度の話になるだろう。他人に説明しても、変人とは思われないから安心だ。

もう一つは、神秘的な解釈である。同じく日常生活での応用例としては、「私は健康だ」「私は幸せだ」などのアファメーションを唱える癖がつけば、それが宇宙という巨大な意識体（阿頼耶識）に植えつけられる。

そうすると健康や幸せに関連することを宇宙が自動的にフィルタリングして、現象化させる。気の持ちようや思い込みではなく、本当に世界のほうが変わりはじめる。こちらの説は、他人に説明すると変人扱いされるので注意が必要である。

唯識論は、仏教版の「引き寄せの法則」と解釈されることも多い。

☆マイナス思考だと不幸が現実化するシステム

六識、末那識、阿頼耶識のシステム全体に、フィードバック装置が組み込まれているから、考えや行動がすべて自分に跳ね返ってくる。よって自業自得となる。

これを釈迦が聞いたら、「そうそう、後代の信者さんたち。私のいいたいことをよくわかりやすく説明してくれた」と喜ぶのか、「いやいや、そんなことは考えていなかったなぁ」と苦笑いするのかはわからない。「阿頼耶識なんて難しいことよく考えたね」と褒《ほ》めてもらえるのかもしれない。

唯識論のメカニズムによると、善《よ》い行為をおこなったのならよい結果が現象化してくるし、悪い行為をおこなったならば自分も不幸になる。

ちなみに、悪い行為の中には、一般的な犯罪などが含まれるのはもちろんのこと、考えただけでも情報化されて阿頼耶識に取り込まれる。悪いことは考えるだけでもダメなのだ。

他人に怒りをぶつけるのはもちろんご法度《はっと》だし、心で怒りの心をもつのもアウト。怒りの心をもった瞬間に、即、阿頼耶識にマイナスの預金をすることになるだろう。誹謗中傷《ひぼうちゅうしょう》をしたらおしまい、地獄《じごく》行き。心の中で誹謗中傷しても同じ。

いやいや、実際に口に出したり、ネットに書き込んだりするのと、心に思っただけとは違うでしょう、と反論したくなるかもしれない。

その場合は、もう一度、唯識論の基礎に立ち戻ればすぐわかる。世界は自分の心がつくっている。人にいったとかいわないとかは関係ない。思ったことは、それが善《よ》かれ悪《あ》しかれ自分の世界に投影されるということだった。

さらにいえば、自分自身とケンカしていたら、それはもう不幸へまっしぐらということになる。いくら、善行をおこなったとしても、自分自身を大事にしないで「私はダメな人間だ」「私は生きる価値がない」「私はいつも気分が暗い」「私は早く死んだほうがいい」「私は社会の役に立っていない」「私は決して幸福になれない」とくり返していれば、阿頼耶識は、「はいはい、お望みどおりに不幸な現実をプレゼントしますと素直に反応してくれるのである。

阿頼耶識は「その人にとって、よいのか悪いのか」の判断はしない。ただ応答するだけなのである。

間違ってもネガティブ情報を、自分の中に溜め込まないほうがいい。いや、いいとかわるいとかのレベルではない。危険なのである。

そんなことをいっても、実際に苦しいことが起こっているのに、ポジティブになれるわけがないだろうと思うかもしれない。自分の考えたことやおこなったことはもう阿頼耶識に記録されてしまったのだから、いまさら手遅れのようにも思うかもしれない。

やっぱり、人生お手上げなのだろうか。

いや、阿頼耶識には過去のデータがしまわれているわけだから、それを消してしまえばいいのではないだろうか。仏教史において、その方法がさらに開発されたのだった。

☆ヴェーダから密教にいたる流れ

次はいよいよ密教に入ろう。が、その前に、頭の整理も兼ねて、いままでの仏教の流れを振り返りつつ、密教の要素と関係のあるところを拾ってみよう。

古代インド思想には、『リグ・ヴェーダ』（69ページ参照）をはじめ、神々への賛歌を集めたものがあった。その一つである『アタルヴァ・ヴェーダ』は、災害などを悪霊のしわざとし、あるいは神や他人の呪いによるものと考え、これを撃退するための呪法《じゅほう》を示している。

この流れがバラモン教（69ページ参照）につながる。バラモンが念力でもって願望を実現させてくれる一種の超人であると思われている時代があったかもしれない。

バラモン教隆盛の次の時代に、バラモン教に対する批判をもつ自由思想家たちが出現した。それがマハーヴィーラや仏陀（釈迦）である。

マハーヴィーラ（ヴァルダマーナ）は前5～前4世紀頃とされる人物で、ジャイナ教の開祖である。解脱して至福の境地に到達した勝利者（ジャイナ）の教えを説き、アヒンサー（生命を傷つけないこと）の戒《かい》により生命を尊重した。のちのインド独立運動の指導者ガンディーの思想に大きな影響を与えている。

一方、仏教の始祖・釈迦は、反バラモン思想家として、このような呪術・迷信を忌《い》み嫌って排撃した。だから最初、仏教は神秘性がなかったのである。

釈迦の言葉をできるだけ忠実に残している経典が『ダンマパダ』（法句経《ほっくぎょう》）、『スッタニパータ』などである。

これを哲学的に深めていった思想が部派仏教で、その哲学はサンスクリット語で「アビダルマ」と呼ばれた。特にアビダルマは「論」を示す。原始仏教において釈迦の教説は法（教え）と律（教団規則）だった。釈迦入滅《にゅうめつ》後、約100年して仏教教団は18～20の部派に分裂《ぶんれつ》し、各部派は釈迦の法と律を研究の末、アビダルマ体系を完成した。仏教の聖典は経蔵《きょうぞう》・律《りつ》蔵・論蔵の3種に分類された（三蔵）。

論書としてのアビダルマは、説一切有部《せついっさいうぶ》とパーリ上座部のものが多く現存している。

説一切有部とは、世界のすべての要素的存在として法《ダルマ》を想定し、これらの法が過去・未来・現在の三世につねに自己同一を保ち実在するという説だ。私たちは現在（刹那《せつな》）を認識しているにすぎない。認識された瞬間、それは過去に去っていく。アビダルマはこのように諸行無常を説明した。

ところが、新興勢力である大乗仏教の中から竜樹が登場し、これら説一切有部を否定し、「空」の思想を説いたのであった。

というわけで、まとめると「釈迦の説いたシンプル仏教」↓「部派仏教のややこしい哲学」↓「大乗仏教が空の思想で批判」、そして、「神秘の仏教思想の出現」という流れになる。

神秘の仏教思想の起源は、仏教以前にあった「ヴェーダ」聖典に付随する宗教書『ブラーフマナ』の祭式神秘主義と、世界各地にみられる女性原理的な崇拝《すうはい》によると考えられている。

歴史の流れでは、この後、いわゆる密教（秘密仏教）の登場となり、「雑密《ぞうみつ》」という教えが説かれる。これは、人間関係を良好にし、病気を治癒《ちゆ》し、金持ちになり幸せを引き寄せるという目的を達する。

雑密の次は、「純密《じゅんみつ》」である。世界を宇宙的な毘盧遮那仏《びるしゃなぶつ》とし、曼荼羅《まんだら》の図で表現し、儀式でその秘密世界に参入するという、あやしくも魅力的な教えである。

仏教は教えがそれぞれ違うから理解しづらい、とよくいわれる。最初は欲を抑えろ（執着をなくせ）といっていたではないか、と裏切られた感じがするかもしれない。

【種子（梵字）】

【印（印契）】

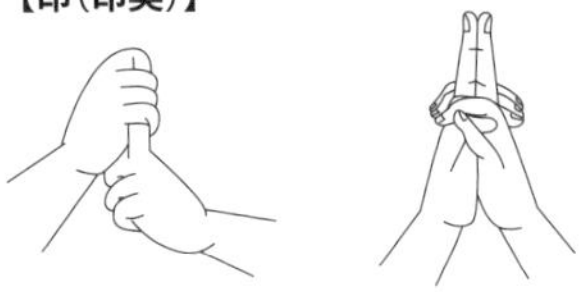

【真言（マントラ）】
オン アビラウンケン バザラ ダドバン

【三昧耶形】
横向きの五鈷杵の上に宝塔を立てる

図 2-9　大日如来の各種シンボル

そんなときは、「教えは一つである」という思い込みを排除すればよいだろう。「仏教は時代の流れでだんだんと秘密を明かしていくから、内容が変わっていく」と考えればよい。最初は、欲を抑えろという教えだったが、じつは、本当は「欲をもっていいのだよ。これは秘密だけれどもね」ということなのだ。

純密は『大日経《だいにちきょう》』と『金剛頂経《こんごうちょうきょう》』が主要な経典となる。『大日経』は『華厳経』の世界観が表現されている。

『金剛頂経』は、私たちの世界の外側にシンボル的な仏の原理を措定《そてい》し、「シンボルはシンボルされるものと同じである」という原理（エメラルド・タブレットの万物照応《ばんぶつしょうおう》のような感じ。201ページ参照）を通じて宇宙と合体する。もちろんヨガの原理を用いる。

たとえば、指で仏を表現して印《いん》を組み、口に仏の真言《しんごん》（マントラ）を誦《じゅ》し、意（心の中）にそれらを象徴する形象（三昧耶形《さんまやぎょう》）を観想（イメージ）する（図2-9参照）。

こうして、自分が仏の大世界における一つのシンボルとして変化《へんげ》することによって、この身このまま宇宙と合体するという「即身成仏《そくしんじょうぶつ》」をはかるのだ。

呪文（真言）を使うと神秘のパワーが生じるということは、般若心経にも記されているし、すでに、紀元4世紀頃には、『孔雀王呪経《くじゃくおうじゅきょう》』などの真言陀羅尼《しんごんだらに》が中心となる経典が出現するようになっていた。さらに、7世紀頃になると、大日如来の信仰を中心として仏になることを目的とする真言が説かれるようになり、大日如来と一体になるための方法であるヨガの実践を重視する『大日教』や『金剛頂経』が成立する。

真言陀羅尼を誦しながら意識を集中して観想することにより、災厄を除いて自己の願望を実現するという発想である。

呪文の最初は、だいたいにおいて「オン」あるいは「ナム」ではじまり、「ソワカ」（スヴァーハ）でおわる。真言は短め、陀羅尼は真言より長めの呪文のことを示す。

こうして、真言陀羅尼をどのように読み上げ、どのように供養するかの決まりがしだいに規定されていき、不可思議な仏教の次第・作法は秘密となってきた。

密教には、もちろん唯識（101ページ参照）の理論が取り込まれているので、印契《いんげい》、護摩《ごま》（ホーマー、護摩木を焚《た》く）、曼荼羅《まんだら》などの独特な方法を利用して、阿頼耶識に強力な印象を植えつけ、現象世界を変化させるのは自由自在ということになる。

☆空海が超人的記憶力を手に入れた秘法

日本では、密教はすでに7世紀後半に断片的な形で伝えられていたが、初めて体系的にこれを導入したのは、真言宗の開祖・空海《くうかい》（弘法大師《こうぼうだいし》。774〜835）である（図2−10）。

図 2-10　空海

８０４年（延暦23）、最澄《さいちょう》（のちの天台宗の開祖）と空海はともに入唐《にっとう》し、最澄は、円（法華経）、禅（止観）、戒（戒律）、密教の一部を得た。空海は、恵果和尚《けいかおしょう》から密教の伝授を受けて、帰国後はオリジナルの教判《きょうはん》論（仏教のランキングのようなもの）を打ち立てて、壮大なる真言密教を完成させた。

空海は18歳のとき、大学（平安時代の貴族が通う学校）に入学してエリートコースをめざした。もともと讃岐《さぬき》の豪族の家に生まれた人物で、このまま大学を卒業すれば将来は安泰だった。

ところが、ある沙門《しゃもん》（出家者）から密教の秘法を教わったことをきっかけに、まわりの反対を押し切って大学を中退してしまった。

その秘法とは「虚空蔵求聞持法《こくうぞうぐもんじほう》」と呼ばれるもの。これは、なんと記憶力を超人的に強くするという密教の技法だった。空海は四国の室戸岬《むろとみさき》でこの過酷な修行をし、虚空蔵菩薩と一体化するという神秘体験をした。これ以後、一度見聞きしたことは決して忘れることがなかったと空海自身が記している。

虚空蔵菩薩真言「ノウボウ アキャシャギャラバヤ オンアリキャ マリボリソワカ」を１００万回となえるので、常人は発狂するといわれている。

スピリチュアルな神秘説では、全宇宙の情報は「アーカーシャ（アカシック）」（220ページ参照）とよばれる巨大サーバーのようなところに記録されており、これを読むことで万能の知識が得られるとされる。

そののち山岳で修行していた空海は、ある寺で初めて密教教典を発見する。これが密教の根本経典『大日経』だった。遣唐使が日本に運んできたと考えられるが、誰もこの経典の意味がわからなかったのだろう（いまでも大変にわかりにくい）。

『大日経』に魅せられた空海は、30歳を待って密教をきわめるべく遣唐使船に飛び乗り、唐の都・長安《ちょうあん》をめざした。

こうして、先述したように、唐に到着した空海は、長安の青龍寺で、密教の第一人者である恵果和尚のもとで修行し、恵果和尚は自分の密教を空海にあますことなく伝えた。８０５年に教えを受け、８０６年に帰国しているので、超人的な記憶力がなければならない。

虚空蔵求聞持法を使ったので、それが可能だったのかもしれない。

☆密教の根本聖典『金剛頂経』とは

唯識思想を過激に解釈すると、宇宙意識（阿頼耶識）に願望のデータを送り込めばそれが現実になる。では、どうやって宇宙意識にデータを送るのか。その技法が密教の儀式である。

西洋魔術にもいえることだが、やはり儀式があるほうが宇宙意識にデータをインプットしやすいのである。まさに超能力を高める技法のようなもの。その教えと作法が密教経典に書かれているのだ。密教では宇宙意識がさらにアップグレードする。それが大日如来だ。

密教では、この世界のありとあらゆるものが大日如来の化身《けしん》であると考える。さまざまな仏は大日如来が姿を変えて現れている。それどころか、草木の一本一本から人間を含めたあらゆる動物でさえ、すべては大日如来が変化したものだ。大日如来は宇宙全体の真理が具象化して現れる。

大日如来もまた、個別の人間が求めるニーズに応じて現れる。あるときは、不動明王《ふどうみょうおう》、あるときは薬師《やくし》如来《にょらい》、またあるときは観音菩薩《かんのんぼさつ》というように。だから、真言宗寺院にさまざまな仏が安置されてあっても、なんら矛盾《むじゅん》はない。

また、個人は宇宙であり、宇宙は個人であるというミクロコスモスとマクロコスモスの照応（200ページ参照）のようなものなので、この身このまま仏となる。

大日如来の智拳印《ちけんいん》を組んで、「オン　アビラウンケン　バザラ　ダドバン」の真言を唱え、心に大日如来を観想すればよい。不動明王の場合は、不動明王印と「ノウマクサンマンダ　バザラダン　センダマ　カロシャダ　ソワタヤ　ウンタラタカンマン」の真言・観想というように、3つセットで組み合わせる。

密教の真理を象徴的な絵画で表したものが曼荼羅《まんだら》である。「胎蔵界曼荼羅《たいぞうかいまんだら》」は『大日経』をもとに描かれ、「金剛界曼荼羅《こんごうかいまんだら》」（図2-11）は『金剛頂経』をもとに描かれた。

以下に『金剛頂経』の内容を少し紹介しよう。

まず、金剛薩埵《さった》が「私はこのように聞いている」と説いて、大日如来についての説明をする場面からはじまる。

金剛薩埵はいう。大日如来、すなわち毘盧遮那（ヴァイローチャナ、光り輝くもの）は過去・現在・未来の三世に恒久に存在し、身口意《しんくい》の三密《さんみつ》を維持する金剛の如来である、と。

図 2-11　金剛界曼荼羅（九会曼荼羅）

釈迦如来と大日如来（毘盧遮那仏）は一体であり、曼荼羅図では中央に座している。そこから金剛界五仏、十六大菩薩など金剛界曼荼羅の成身会《じょうしんえ》の仏三十七尊が出現する。つまり、大日如来が宇宙そのもので、その変形形態がすべての世界と仏なのだ。

さて、『金剛頂経』には、不思議なことに「修行者シッダールタ」（菩薩の立場）なる人物が登場する。彼は苦行をしているのだが、「私はどのように修行したらいいのでしょう」と多くの如来たちに聞く。

如来たちは（略）異口同音に告げた。「善き者よ。まさに自心を観察する三摩地《さんまじ》（サマーディ・三昧《さんまい》）に集中して、自性成就《じしょうじょうじゅ》の真言を誦《じゅ》すべきである。回数は心のままにせよ」と。

唵《おん》　質多鉢囉《しったはら》　底《ち》　微騰迦嚕弭《べいとうきゃろみ》

(オーム、我れ、自心の源に通達せん)

(『全品現代語訳 大日経・金剛頂経』大角修訳・解説、角川ソフィア文庫)

このようなやりとりがかなり続く。真言も無数に出てくる。

この後、修行者シッダールタは、金剛界菩薩となり、「私は、一切如来の身体が自分の身体になったのを見ました」と語る。

こうして、修行者シッダールタは、釈迦如来となった。密教経典に記されている彼こそが、仏教の開祖、釈迦である。

この後、金剛界三十七尊のうち、32の菩薩が次々と出現してくる。まず、十六大菩薩が生まれる。これは金剛界五仏のうち、大日如来の周囲の東西南北の四仏それぞれに従う四菩薩、計16の菩薩のことだ。

つづいて、大日如来を供養するために四仏から出現する天女姿の四波羅蜜《しはらみつ》菩薩についての展開となる。ここでは、宝の光明を放つ宝金剛女《ほうこんごうにょ》、蓮華《れんげ》の光明を放つ法《ほう》金剛女の出現など、派手なキャラクターが増えてくる。

さらには、八供養《はっくよう》菩薩が生まれる。先の四波羅蜜菩薩の出現に応じて、大日如来が四仏に対して出現させる8つの供養菩薩である。

この八供養菩薩のうち金剛嬉戯《きけ》大天女は、パリ・ミラノコレクションなみの装身具をつけている。

途中省略するが、金剛〇〇大天女が次々と登場。歌で供養する天女、ダンスで供養する天女などが登場する。花が満ちあふれ、金剛華天女《げてんにょ》で場がさらに明るくなり、最後に嚩日囉巘題《ばざらげんてい》（ヴァジュラガンダー＝金剛塗香女《ずこうにょ》よ）という真言が唱えられる。


以上、一切如来の智の遍入（金剛焼香菩薩）と、大菩提の支分の三昧耶《さんまや》（金剛華菩薩）と、一切如来の光明（金剛灯菩薩）と、戒《かい》・定《じょう》・慧《え》・解脱《げだつ》・解脱知見《ちけん》を授ける塗香（金剛塗香菩薩）は一切如来の教令《きょうりょう》（勅命）を受けた女《にょ》である。（前掲書）

☆密教とは願望実現の仏教だった！

いよいよ最終段階の秘密が明らかにされてきた。平安時代の初期、空海は現世利益《げんぜりやく》を成仏にまで高め、国家と民衆の求める密教を説いた。けれども、平安時代中期以降になると、密教は皇族・貴族らの要望に応えて現世利益のみを求める祈禱《きとう》になった。

要するに、権力・名声・富などを「引き寄せる」ために、宇宙意識としての大日如来に願望インプットをしてもらう。それには、密教の僧侶に複雑な秘密の儀式をおこなってもらうのだ。

現代の密教寺院の合格祈願などもそれと同じようなもの。私たちは、護摩木《ごまぎ》や紙に「願い」を書いて、お寺の受付に渡すだけだが、その奥では密教のとてつもなく複雑な儀式がおこなわれているのだ。

ここからは、四摂菩薩《ししょう》の出生である。これはスピリチュアルの「引き寄せの法則」（317ページ～参照）の密教版である。

登場するのが、一切の如来を集めるとともに衆生を救う東西南北の四菩薩、すなわち四摂菩薩である。


金剛鉤菩薩（東方）…梵字は「ジャク」、真言「ヴァジュラアンクシャ＝金剛鉤《こう》よ」

金剛索菩薩（南方）…梵字は「ウン」、真言「ヴァジュラパーシャ＝金剛索《さく》よ」

金剛鎖菩薩（西方）…梵字は「バン」、真言「ヴァジュラスポータ＝金剛鎖《さ》よ」

金剛鈴菩薩（北方）…梵字は「コク」、真言「ヴァジュラアーヴェーシャ＝金剛入《にゅう》よ」


以上、一切如来の三昧耶の鉤召《こうちょう》（金剛鉤菩薩）と、引入《いんにゅう》（金剛索菩薩）と、縛《ばく》（金剛鎖菩薩）と、調伏《じょうぶく》（敬愛《きょうあい》＝金剛鈴菩薩）は、一切如来の教令（勅命）を受けた者である。

（前掲書）

4つの仏をまとめると「ジャク・ウン・バン・コク」となる。複雑なので、自宅でできる密教での簡易的な「物品引き寄せの法」を紹介しておこう。これをおこなうには、自分が求めている状態をありありとイメージして、印を組みつつ、「ジャク・ウン・バン・コク」を何度も唱える（四つの印が難しい場合は、合掌《がっしょう》〔金剛合掌〕にする）。

密教とは願望実現の仏教だった。しかし、これで、秘密が終わったと思ったら大間違い。さらなる究極の秘密が明かされていくのだった。

☆喜怒哀楽があるからすばらしい！

世尊毘盧遮那仏《せそんびるしゃなぶつ》は、一切如来を召集するために、指を弾《はじ》くしぐさ（金剛弾指《こんごうたんじ》）をする。すると、一切世界に遍満《へんまん》する雲海のように、一切世界の微塵《みじん》の数に等しい如来が、その眷属《けんぞく》の菩薩衆が、参詣してくる。そして世尊の足元で礼拝し、心呪という真言をとなえる。

　唵《おん》　薩嚩怛他蘖多《さらばたたぎゃた》　播那満娜曩迦嚕弥《はんなまんなのうきゃろみ》

（オーム、我れは如来のみ足に礼拝したてまつる）

（前掲書）

ここで、世界から集まった無数の如来たちは、菩薩らとともに毘盧遮那仏の心臓（フリダヤ）に吸収される。金剛界大曼荼羅のパワーで、宇宙のあらゆる生き物が救済され、利益《りやく》を得て、安楽になれるのだ。すべては平等であるという智（平等智）、加えて神通力と阿耨多羅三藐三菩提《あのくたらさんみゃくさんぼだい》（無上のさとり、98ページ参照）を完成するために、婆伽梵《ばがぼん》（尊師バガヴァーン）としての一切如来のリーダー大持金剛者《だいじこんごうしゃ》（毘盧遮那仏のこと）を称える。

さて、このあたりを読んでいると、金剛薩埵、金剛王菩薩の中に、不思議な菩薩がいることに気づく。

金剛愛菩薩という名で、金剛愛と大楽《たいらく》、征服者、魔欲《まよく》（大愛欲）を礼拝するのである。

この大楽やら魔欲というのは、何なのだろう。

金剛喜菩薩は、よき人たちや大敵悦《だいてきえつ》、歓喜王を肯定し、金剛宝菩薩は、善金剛利益《りやく》や大宝《だいほう》（大摩尼《だいまに》）と虚空蔵と金剛富と金剛蔵を礼拝する。

金剛幢菩薩は善利（善衆生利益）や妙喜《みょうき》（よく喜ばせる者）などを、金剛笑菩薩は、大笑《だいしょう》と微《み》笑《しょう》、愛喜（喜楽）や金剛愛（今剛喜）を拝する。

もっとスゴいのは、金剛牙菩薩は大怖畏《だいふい》、摧魔《ざいま》と金剛忿《こんごうふん》（金剛暴悪）を拝する。これは怒りによって何かをなし遂げること。密教では、不動明王など憤怒《ふんぬ》の形相の仏が多いが、悪を滅するとともに、仏法を信じないものを叱って救済するという。

16の菩薩が登場したが、まとめとして、驚くべきことが書いてある。これらの仏の名によって、大持金剛者を称え、不断に詠唱《えいしょう》するならば、その人は大持金剛者のごとくなれるのである。

つまり、ざっくりいうと、金持ちになり、美男美女に囲まれ、食い放題飲み放題の境地にいたることができるということ。

密教とはなんとすばらしい仏教だろうか！

ふと、「輪廻から脱出するというあの質素な態度はどうなったのだろう」と思ったりもするのだが、もはやそんなことはどうでもいい。

「我ら、この一百八の名によって尊を讃嘆《さんたん》する。願わくは世尊毘盧遮那仏、大乗現証《だいじょうげんしょう》の大理趣（金剛界曼荼羅の道）を遍《あまね》く開示したまえ。願わくは最勝の儀にして一切諸仏の大いなる輪《りん》（チャクラ）である最上の大曼荼羅を説きたまえ」と。

（前掲書）

密教の修行を日常に取り入れれば、人生は安泰なのである。もう何も心配しなくてよい（自己責任でお願いします）。

『金剛頂経』はこの後、曼荼羅の作成法、阿闍梨《あじゃり》（密教の高僧）の入壇法、弟子に密教を教える作法、月輪《がちりん》観想法などのさまざまな瞑想法、そして「秘密成就法」（究極の悟りにいたるメソッド）などが説かれる。

注意しなければならないのは、この秘密を他人に漏らしてはならないこと。漏らすと非業《ひごう》の死を招き、地獄に堕《お》ちると書いてある。「そうならないようにせよ」と親切なアドバイスもつけ加えられている。

自己と金剛薩埵が一体となれば、山や石を自在に動かせる念力が手に入る。煩悩も軽く追っ払えるらしい。

こうして、秘密経典『金剛頂経』は壮大なエンディングを迎えるのだった。

さらに、究極の究極のそのまた究極の奥義が明かされるが、これについてはいま、説明すると精神が崩壊する可能性があるので、あとで説明しよう（126ページ参照）。

ちなみに、金剛乗《こんごうじょう》（バジュラヤーナ、真言密教の別名）は、大乗よりもすぐれたという意味である。大乗仏教をも超越した教えが密教なのだ。

バジュラは、密教法具の一つで、金剛杵《こんごうしょ》のことだ。バジュラの名はアニメで流用されることも多い。アニメ『マクロスF（フロンティア）』では襲ってくる宇宙生物の名であり、トレーディングカードゲーム『デュエル・マスターズ』ではバジュラカードなどがある。

密教を少し勉強しておくと用語の意味がわかるから、映画、アニメなどを見るとき楽しくなるのでおすすめだ。

☆女性こそが宇宙の原理

さて、ここで密教が秘密仏教であるゆえんを説明し、『金剛頂経』の「秘密成就法」と、最高秘密経典『理趣経《りしゅ》』（般若理趣経）の「大楽《たいらく》」思想を解説して密教コーナーは終わることにする。

まず、密教には雑密、純密があった（111ページ参照）。雑密は、世界の女性原理、つまり女性的霊力を変換した呪文により外界をコントロールするという密教である。純密は先にみた『大日経』『金剛頂経』を主要経典とするものだ。

そして、これに続くのがタントラ密教である。タントラ密教は、女性原理的霊力を般若波羅蜜（仏母、すなわち悟りを生む智慧）であるとし、それはすなわち生身の女性であると考える。

こうして、宇宙の原理である女性と性的に瑜伽《ゆが》（ヨガ）することで、悟りの境地に達するとされている。

一般に、タントラ密教は、道を外れた密教として嫌悪されがちだ。僧侶の中には、これはただの比喩《ひゆ》、あるいは観想法なので、実際の行為とは違うと説く人も多い。

この原理はもともとインドの女性原理崇拝の考え方にあったといえる。現代の科学的見地からしてもこれは正しい。そもそも生物として男性と女性、どちらが優れているかについて、普通に科学的・客観的に考えれば、女性に決まっている。

女性は体内で子供をはぐくみ、生む。女性は男性より寿命が長い。女性のほうがメンタルが強い。女性は脳がマルチタスクである。女性は俯瞰《ふかん》的に世界をとらえることができる。

では、なぜ男性が歴史上、政治や戦争、科学などで業績を残したのか。それは、男性がバカみたいに熱中して働いてしまうからである。男性は一つのことしかできない。一つのことに集中すれば、それに習熟できるのは当たり前。歴史的には、女に雑事をまかせて、やりたいことだけやってきたのが男である。さらに、男性は筋力がある。筋力があると暴力が使える。だから強かったのだ。

ところが、科学の発達とともに、頭脳を使う仕事が増える。女性も男性も脳を鍛えれば知的生産が平等におこなえる。暴力は法的に抑えられつつある。近年は、ジェンダーの問題についても盛り上がってきている。

インド思想では、こうした女性原理と男性原理を同一化させることを考えた。かつては、こういった性的な話についてははばかられる雰囲気があったが、現代は科学の発達により、性的ホルモン（テストステロンなど）が健康の維持、若さの維持、気力のもとであることが明らかにされてきた。

チャクラの開発をすれば、ホルモンの分泌《ぶんぴつ》がよくなり、健康になり精神的に明るくなり、免疫力がつく。すべては性ホルモンの力であることを古代インド人は知っていたのだ。

こうして、最後の仏教は大乗仏教を超え、タントラ密教という頂点に到達して、古代インド思想が説いたチャクラ開発に回帰する。尾てい骨にある性的エネルギー（クンダリニー）を上昇させ、チャクラを突き破って解放し、女性原理に男性原理が合体するという真理に回帰するのである。

☆生のエネルギーを肯定する『理趣経』

ここまで心の準備をしてから、先ほどの『金剛頂経』の「秘密成就法」から見ていこう。

次に秘密成就の法を説け。

婆伽《ばが》（バガ＝愛欲、性器）によって女人《にょにん》あるいは男子《なんし》の身に入るのである。意《こころ》によって完全に入ったと想し、彼《か》の身体に遍満せしめよ（性の快楽を仏と合一する悦楽に通じるものとみる）。

このときの真言は

「嚩日囉縛嚩《ばざらばぜん》　嚩日囉尾捨《ばざらびしゃ》　嚩日囉訶那《ばざらかだ》　嚩日囉訶囉《ばざらから》

（金剛よ、支配せよ。入れ。殺せ。圧せよ）」である。（前掲書）

これを観想であると解釈するのか、実際に行動すると解釈するのかは人それぞれ。宇宙の仏がその真実を直観的に教えてくれるのかもしれない。

次に秘密経典『理趣経』である。往古ではこれを一般の人に見せることは禁じられていた。般若思想をもとにしており、『金剛頂経』十八会《え》（部）の内の第六会にあたる「理趣広経」の部分をまとめたような密教経典である（『理趣経』は『金剛頂経』の一部〈大楽最上経〉という解釈による）。

『般若心経』ほど短くはないが、『大日経』『金剛頂経』などよりはずっと短い。Apple Musicなどでダウンロードできて、30分程度で聴ける。『般若心経』は2分程度だ（電車の中でダウンロードした『理趣経』を聴いている人は、そうそういないだろうが）。

最澄が空海にこの経典を求めたところ、空海は拒絶した。よって天台宗は、はじめは顕教《けんきょう》にとどまったのである。弟子の円仁《えんにん》・円珍《えんちん》が入唐して密教を本格的に学んだのち密教化し、台密《たいみつ》と呼ばれるようになった。

空海がそれほどまでに渡すことを拒《こば》んだ『理趣経』には何が書かれてあったのか。一部引用しよう。

説《せ》一切《いっせい》法《ほう》清浄《せいせい》句《く》門《もん》。所謂《そい》。
妙《びょう》 適《てき》清浄《せいせい》句《く》是《し》菩薩《ほさ》位《い》。
慾箭《よくせん》清浄《せいせい》句《く》是《し》菩薩《ほさ》位《い》。
觸《しょく》 清浄《せいせい》句《く》是《し》菩薩《ほさ》位《い》。
愛縛《あいはく》清浄《せいせい》句《く》是《し》菩薩《ほさ》位《い》。
一切《いっせい》自《し》在《さい》主《しゅ》清浄《せいせい》句《く》是《し》菩薩《ほさ》位《い》。

要約すると、

大日如来は、一切すべての事象は清らかであるという句を説いた。
いわゆる性的快楽は清らかであり、菩薩の位《くらい》である。
異性を求める気持ちは清らかであり菩薩の位である。
異性に触れることは清らかであり菩薩の位である。
愛に縛られて異性と離れたくないのも清らかであり、菩薩の位である。
自由奔放《ほんぽう》に振る舞うことも清らかであり、菩薩の位である。

欲がなければ人間は死んでしまう。食欲や性欲があるからこそ人類は存続していける。『理趣経』はいわば、生きようとするエネルギーを肯定しているのだ。
大日如来の欲こそが世界そのものなのだ。この大日如来の「大楽」の秘密を知ることで、人は生きとし生けるものに対する究極の慈悲心《じひ》を得ることができる。宇宙、すなわち大日如来は愛に満ちている。生きとし生けるものは大日如来が変化したもの。あなた自身も大日如来の一部なのだ。だから、人間としての些末《さまつ》な欲望を肯定していい。そこから、さらに大きな欲望へと高めていく。「すべての人が幸せになるように」という大きな欲望、この大日如来の欲望が「大楽」なのである。

こうして、古代インドのヴェーダ経典から部派仏教・大乗仏教と流れてきた仏教思想はすべて統合され、秘密仏教で終結をみたのだった。

欲は悟りにつながるという恐るべき思想。これによって、「欲はいけない」というメンタルブロックが外れ、イメージしたことが実現しやすくなるのである。いわば、自分の心の内側にあるリミッターを外す作業のようなもの。

さあ、今日から自分を肯定して、ウキウキすることをイメージしよう。多くの願望をもとう。他人も犬も猫も大日如来の化身《けしん》だから受け入れよう。自分を責めたりおとしめたりする必要はない。あなたは、宇宙そのものなのだ。生命のエネルギーを解放し、宇宙の流れにそって自由に生きればいいのだ。密教を応用して、苦しみの人生から脱出しようではないか！（くれぐれも、自己責任でお願いします）。

☆スピリチュアル満載の縄文文化

いまからおよそ1万1700年前、更新世《こうしんせい》（氷河時代）から完新世《かんしんせい》となり、地球の気候も温暖化した。海面が上昇し、いままでは大陸とつながっていた部分が海となり、日本列島が形成された。

これが島国としての日本のはじまりである。日本列島が形成された頃が縄文《じょうもん》時代である（約1万3000年前）。

縄文人は旧石器と磨製《ませい》石器を併用し、弓矢を発明して、イノシシやニホンシカを狩った。

縄文人たちは、あらゆる自然物や自然現象に霊威が存在すると考えた（アニミズム）。呪術によって災《わざわ》いを避けたり、収穫を得ようとした。つまり、超能力によって「引き寄せの法則」の原型をおこなっていたのだ。

縄文人はスピリチュアル的な生き方をしていたというわけだ。女性をかたどった土偶《どぐう》をつくり、男根は石棒《せきぼう》にかたどって、女性原理と男性原理をあがめた。女性をかたどるということは、日本においては女性崇拝《すうはい》があったからである。

抜歯《ばっし》の風習があったが、これは麻酔なしで前歯を抜く。「痛かったら右手をあげてください」なんていう歯医者もいない。石で前歯をかち割って折るのである。すると成人になれるというイニシエーション（通過儀礼）なのだ。

死者の多くは、身体を折り曲げて葬《ほうむ》る屈葬《くっそう》が一般的である。強く膝と腰を折り、腕を前にあわせている。腰に腰飾りがついているときもある。

これは、縄文人に直接インタビューしてみないとわからないことだが、死者が死霊として復活しないように折り曲げたという説や、胎児《たいじ》の形に戻しているという説もある。

縄文時代の遺跡で特に有名なのは、青森県の三内丸山《さんないまるやま》遺跡である。ここでは、およそ１５００年の長きにわたって、５００人以上の人々が定住生活をしていた。縄文人はグルメだったといわれるほど食文化も進んでいて、翡翠《ひすい》をパワーストーンとして用い、これを手に入れるために広い交易圏をもっていた。

神秘思想の場合、たいていは縄文時代と古代文明の話がセットとして語られる（１９８０年代から）。酒井勝軍《さかいかつとき》（１８７４〜１９４０）はキリスト教伝道者で、日本人の祖先はユダヤ人という日ユ同祖論も唱えている。

また、彼は日本のピラミッド発見者でもある。諸説あるが、ピラミッドは日本各地で確認されているという。

長野県松代《まつしろ》市の皆神山《みなかみやま》、岐阜県飛騨《ひだ》の位山《くらいやま》、富山県の尖山《とがりやま》がそれだ。これらのピラミッドの位置をつなげると、レイラインと呼ばれるピラミッド・エネルギーラインが明らかになるのだ。

ほかに不思議な伝説として、キリストは日本で死んでいるという話（八戸《はちのへ》などの「へ」はヘブライの「へ」）、日本人はユダヤの失われた十二部族と関連がある、縄文時代の土偶は宇宙人をかたどったものだ、秋田県大湯《おおゆ》遺跡の環状列石（ストーン・サークル）はじつはＵＦＯとの通信装置だった等々、いろいろある。

こういった都市伝説のような話題は、現代ではもっと複雑に進化しているので、飽きられることはない。

☆アニミズムの国・日本の神道

日本という国はアニミズムの国である。
神代《かみよ》（神話の時代）から、日本は言霊《ことだま》の国と語り継がれていた。

神代より　言ひ伝て来《く》らく　虚《そら》みつ　倭《やまと》の国は　皇神《すめかみ》の　厳《いつく》しき国　言霊《ことたま》の　幸《さき》はふ国と　語り継《つ》ぎ　言ひ継がひけり

（『万葉集』巻五・８９４、山上憶良《やまのうえのおくら》、８世紀後半）

【訳】神の時代の昔から語り伝えられて来た大和の国はおごそかに神が統治なさる国。言葉の力が幸いをもたらす国と語り継ぎ言い伝えてきたことだ。

同時に、日本は「言挙《ことあ》げせぬ国」（万葉集）ともいわれていて、神にまつわることは禁忌《きんき》とされていた。

神道は、皇室にかかわる宗教なので、神についておおっぴらに語らないという秘義性をもっていたのだろう。また、ユダヤ教の「ヤハウェ」（170ページ参照）を声に出してはならないことと共通するかもしれない。

あまりに、重要な内容は口に出してはいけない。コトバには霊妙な働き、呪う力があり、言霊の作用があると考えられた。

つまり、言葉は波動であり、霊力をもっているので、言葉で霊的な存在をあやつり、人生を変えていくことができるのである。

図 2-12　三輪山と大神神社の鳥居。三輪山を神体山とする

このような理由で神道について語ることははばかられたが、院政期（１０８６〜）になると、神道について積極的に語るようになり、中世には神道説が確立していった。

ちなみに、神社の起源は古墳時代に限定されるらしい。奈良県の大神神社《おおみわ》（三輪山《みわやま》を崇拝、図2-12）、同じく奈良県の石上神宮《いそのかみ》（石上氏《うじ》はもと物部氏《もののべ》）、福岡県の宗像大社《むなかたたいしゃ》の沖ノ島はヤマト政権との関係が深い。これらが神社成立のルーツとなっている。

神道は日本人に身近である。神社でのお参り、お賽銭《さいせん》はもちろん神道である。なのに、神道の内容、教祖、儀礼などについては、日本人はあまり興味がない。

ギリシアには「ロゴス」、ユダヤ・キリスト教、あるいはイスラム圏では「絶対神」、インドには「ダルマ」、中国には「道」というようにそれぞれの国の思想にはなんらかの原理がある。

神道の原理とは何なのだろう。

☆「ツミ・ケガレ」にみる日本人の世界観

アリストテレスは「実体とは、主語となって述語とならないものである」と説いた。「〇〇は△△である」という形式を持つ。

ところが、古代日本には実体（個物）がないのである。「モノ」という言葉がそれを表している。

アリストテレスの場合、物といえば個物をいう（コップや机など）。日本の場合、物忌《ものいみ》、物語、物参りなど、モノは物体以外を含めてモノである。軍事・刑罰を担当した物部氏のモノは、霊的

図 2-13　茅の輪くぐり。神社にチガヤで大きな輪をつくり、参詣者がそこをくぐると病災を免れるという風習。旧暦 6 月 30 日の夏越祓 (なごしのはらえ) など。

なモノを意味した。つまりモノとは「霊力」なのだ。

また、ツミという言葉が、古今東西の罪とはちょっと意味が違う。古代の日本人にとってツミ意識の射程はかなり広い。というのは、犯罪はもちろんツミだが、災害、病気もすべてツミなのである。また、これらはケガレ（穢）としてとらえられる。

日本のツミ・ケガレというのは、物体的な事実のことだけを指すのではない。ツミは突然降りかかってくるものも含めて、ネガティブな現象すべてを含んでいる。ツミとケガレは切り離せないものとなる。

ツミやケガレにもミソギ・ハラエ（ハライ）というわざがある。ミソギ（禊）は水を浴び穢《けが》れを洗い清める呪術、ハラエ（祓）は神に祈ることで罪・災・穢・病などを除去する行為である。（図2-13参照）。

ツミ・ケガレというのは、キリスト教の示す原罪（172ページ参照）のように人類の魂に根深く刻印されているようなものではない。まるで汚れたシャツを洗濯するように、除去できる。

縄文時代のアニミズムは、八百万神《やおよろずのかみ》の多神教へと発展する。どこにでも神が祀《まつ》られるので、神の種類が増える。

究極の絶対神・原理なるものは不在であって、最高神は高天原《たかまがはら》の主としての天照大神《あまてらすおおみかみ》である。他人に隠すことのない「清明心《きよきあかきこころ》」、二心のない、心情の純粋さとしての「清明心」は、中世・近世においては「正直」「誠」などの精神として受け継がれていく。


キヨイ、ケガレという考え方は、8世紀の初めに成立した『古事記』『日本書紀』によく表れている。

日本の古墳文化は、3〜4世紀前半にかけて前方後円墳、4世紀末〜5世紀には前方後円墳の巨大化という変遷《へんせん》をたどる。

この段階では、王や大王を単身で埋葬《まいそう》していた（竪穴式石室で埋葬される）。ところが、6〜7世紀においては、豪族勢力の台頭を経済的にささえている有力な農民が古墳に埋葬されるようになった（後期古墳）。

これは石室が横穴式になっており、追葬が可能である。要は洞穴《ほらあな》のようなもので、中は真っ暗でじめじめしている。この洞穴のイメージが『古事記』のワンシーンと酷似《こくじ》している。

男神イザナギと女神イザナミ（図2-14）は「まぐわい」によって国を生む。イザナミは海、風、木、山などの神を次々と生んで、最後に火の神であるヒノカグツチの神を生み、火傷が原因で死亡した。

死後は、黄泉国《よみのくに》へと向かうことになっており、現世とあの世が非常に近いところにある。雰囲気的にはタクシーで行けるくらいの距離だ。

そこで、イザナギは妻会いたさに黄泉国へと向かい、イザナミと再会する。しかし、妻は彼の前に姿を見せないどころか、自分の姿を見ないでくれと頼む。だが、昔話では、こういうときは見ることになっている。

見てびっくり、妻イザナミがアンデッド（ゾンビ）のような姿をしていた。夫がここで妻に

図2-14　イザナギ（右）とイザナミ（小林永濯画、天瓊を以て滄海を探るの図。明治時代）

「人は見かけじゃない。心だ。俺はおまえを永遠に愛する」くらいの気のきいた慰《なぐさ》めの言葉をかければいいものを、失礼なことに逃げ出してしまった。

妻のほうも、「よくも私に恥をかかせたな」とヤマンバのように追いかけてきた。

イザナギは懸命に逃げたが、イザナミは「よもつしこめ」なる妖怪《ようかい》を呪法《じゅほう》であみだし、イザナギを追わせた。この伝統は、『ポケモン』に引き継がれているのかもしれない。

イザナギも桃の木の呪術によってシールドをはり、なんとかこの危機を切りぬけた。神代の壮大な夫婦喧嘩《げんか》は終わった。

こうして現世と死後の世界に境界線が引かれ、生きている人間は死んだ人間と交わってはならないという禁忌《きんき》が成立したという。

この神話によくあらわれているように、日本人はできるだけ汚れたものに接触せず自分を清く保ち、ツミ・ケガレに接触した場合は、すぐにそれを初期化してきれいにするべきという価値観をもっている。

☆言霊の力で天地をうごかす

このツミ・ケガレを清めることに通じるのが、「清明心」（きよきあかきこころ）である。水のように透き通った、下心のない、奥まで見通せる心をいう。

心の中も行動も言葉もすべてはつながっており、美しいか汚いかがその倫理的価値観の中心となっている。心を清めればきれいな言葉になるし、きれいな行動をするようになるらしい。よい言葉は吉事を招き、悪い言葉は凶事を招く。また、言葉によって心や行動を清めることができるわけだから「祝詞《のりと》」「宣命《せんみょう》」という呪文が重要な位置を占めてくるのだ。

「祝詞」は、神祭りのときにその趣旨や執行について唱える言葉。「宣命」は、即位・改元・立后・人事・朝儀の際に、群臣を前にして天皇の言葉・命令を宣布することをいう。

紀貫之《きのつらゆき》が「あめつち（天地）をうごかし」（『古今和歌集　仮名序《かなじょ》』）と語るように、実際に言葉を発してみればその効果を実感できるだろう。

感覚的にたとえてみよう。たとえば、「あ」は爆発力を秘めた物事のはじまりを帯びたパワーをもっているようだ。なにか新しいことが起こると「あっ」と叫んでしまうし、新たな納得感を得たとき「ああ」（そうか）という。

「え」も「えい！」などと話しているときは活力が燃え上がり発展する意味の言霊だが、「え〜」で時間稼ぎをするときなどは溜めのモードだろう。

「か」は活力の「か」であり神の力を受けるとされ、「し」は、物事を静めるような沈静化するパワーがあるという。たしかに、「か〜」と叫べば力は出るが、「し〜」ではあまり元気が出ない。「静かに」「死」などのように、「し」には静める力が宿っているのかもしれない。

『天津祝詞《あまつのりと》』には、独特の波動がある。

高天原《たかまのはら》に神留《かむづま》り坐《ま》す。

神漏岐《かむろぎ》神漏美之命《かむろみのみこと》以《もち》て。
皇御祖神伊邪那岐大神《すめみおやかむいでなぎのおおかみ》。
筑紫《つくし》日向《ひむか》の橘《たちばな》の小門《おど》之阿波岐原《のあわぎはら》に。
身滌《みそぎ》祓《はら》ひ給ふ時に生坐《あれま》せる祓戸之大神等《はらへどのおおかみたち》。
諸々禍事罪穢《もろもろのまがごとつみけがれ》を祓へ給ひ清め給へと白《もう》す事の由《よし》を。
天津神地津神《あまつかみくにつかみ》。
八百万之神等共《やおよろずのかみたちとも》に。
天の斑駒《ふちこま》の耳振立《みみふりた》て聞食《きこしめ》せと畏《かしこ》み畏み白《もう》す。

【超訳】高天原には、さまざまな神々がいらっしゃいます。かむろぎ、かむろみの神様からお生まれになった、イザナギノ大神が、筑紫の日向《ひむか》の橘の小門の阿波岐原《あわぎはら》というところで、禊祓《みそぎはら》いをされました。そのとき、お生まれになりました、祓戸《はらえど》の大神たちよ。「私たちのさまざまな罪、穢れ、厄災を祓い、清めください」と申し上げることを、天津神、国津神、この世のさまざまな神様とともに、お聞きくださいませ。

恐れ多いことですが以上のように申し上げるのです。

この天津祝詞は、『般若心経』の呪文（99ページ参照）とともに、絶大な効果を発揮するとされる。ケガレはウイルスやバイ菌のようなものだから消すことができる。

祝詞をとなえて、清浄な心を保ちたいものだ。

☆奇門遁甲の術で敵を倒した天武天皇

陰陽道《おんみょうどう》とは、もともとは古代中国に発生したもので、これが日本に伝わりオリジナルの占法へと進化発展したものだ。四季のめぐりや方位などをもとに、国家・社会、人の行為・行動に関し吉凶禍福《かふく》を判定する方術である。

その中心となる思想は陰陽五行説《いんようごぎょうせつ》で、日月《じつげつ》（太陽と月）や五行（木・火・土・金・水の5つの要素）、十干十二支《じっかんじゅうにし》（干支《えと》）の運行である（図2-15）。

日本史の人物・出来事にも陰陽思想は数多くみられる。

聖徳太子《しょうとくたいし》（厩戸王《うまやどのおう》。574〜622）は、冠位十二階や十七条憲法の制定発布に、また国史の編纂《へんさん》に、陰陽五行説を利用した。冠位十二階は6種の濃淡色のついた帽子をかぶるのだが、これがラッキーカラーになっている。徳・仁・礼・信・義・智の官位は、展開をつかさどる天帝の住居である星を取り巻く12の衛星を意味しているらしい。

が、最近は、「聖徳太子は存在しなかった説」があるので、すべてはリセットされてしまうかもしれない。残念なことだ。

百済《くだら》僧観勒《かんろく》が日本に、暦《こよみ》・天文・地理書・遁甲《とんこう》（妖術）・方術書を献上している。テレビの朝の占いは、陰陽道である。

大化改新《たいかのかいしん》（645）にはじめて大化の元号をたて、瑞兆《ずいちょう》（よいことが起こる前兆）とみられる現象により年号を改める陰陽思想を実施した。708年に武蔵国《むさし》（埼玉県秩父《ちちぶ》）から銅が出たから「和銅」にするなどである。

中大兄皇子《なかのおおえのおうじ》（のちの天智天皇《てんじ》）は漏刻《ろうこく》（水時計）をつくったが、これは陰陽道と関連がある。天智天皇の弟・大海人皇子《おおあまの》（のちの天武天皇《てんむ》）は天文遁甲《てんもんとんこう》（奇門遁甲《きもん》）の術という方位学を好んだ。

遁甲は十干十二支と八卦《はっけ》に基づく軍事兵法用の戦術である。方術とは天地神明・鬼神とつながり、気のパワーを自在に使う呪術である。

大海人皇子のラッキーカラーは「赤」で、壬申の乱《じんしん》（672）のときに赤い旗をつくり、奇門遁甲の方位学を使って、大友皇子《おおとも》を倒したという伝説がある。ちなみに、孫の長屋王《ながやおう》もこれを好んだが、呪いをかけていると因縁《いんねん》をつけられて自害した（729年、長屋王の変）。

その後、律令官制《りつりょう》の中で陰陽寮《おんようりょう》が成立し、中務省《なかつかさしょう》（天皇の詔勅を作成するところ）の機関となる（以上は飛鳥《あすか》時代から奈良時代の話）。

平安時代に入ると、藤原氏《ふじわら》は天災地変の発生により年号を改める陰陽思想（災異改元《さいいかいげん》）を実行し、天皇一代に改元を頻繁《ひんぱん》におこなった。

日本史の試験によく出る、延暦《えんりゃく》、弘仁《こうにん》、承和《じょうわ》、貞観《じょうがん》、寛平《かんぴょう》、昌泰《しょうたい》、延喜《えんぎ》などはそれだ。災害や戦争などが起こると、元号に願いを込めるのである。承平《じょうへい》から天慶《てんぎょう》への改元は、平将門《たいらのまさかど》の乱（939）に関係している。

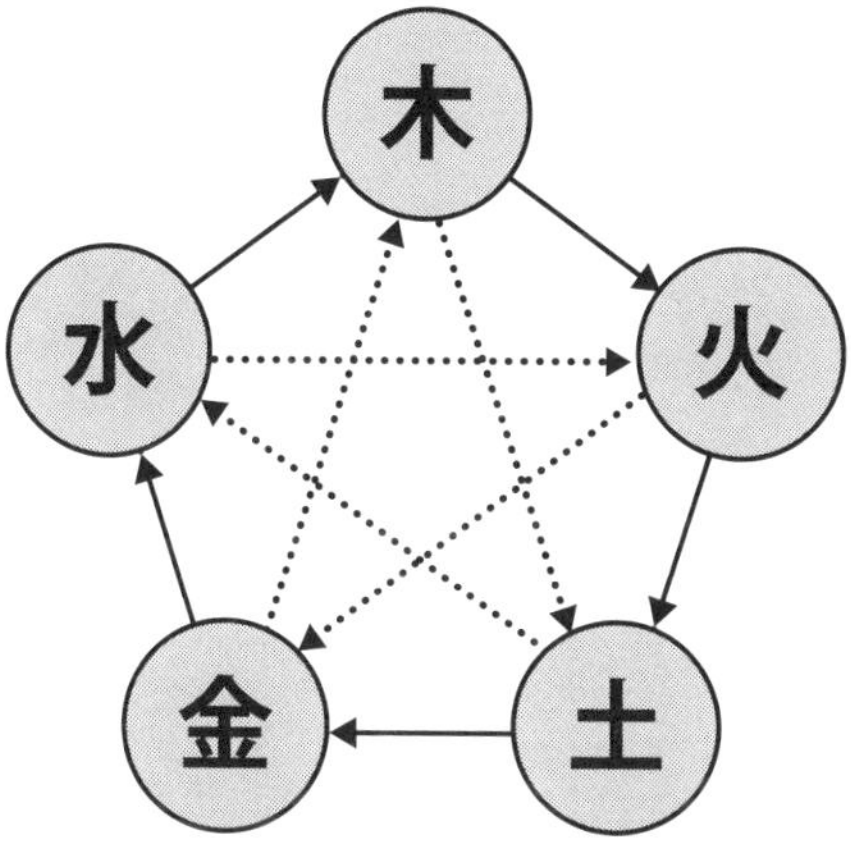

五行	時季	方位	色	虫	味	官	臓	獣	星
木	春	東	青	鱗	酸	目	肝	青龍	歳星（木星）
火	夏	南	赤	羽	苦	舌	心	朱雀	熒惑（火星）
土	土用	中央	黄	裸	甘	口	脾	麒麟や黄龍	鎮星（土星）
金	秋	西	白	毛	辛	鼻	肺	白虎	太白（金星）
水	冬	北	黒	介	鹹	耳	腎	玄武	辰星（水星）

図 2-15　陰陽五行説
上：万物の根源である木・火・土・金・水の５要素は「木から火を、火から土を、土から金を、金から水を、水から木を生じる」相生［そうせい］関係であり、「木は土に、土は水に、水は火に、火は金に、金は木に剋［か］（勝）つ相剋［そうこく］関係にある。
下：五行がそれぞれ対応するものを表した五行配当表

図 2-16　四神

☆宿曜秘法をあやつった道鏡

奈良時代には陰陽師的な有名人物がいた。トップバッターは道鏡《どうきょう》である。

奈良時代の終わり頃、女帝である孝謙《こうけん》天皇が病気になり、僧侶・道鏡がその看病をした。道鏡の時代には、宿曜道《すくようどう》という密教占星術が日本に伝わっていた。宿曜とは星宿《しょうしゅく》のことで、仏教の天文学のことだ。道鏡はこの宿曜秘法を修して孝謙上皇を看病し、病を癒《いや》したのである。

孝謙上皇は回復し、称徳《しょうとく》天皇として重祚《ちょうそ》（再び即位すること）した。天皇の寵幸《ちょうこう》を得た道鏡は、権力を握り、「天皇に即位したい」という野望を抱く。

道鏡は、日本に伝わっていた一部の密教経典を研究していた。道鏡は、宇佐《うさ》八幡宮《はちまんぐう》神託《しんたく》事件で野望を阻止され、下野《しもつけ》国薬師寺別当《べっとう》に左遷《させん》された。実際ものすごい勉強家だったらしいが、道教が宿曜道の達人という伝説が本当かどうかはわからない。ともあれ、宿曜道が本格的に発展するのは平安時代である。

奈良時代の平城京は、瑞祥《ずいしょう》とされる四禽《しきん》が東西南北にあてはまる「四神相応《しじんそうおう》の地」であった。四神とは、青龍《せいりゅう》・朱雀《すざく》・白虎《びゃっこ》・玄武《げんぶ》のこと（図2－16）。この神は、すでに飛鳥時代の白鳳《はくほう》文化における奈良県高松塚古墳やキトラ古墳に描かれている。

そして「四神相応の地」とは、東に流水（青龍）、西に大道（白虎）、南にくぼ地（朱雀）、北に丘陵（玄武）が備わる土地のことである。

平安京はより「四神相応の地」に合致している。江戸城もこれに合致している（150ページ参照）。

奈良時代の陰陽師的な人物のもう一人は、吉備真備《きびのまきび》である。神童と呼ばれた遣唐使だ。優秀すぎて唐の官人に妬《ねた》まれ、「幽閉され、食事もなし」という嫌がらせを受けた。

しかし、「日食の日」を知っていた真備は、「私を日本に戻さなければ、天地を真っ暗にするぞ」と唐人を脅《おど》した。あたりが真っ暗になり、びっくりした官人が「太陽を出してくれ」と懇願《こんがん》すると、太陽を見せてあげたという伝説がある。要するに天文学にくわしかったという話である。

☆安倍晴明が繰り広げる陰陽道呪術バトル

陰陽道の担い手は陰陽師《おんみょうじ》である。彼らが所属する陰陽寮では、占い・呪術の研究と教授をおこ

図 2-17　晴明神社（京都市上京区）

なう。もし天体になにかの兆候が生じたら、官庁に報告する。同じく所属する天文博士《てんもんはかせ》が天文学を研究し、暦《れき》博士がカレンダー（暦）を作成する。天は神として地上の命運を支配しているのだ。

平安時代の陰陽師といえば、安倍晴明《あべのせいめい》（921〜1005）だ。彼は平安中期の陰陽家で、土御門《つちみかど》家の祖である。陰陽道の達人であり、とくに天文学の秘密は安倍氏の独占となって、暦道《れきどう》の賀茂《かも》家と並ぶこととなった。

12世紀前半に成立した『今昔《こんじゃく》物語集』によれば、安倍晴明の少年時代に、陰陽師賀茂忠行《ただゆき》のお供をしたときに「鬼共《おにども》」が道の向こうから来るのを見て、車の中で眠っていた忠行に告げ、事無きを得たという。

花山《かざん》天皇の病の原因を、「建物の礎石の下にヘビとカエルがいるため」と透視し、調べたところ実際にヘビとカエルがいたという話も残っている。天皇の病気は平癒《へいゆ》し、安倍晴明は陰陽師として不動の地位を確立した。花山天皇の譲位を天変で予知したなど神秘化された説話が『大鏡《おおかがみ》』『今昔物語集』などに残っている。

陰陽師は式神《しきがみ》を使う。式神とはマスターの陰陽師の命令のままに動く鬼神のことである。安倍晴明が僧侶と話をしていたとき、若い公達《きんだち》や僧がいった。「あなたは式神を使うらしいけれど、それを使って、人を瞬殺することはできるのか」

晴明は「そんなに簡単ではないけれども、少し念力を込めれば必ず殺すことができます」と答えた。そのとき、庭にカエルがいたので、公達が「あれを殺してください」と頼んだ。晴明は「かわいそうに、罪つくりなことだ」といいながら、草の葉を摘み取り、呪文を唱えてカエルに投げた。草がカエルの上にのっかったとたんに、カエルはぺったんこに潰れてしまったという。

ある日、鳥が若い貴族にフンを落としたのを見て、その鳥が命を狙う式神だと見抜き、一晩中、若者の命を救うために呪文を唱えた。翌日、その式神を放った陰陽師は死んでいたという。これは「式返しの業《わざ》」である。

このように平安時代には、マンガ・アニメのような呪術バトルが頻繁におこなわれていたのだ。

晴明神社の神紋《しんもん》は、「晴明桔梗印《せいめいききょういん》」といい、五芒星《ごぼうせい》（ペンタグラム）の形をしている。これは、陰陽道に用いられる天地五行（木・火・土・水・金）を形どっている（図2-17、141ページ参照）。

☆江戸の「鬼門・裏鬼門」封じ

陰陽道と密教の融合は、奈良時代にはすでに生じていたが、まだ密教の体系が日本に伝わっていなかった。だが、弘法大師・空海により密教が本格的に伝来し、天台宗も密教化（台密《たいみつ》）し、陰陽道との結びつきが強まっていった。

密教系の占星術と陰陽道の占星術が合体しはじめたのだ。

密教に、陰陽道系の星の神様が仏教を守る「天部《てんぶ》」の神々として吸収された。天部とは、仏像の分類において如来、菩薩、明王《みょうおう》の下に位置する神である。インドの古代神話では天界に住む神々で、仏教にとり入れられて護法神《ごほうじん》となる。

胎蔵界曼荼羅《たいぞうかいまんだら》外《げ》金剛部《こんごうぶ》の諸尊、金剛界曼荼羅の金剛界二十天、方位を護る護世《ごせい》神である十二天などもある。吉祥天《きっしょうてん》、弁才天、摩利支《まりし》天、大黒天、鬼子母《きしも》神、韋駄《いだ》天などは有名だ。

陰陽道と密教が合体すると、もともと陰陽道が天空の法則をとらえる思想だったので、念力で雨を降らせるという「祈雨法《きうほう》」が盛んとなる。太古からシャーマンが雨乞いをしていた。これをおこなうには、神仏の加護とともに、天気予報の知識（天象《てんしょう》）についての知識が重要となる。

雨乞いをするときのラッキーカラーは青である。祈雨法が修されるときには、宮城《きゅうじょう》の神泉苑《しんせんえん》で「五龍祭《ごりゅうさい》」がおこなわれた。五龍とは五行の象徴の神像である。龍に梵字（インド文字）を書き込むのは真言密教の阿闍梨《あじゃり》だった。

平安時代の左大臣で有名な藤原時平《ときひら》の命令で、陰陽寮の陰陽師が宮城の四方に呪詛《じゅそ》用具を埋めたという伝説がある。ヒトカタ木簡（人の形をした木の板）といわれる蠱物《まじもの》は、奈良時代の平城

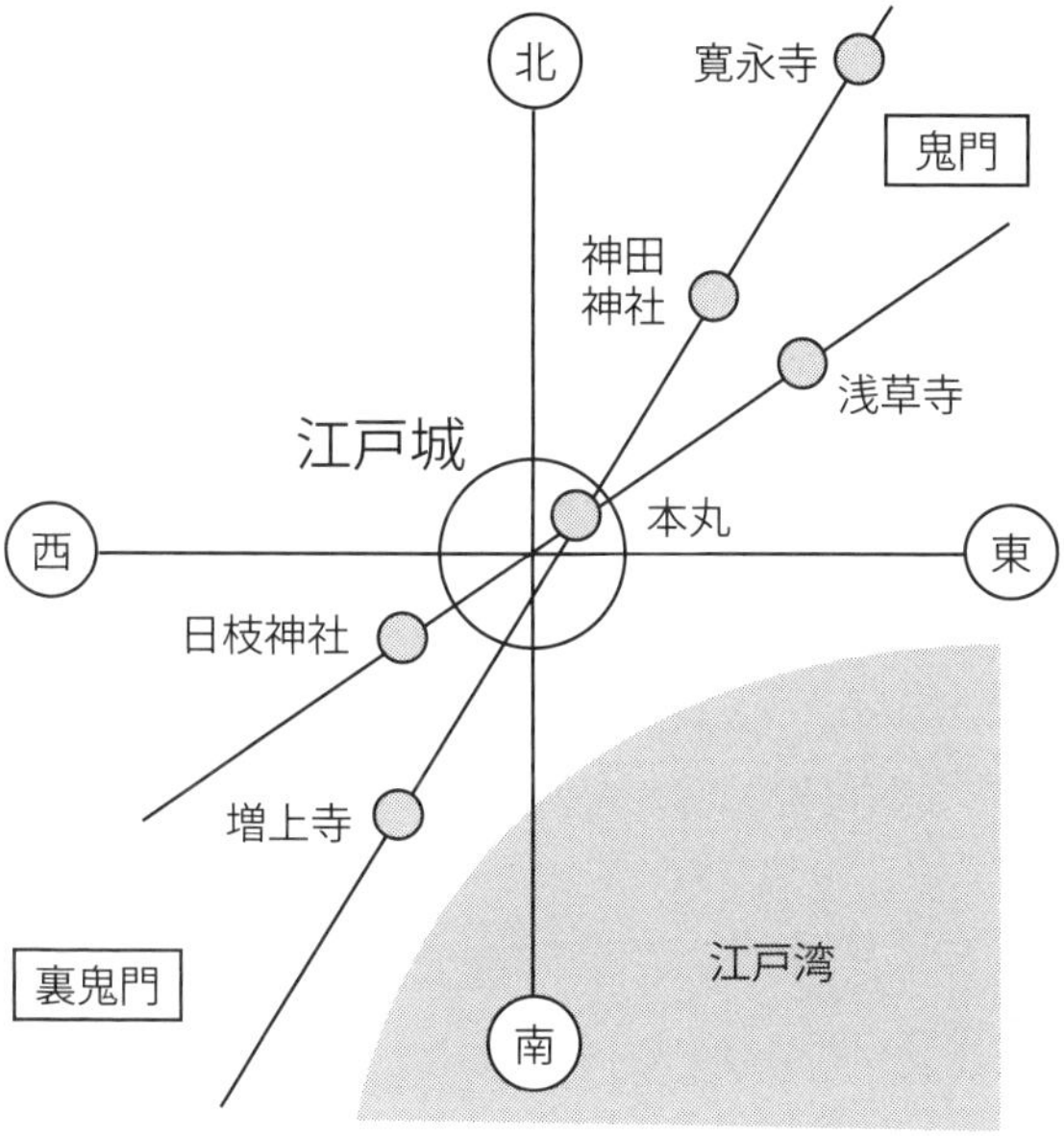

図 2-18　江戸の鬼門と裏鬼門

京からも多数発掘されている。

陰陽道の念力で平将門も調伏《ちょうぶく》されている。桓武《かんむ》天皇の曾孫にあたる平将門は、関東の新皇を自称して反乱を起こしたが、平貞盛《たいらのさだもり》と藤原秀郷《ふじわらのひでさと》に討たれた。

しかし、首を切られた将門だったが、彼の怨霊《おんりょう》化もまた強烈だ。『俵藤太《たわらのとうた》物語』や『平治物語』によると、将門の首は獄門《ごくもん》にかけられてさらされると、突然、大笑いをはじめたという。

また、京都に送られた将門の首が、ある夜に突然あやしく発光して、東国へ飛行し、現在の千代田区大手町一丁目に落ちたという伝説もある。この将門の首は、いまでは「首塚」として祀《まつ》られている。

戦後、ＧＨＱ（連合国最高司令官総司令部）がこれを破壊しようとしたところ、事故が何度も起きたので中止となり、いまにいたるという都市伝説がある。

東京には将門を祀る神社が多い。「首塚」のほか、東京都千代田区外神田には神田神社（神田明神）がある。神社仏閣を用いて風水都市である江戸をつくりあげた天海僧正《てんかいそうじょう》は徳川家康《とくがわいえやす》の側近である。天海は将門の力も利用して江戸鎮守《ちんじゅ》をはかったという。芝崎村（千代田区大手町付近）にあった神田神社を、現在の地に移し、これを「江戸総鎮守」とした。

江戸城もまた奇門遁甲（風水）により配置されている。天海は天台宗の僧侶で、江戸の都市計画をするときに、平安京を参考にした。「鬼門《きもん》」を封じるという陰陽道の考え方を江戸の都市計画に持ち込んだのだ（図2-18）。

北東の「鬼門」と南西の「裏鬼門」をポイント地点として、重要な寺社が建てられている。京都では北東の比叡山《ひえいざん》に鬼門封じとして延暦寺《えんりゃくじ》が建っていた。北東のライン上には赤山禅院《せきざんぜんいん》、狸谷《たぬきだに》山《さん》不動院、下鴨《しもがも》神社、幸神社《さいのかみのやしろ》など、南西の裏鬼門には大原野《おおはらの》神社や壬生寺《みぶでら》を配置している。

上野寛永寺《かんえいじ》（住職は天海）を江戸城の鬼門に配置し、比叡山延暦寺に似た造りにした。さらに浅草寺《せんそうじ》を徳川家の祈願所としている。そして裏鬼門には、徳川家の菩提寺として増上寺《ぞうじょうじ》と、比叡山を鎮守する日吉大社《ひよしたいしゃ》より分祀《ぶんし》した溜池山王《ためいけさんのう》の日枝《ひえ》神社を配置した。

江戸は四神相応に関連しているとされ、虎ノ門は白虎に対応する。虎ノ門ヒルズのキャラ「トラのもん」が真っ白なのは意味深い。

神道と陰陽道の流れはまだまだ続くが、西洋魔術、秘密結社の話などが後を押しているので、このあたりで東洋の神秘の話は終わることにしよう。

第3章

中世神秘思想の展開

——キリスト教異端とユダヤ教カバラ

☆「神の存在証明」をした哲学者たち

数学の証明のように神の存在を証明する。そんな途方もないことを考える人がいた。中世キリスト教の神学者・哲学者であるアンセルムス（1033〜1109、図3-1）は、「神の存在論的証明」なるものを説いたのだ。

神を信じるのではなく、まず哲学的かつ論理的に、神の存在証明をしてしまうのである。これは神秘学とは逆の方向。だから、瞑想《めいそう》など修行で、神と合一《ごういつ》するものとはジャンルが異なる。

けれども、「無限」「永遠」「完全」「絶対」「普遍」「不滅」などの神の性質を考えておくことは、神秘思想の理解に大きく役に立つ。

「神」といっても、日本の神社の神様をイメージしながら、神秘学でいうところの神を考えても理解できないので、ここでは、西洋でいう神がどのようなものかを簡単に知るためにも「神の存在証明」について簡単にふれておきたい。

アンセルムスによると、神とは「それより大なる（完全なる）ものが考えられ得ないもの」である。神なのだからそれ以上のものはない。

ところで、私たちは、単に考えられるだけのもの（頭の中にあるもの）より、実際に存在しているもののほうが完全だと知っている（たとえばプリンのことを考えているより、コンビニにプリンが実際にあることのほうがすごい）。

ここで、もし「神が存在しない」と考えてみる。すると、神という完全なものが頭の中だけにあることになってしまう。

だが、完全とは存在するものである。存在できないものは完全ではない。これは矛盾《むじゅん》だ。よって、神は頭の中だけにあるのではなく、外側に本当にいなければならない。ゆえに、神は存在する。

どうだろうか。「完全な神」という考えを頭の中で妄想《もうそう》しているだけではないのか？　と思うのは無理もない。だが、「完全」と「存在」の概念をこのように分析してみると、完全なのに存在しないのは矛盾であるから、完全なるものは真に存在する。完全なるものは神である。だから、神は存在するのである、と導き出されるのである。

「では、鉛筆は頭の中でも考えられるし、存在もするではないか。鉛筆は神なのか？」と反論することもできる。

じつは鉛筆という存在は、存在を含んでいない偶然的存在（様態）であり、存在による存在作用を受けて存在しているので、存在そのものではないのである。羽付き餃子でたとえれば、餃子が存在、羽は偶然的、様態である（羽付きはうまいけどね）。存在そのものはそれ自身によって存在する「神」しかない。

図 3-1　アンセルムス

この神の存在証明（存在論的証明）は、デカルトも使っている。カントはこれを否定したが、ヘーゲルの哲学では、その全体が神の存在証明のような体系を持っているという解釈もできる。

図 3-2　トマス・アクィナス

教父の努力により、キリスト教の教義が確立されていくと、中世のスコラ哲学（大聖堂や修道院の付属学校〔スコラ〕で研究・教授された哲学）においては、さらに教義を合理的に論証しつつ体系化することがその課題となってきた。

カトリックのドミニコ会士トマス・アクィナス（1225〜74、図3−2）は、アリストテレス哲学によってキリスト教神学を体系づけ、スコラ哲学を大成した。「天使的博士」「スコラ哲学の王」などと呼ばれている人である。

本来、神の論証と神を信じることとは別物である。理性と信仰は水と油のようなものだからだ。しかし、理屈だけでは心に響くものがないし、信じるだけでは人に説得できない。トマスは、この二つを調和させようとした。

彼は、アンセルムスの「存在論的証明」は認めなかったが、別な角度から、神の存在証明を5つもおこなっている。その中で有名なのは、すでにアリストテレスが示していた論理をアレンジしたもので、これは「宇宙論的証明」と呼ばれている。これは現実の運動から神の存在を証明する方法だ。

トマスによれば「動くもの」は「他の動くもの」によって動かされていく。たとえば、ビリヤードの玉が次々とぶつかっていくさまをイメージすればよい。この動かすものを「始動因」という。「動くもの（動かされるもの）」は必ず「始動因」をもつ。ここに「動かすもの」（始動因）と「動くもの（動かされるもの）」（結果）の関係が見られる。この事実から神の存在が証明されるという。

この証明の前提には、アリストテレスの「四原因説」（世界のすべての原因を４つに還元した考え方）がある。

①『動くもの（動かされているもの）』はすべて他のもの（始動因）によって動かされる。

②『動かすもの』（始動因）と『動くもの（動かされるもの）』（結果）の系列を無限にさかのぼることはできない。

③ゆえに、何者によっても動かされることのない『第一の動かすもの』（不動の動者）が存在しなければならない。この存在は、『可能態』をまったく含まない純粋な『現実態』としての始動因である。

④この『不動の動者』が『神』である。

要は、この世界の原因をどんどんさかのぼっていくとはじまりにぶつかるだろう。神は宇宙のトリガーのようなもので「第一の動者」といわれる。それ自身は他から動かされず、不変であり不動なのである。

こうしてトマスは膨大《ぼうだい》なキリスト教の論理体系を『神学大全』としてまとめていった。ところが、１２７３年暮れの聖ニコラウスの祝日のミサで、ある神秘体験をしたという。この体験を境に、彼はぷっつりと著述活動を断《た》ってしまった。いったい何を体験したというのだろうか？

著述の続行を強くすすめる友人に彼はこう答えたと伝えられている。

「自分に啓示されたことに比べるならば、私が書いてきたものはすべて、藁《わら》くずのように見える」

論理だけではわからない何かがある。それを補うのが神秘体験なのである。

もちろん、トマス・アクィナスは、スコラ哲学者なのであって神秘主義者ではない。

だが、トマス・アクィナスの師は偉大な神秘学者として有名である。

その名は、アルベルトゥス・マグヌス（１２００頃〜１２８０）という。彼はドイツのスコラ学者・神学者・自然科学者である。

と同時に、なんと彼は、神秘主義的な錬金術の大家だったのである。

☆魔術師アルベルトゥス・マグヌスと錬金術

アルベルトゥス・マグヌスは、『神学全書』（１２７０頃）でアリストテレス主義とキリスト教の伝統を和解させようと試み、新プラトン主義（40ページ参照）も導入しつつ、神学の体系を理性と啓示が矛盾しないような形で展開している。これをトマス・アクィナスが引き継いだわけである。

アルベルトゥスはドイツのシュヴァーベン地方のドミニコ会士であり、のちにその博識ゆえにローマ・カトリック教会から「全科博士」（「なんでも博士」というような意味）と呼ばれた（図3−3）。

西欧で錬金術が大きな発展をとげたのは13世紀頃である。ヨーロッパの錬金術に関して現存する確かな著作は、アルベルトゥス・マグヌスとイギリスの科学者でスコラ学者のロジャー・ベーコン（164ページ参照）によるものだとされる。

　錬金術のはじまりは古く、古代エジプトである。これは『ヘルメス文書《もんじょ》』なる魅惑の古文書と関係があるので、近代の錬金術とともに後述したい（第4章参照）。

　このエジプトの知識が、ヘレニズム時代のアレクサンドリアで盛り上がりをみせた。錬金術の基本的な考えは、アリストテレスの「万物は完全をめざす」という教義によってパワーアップした。アリストテレスが唱えた四元素（火・空気・水・土）と四性質（乾・湿・寒・温）をいろいろいじくることによって、卑《ひ》金属（銅・鉄・鉛《なまり》・錫《すず》など）から貴金属（金・銀）がつくりだせると考えた学者らが現れた。

図 3-3　アルベルトゥス・マグヌス

　もちろん現代の科学の成果には遠く及ばないのだが、じつは、錬金術とは金だけにこだわっているのではなく、人間の肉体や魂をより完全な存在に近づけていく方法を含んでいる。

　錬金術は純粋な化学ではなく、エジプト魔術、ピタゴラス学派、グノーシス派、ストア哲学などを基礎とし、これにさまざまな宗教・占星術などが混ぜこぜになっ

図 3-4　壁に描かれた「賢者の石」のシンボルマーク

て、自然科学を含めた壮大な神秘的学問として拡大していった。

化学の発展はイスラム世界に負うところが大きい。中世のイスラム世界では、物質の分類をおこなったのだが、その過程で錬金術作業上の不可欠な「賢者の石」が存在すると考えた（図3-4）。

錬金術作業では、これが卑金属から貴金属をつくる際の最高の動力源であり霊薬であるという。また、この石はすべての病気を治し、長命を保つ。石の形をしているかどうかも諸説あってわからない。一つの作用、または技術そのもので、目に見えない記号的な存在なのかもしれない。同じ働きをするものとして、エリキサ、第五元素などの名称も使われている。

現代では、物理学の進歩によって、元素に変化を与える実験がなされている。これは錬金術がめざしたものであり、世界の物質はさまざまな要素（単位）の組み合わせであるということを、すでに見抜いていた発想だったといえる。

愛読者カード

ご購読ありがとうございました。今後の参考とさせていただきますので、ご協力をお願いいたします。また、新刊案内等をお送りさせていただくことがあります。

【1】本のタイトルをお書きください。

【2】この本を何でお知りになりましたか。

1.書店で実物を見て　2.新聞広告（　　　新聞）
3.書評で（　　　）　4.図書館・図書室で　5.人にすすめられて
6.インターネット　7.その他（　　　）

【3】お買い求めになった理由をお聞かせください。

1.タイトルにひかれて　2.テーマやジャンルに興味があるので
3.著者が好きだから　4.カバーデザインがよかったから
5.その他（　　　）

【4】お買い求めの店名を教えてください。

【5】本書についてのご意見、ご感想をお聞かせください。

●ご記入のご感想を、広告等、本のPRに使わせていただいてもよろしいですか。
□に✓をご記入ください。　□ 実名で可　□ 匿名で可　□ 不可

郵便はがき

切手をお貼りください。

102-0071

東京都千代田区富士見一－二－十一
KAWADAフラッツ一階

さくら舎 行

住所	〒 都道府県		
フリガナ		年齢	歳
氏名		性別	男 女
TEL	（ ）		
E-Mail			

さくら舎ウェブサイト www.sakurasha.com

錬金術は、物質を変換することをめざすとともに、人間の魂《たましい》を変換することもめざしている。後者は自分の自宅で修行ができるから、実践してメンタルを高めて、ついでに免疫力も高めるといいにちがいない。

アルベルトゥス・マグヌスは、この錬金術についてどの程度研究していたのかについては、いまとなってはよくわからない。しかし、時代が進むにつれて、錬金術師・魔術師と呼ばれるようになった（図3-5参照）。

☆現代科学の源流としての魔術

13世紀以来、最も普及した代表的魔術書がアルベルトゥス・マグヌスの『大アルベルトゥスの秘法』である。キリスト教社会の中では禁書であったが、いまならネットで買えるので、興味のある方は目を通されるとよいかもしれない。

ただし、以下のような内容なので、よく熟考してからの購入をおすすめする。

「人間の誕生、あるいは、人はいかにして生まれるか」「胎児《たいじ》はいかにしてつくられるか〜胎児に対する惑星の影響について」など医学と関連する内容で満ちている。

「胎児が男か女かを見分ける方法」も記されている。「腹部が迫り出し、右側が丸みを帯びていれば男児である」「右の乳房が左よりも大きくなれば男児である」とある（現代の視点からするとそうとはいえないが……）。

「ほかにも男児かどうかを知る方法はある。女性が普段、最初に右足から踏み出すかどうかを注

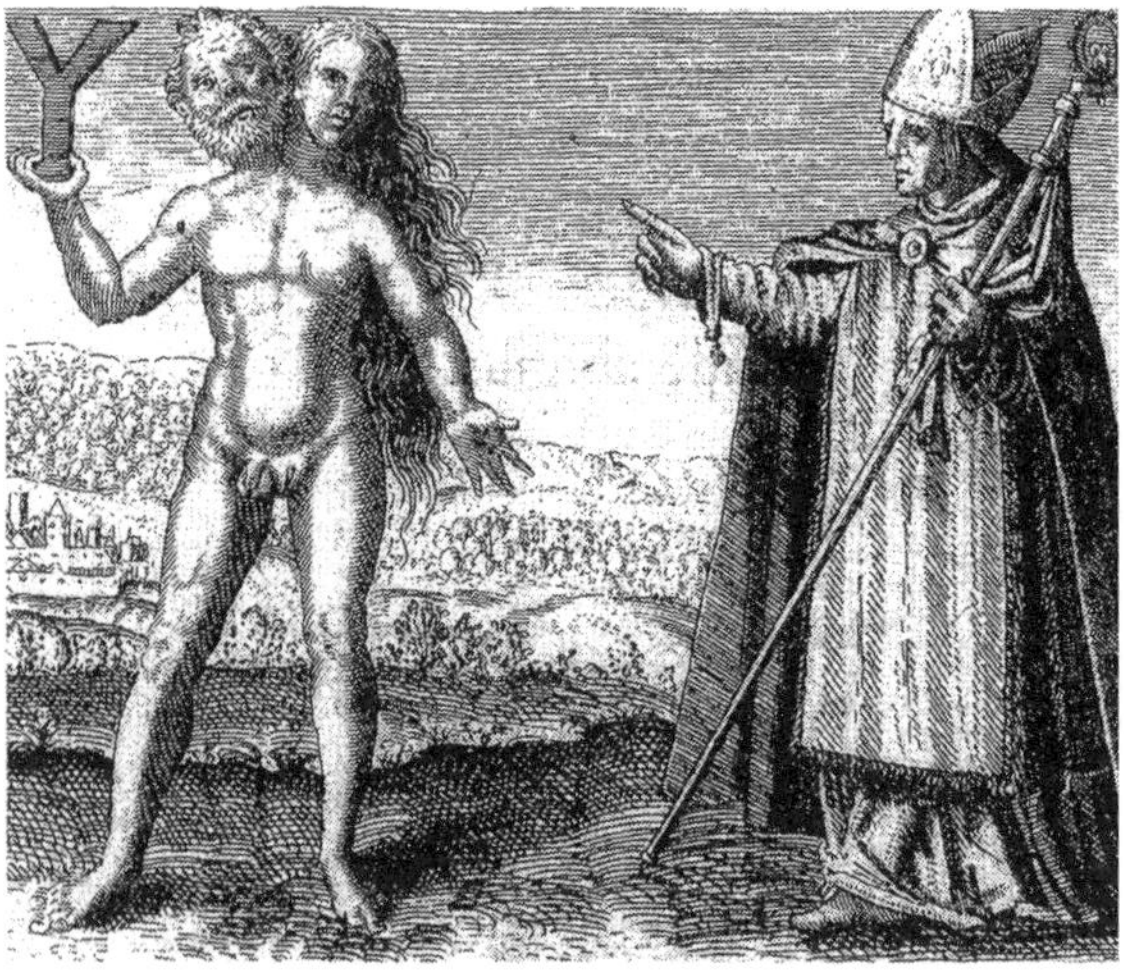

図 3-5　両性具有の錬金術的象徴を指す大アルベルトゥス

意することである」とも記されている（これもそうとはいえないが……）。

「さまざまな植物の効力について」など、薬草効果についてもかなりくわしく書かれているので、ハーブ好きの人は参考にするとよいかもしれない。

その他、「ベッドにいる南京虫を駆除するには、蛇の形をしたキュウリを水に浸《ひた》して漬物にし、それでベッドをこする」など、そこまでやらなくてもドラッグストアに相談したほうがいいような内容も含まれている。

秘伝の特効薬をつくる方法がこれだ。

「一般に、『豚は糞《くそ》以外には無駄なところがない』という格言があるが、経験から何度もいうように、これは間違いである。というのは、豚の糞以上に役立つものはないからである。そんなことは誰もいっていないので、おそらく私の発言は信じられないであろう……。豚の糞を用意し、それを病人の吐血《とけつ》と一緒にフリカッセに煮る。そこに新鮮なバターを加えたものを病人に与える。これは決して異常な治療法ではない。その翌日、病人を見放した医者たちは、病人がつつがなく表を歩いているのを見てびっくりしたのである」

（『大アルベルトゥスの秘法』アルベルトゥス・マグヌス著、立木鷹志訳、河出書房新社）

「山羊《やぎ》の糞」「雄牛の糞」「鳩の糞」「雄鶏の糞」「鼠《ねずみ》の糞」「トカゲの糞」など、糞についてのすばらしい効用が列挙されている。

こういった内容は、一概にインチキだとは断定できない。中国の漢方薬にもいえることだが、このような秘伝の薬は、人々の多くの経験から生み出されていることがある（漢方薬によっては、それがなぜ効果があるのか証明はできないものも多い）。現代の科学者が、この書の科学的根拠について研究してくださるとありがたい。

そのほかにも、「鉄を鍛《きた》える方法」「鉄をやわらかくする方法」「鉄を接着する方法」がある。「人相学」「吉日・凶日」「下剤のつくり方」「強心剤のつくり方」など、昔の魔術書と呼ばれているものが、じつは高度な自然科学・医学の知恵が集大成だったことがわかる。

つまり、キリスト教では認められない自然科学・医学が魔術だったというわけである。だから、魔術は現代の科学の源流としての役割を果たしているのだ。

☆人型ロボットや真鍮製の「もの言う頭」

さらに、伝説によると、アルベルトゥスは、化学、医学、天文学に精通していただけではな

図 3-6　ロジャー・ベーコン

く、おそるべき偉大な発明をなし遂げていた。なんと、20年以上の歳月をかけて人型ロボット（機械人間）を造り上げていたというのである。

この機械人間は自ら歩き回り、話し、召し使いとして雑用までこなしたという。

しかし、アルベルトゥスの家を訪ねてきた弟子のあのトマス・アクィナスがひどく怒って、ハンマーで叩き壊してしまったという。「ロボットのおしゃべりがうるさかったから」というのがその理由らしい。

アルベルトゥスが「全科博士」であるのに対し、ベーコンは、「驚異博士」と呼ばれた。

イギリスのスコラ学者にして哲学者・科学者のロジャー・ベーコン（1214頃～94。図3－6）は、魔術師として名声を博した。近世自然科学の先駆者で、『大著作』を著《あらわ》している。

ベーコンは実験を重視した。光学（屈折《くっせつ》について）の新説をとなえ、火薬を発見した。これはヨーロッパでは最初である。

それだけではない。すでに現代の科学技術に先駆けて、飛行機、潜水艦、漕《こ》ぎ手のいない船（モーターボートか？）、永久に消えない灯火（電球？）、顕微鏡や双眼鏡を構想していたという。

ベーコンも「賢者の石」の存在や占星術を信じていたし、アルベルトゥスと同じく真鍮《しんちゅう》製の

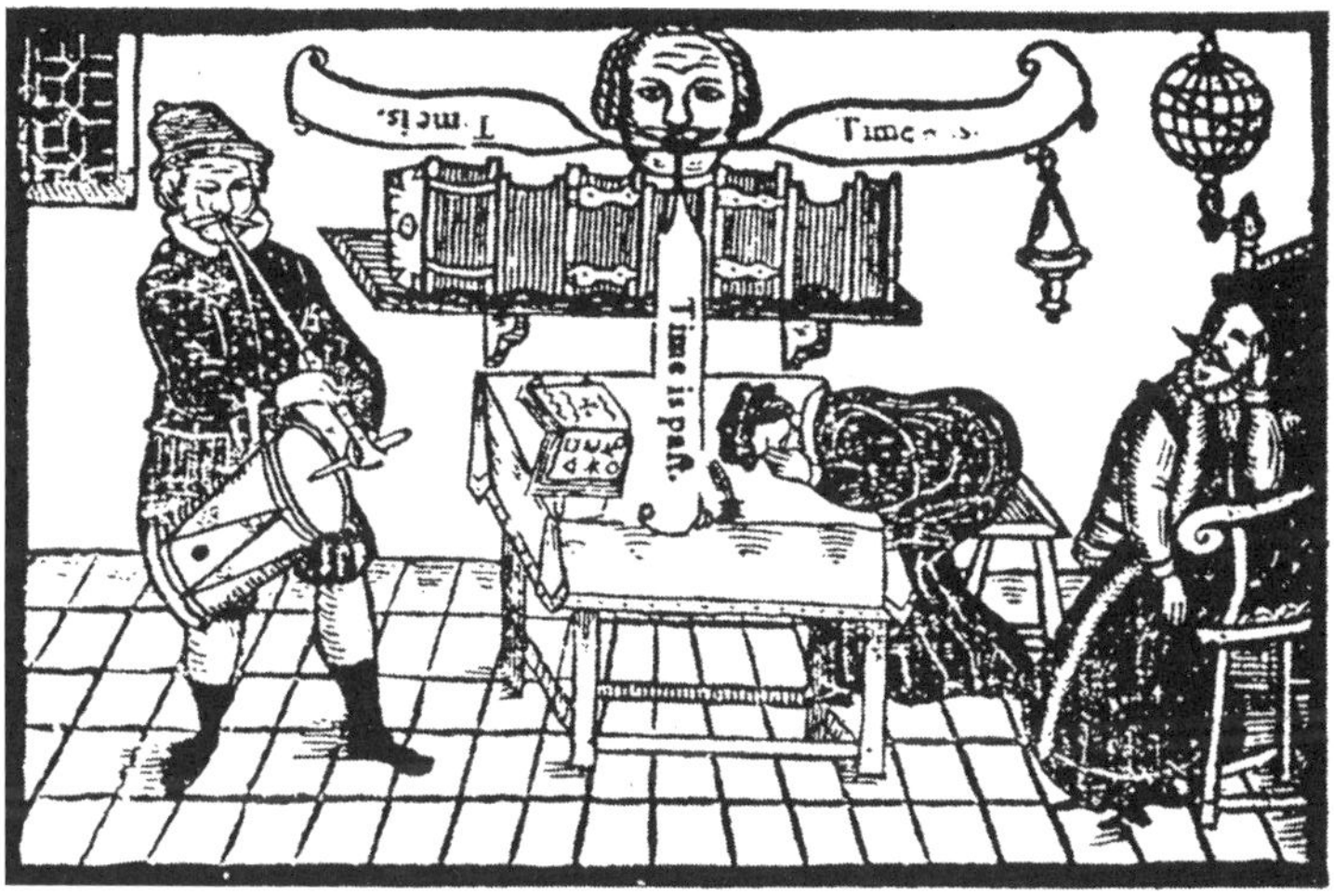

図 3-7　ロジャー・ベーコンの真鍮製「もの言う頭」

「もの言う頭」をつくったという伝説もある（図3-7）。

しかし、科学研究についてのベーコンの革新的な考え方は、やはりキリスト教修道会のフランシスコ会士らによって異端と摘発を受けてしまった。１２７８年にフランシスコ会は、ベーコンの著作を読むことについて禁止し、さらには、彼を逮捕してしまったのだ。ベーコンは10年あまりの牢獄《ろうごく》生活をへて、やっとのことでオックスフォードに帰った。

以上のことから、魔術やオカルトというのは、すべてがいかがわしいものではなく、神の自然をあまりいじってはいけないとするキリスト教の教えに対立したから、キリスト教主体の時代には目をつけられたのだろう、あまりに科学的な行動をとると、変人扱いになってしまったということだ。

☆死後に異端宣告を受けたマイスター・エックハルト

さらに、アルベルトゥスの思想と関連するのが、マイスター・エックハルトの思想である。マイスター・エックハルト（1260頃～1328頃。図3-8）は、中世ドイツの代表的な神秘主義思想家である。カトリックのドミニコ会に入ってケルンでアルベルトゥスの指導を受けている。パリなどに学んだ後、ザクセン地区管区長、ボヘミア地方副司教などの重職につき、また女子修道院の霊的指導もしている。

エックハルトの神学は、アルベルトゥスの弟子トマス・アクィナスの神学思想を受け継ぎながら、同時に古代キリスト教会最大の教父・アウグスティヌスの霊性からも深く強い影響を受けている。

彼は、アリストテレスの理性の哲学を基礎に、新プラトン主義的な思想も取り入れた。新プラトン主義といえば、すでにご存じの神人合一《しんじんごういつ》である。このため、彼の説は「汎神論《はんしんろん》」ではないかと疑いをかけられ、教会当局より告発された。

「汎神論」とは、いっさいのものは神であり、神と世界とは一つであるという考え方である。前6世紀のギリシアの哲学者クセノファネスの「一《いっ》にして全《ぜん》」（すべては一であり、一は神である）が汎神論的世界観の表現として有名だ。だが、神のみが実在的であり、世界は神の側面を表しているだけであるから、一歩間違うと「無神論」になってしまう。

エックハルトが修道士としてドミニコ会に入ったのは10代の頃だ。当時、聖職者はラテン語でカトリックの説明をしていたが、一般の人々にはラテン語がわからない。そこで、普通のドイツ語で説法《せっぽう》したのである。

しかし1326年に時のケルン大司教から異端の嫌疑《けんぎ》をかけられ、まずはエックハルトの命題が異端的としてリストに挙げられた。エックハルトの弁明もむなしく、彼はアヴィニョンの教皇庁に召喚《しょうかん》され、1328年4月以前に同地で死亡した。

ここで終わらないのが、異端者に対して厳格なキリスト教である。エックハルトの魂は、まだ異端審問で裁かれていないからだ。

異端審問制度はすでに存在しており、その10年前から魔女裁判がおこなわれていたという。歴史の時期としては、危ないタイミングだったのである。

図 3-8　マイスター・エックハルト

1329年、エックハルトの異端判決がその死後に下された。日本人の私たちは「もう死んでいるのだからいいじゃないか」と考えるかもしれない。だが、キリスト教世界では、死後に天国に行くのか、地獄に行くのかは大問題である。異端者となれば関係者にも迷惑がかかる。

エックハルトより後に活動した人物にイギリス宗教改革の先駆者ジョン・ウィクリフ

（1320頃〜84）がいる。彼は、1382年に異端と判定された。その後、隠棲《いんせい》して死去したが、1414年、中世最大の公会議・コンスタンツ公会議で断罪され、異端宣告を受ける。死後40年以上たった1428年、遺骸《いがい》が墓から掘り出されて焼かれ、その灰はスウィフト川というところに撒《ま》かれた。

ウィクリフの教えを受け継いだボヘミアの宗教改革者ヤン・フス（1369頃〜1415）も、同じくこの公会議で異端の有罪判決を受け、火刑となっている（贖宥状《しょくゆうじょう》〔免罪符《めんざいふ》〕販売を激しく批判して破門《はもん》されるなどが理由）。それほどまでにキリスト教の異端者は、忌《い》み嫌われたのだ。エックハルトもあぶない綱渡りをしていたわけである。

☆神と人の神秘的合一を説く

エックハルトの主張をざっくりいえば、人間は、神を神として考えているようでは、まだまだあまいということ。むしろ、そのような神を強調すればするほど、「私」（自分自身）が強調されてしまう。

ゆえにエックハルトは、小賢《こざか》しく神と人間という分類を超越し、神そのものにおける真の神を、相対的な神と区別して「神性の無」と呼んだ。人間が「神様」と呼んでいるうちは本物ではない。本物はとらえられない。よって、エックハルトは「神は無である」といったのだ。

これは、「動かすもの」と「動くもの」の区別がつかないことを考えると、少しわかりやすくなる（157ページ参照）。動かすものは能動的であり、動かされるものは受動的であるから、二つのものは異なっているように見える。

では、「肩をもむ人」と「もまれる人」の力の境目はどこにあるのだろうか。能動と受動の関係は一体となっている。その全体を「肩もみ」という。この「肩もみ」に対応するのが、エックハルトの本当の意味での「神」なのだ。全部つながっているのだから。

だから、「動かすもの（神）」も「動かされるもの（世界）」も一つととらえることができる。それゆえ、人と神が分離したような、二元的なとらえ方ができる神はいない。「一にして全」としての理解をしなければならない。

ということは、人間も神と合一していることを悟《さと》るべきだろう。そのため、エックハルトによると、自分の意志を徹底的に放棄しなければならないのだ。

認識する者は、自分の能力にあわせて認識するので、人間が神を認識しようとしても無理がある。下位の存在としての人間は、神の最も下位の部分しか認識できない。一方、神は認識されうるあらゆるあり方で自らを認識する（全知全能のようなこと）。

エックハルトは以下のように説いている。

「よく注意してほしい。神は無名である。なぜならば、何人も神について何かをいい、或いは認識することは出来ないからである。その故に或る異教の師は次のように言っている。われわれが第一原因について認識し、または言うところのことは、第一原因がそうであるというよりもむしろわれわれ自身のことである」

（『マイスター・エックハルト』「説教」、上田閑照著、講談社〈人類の知的遺産21〉）

エックハルトによると、「人が神と一体になることに至福がある」のだ。神は知性作用として働いているので、自分の余計な精神活動を抑えて、神にまかせきれば、神と同一のものであるとされたのだ。

☆アダムとエヴァにはじまる「原罪」——ユダヤ教の物語1

神秘学を理解するにあたって、不可欠なのがキリスト教、ユダヤ教の知識だ。といっても、本書はキリスト教をすすめる本ではないので（どちらかというとアンチ・キリスト教のアブナイ思想の紹介である。神よ、お許しください……）、ここでは、ユダヤ教の流れをなるべくざっくりと説明しておく。

紀元前2000～1500年頃、古代イスラエル人たちは、パレスチナ地方に移住し、さまざまな他民族の支配を受けつつ、流浪《るろう》の生活を余儀《よぎ》なくされていた。この過程で、彼らは民族の団結と再生を求めてユダヤ教を形成していった。国家が存在しなくとも、精神的なルールで団結をしていたのである。

ユダヤ教の神は、ヤハウェといい、イスラエル人を自らの民として選んだ、という選民思想をもっていた（神の名をみだりに唱えてはならないことになっている）。だから、ユダヤ教の聖典『聖書』（旧約聖書）では、イスラエル人が他民族と戦争をして勝利したりする（もともと、宗教

図 3-9　モーセの十戒。2 枚の石板に刻まれ、神からイスラエルの民に授けられた 10 か条の戒め

は戦争しないわけではない）。

神は、彼らを永遠の救いに導くことを約束し、その代わりにイスラエル人は、神の意志として示された「律法《りっぽう》」を厳守しなければならなかった。これが、神と人との契約である。

律法の根本とされたのは「モーセの十戒《じっかい》」である（図3-9）。シナイ山でモーセを通じて神からイスラエルの民に授けられた。『旧約聖書』によれば、紀元前13世紀頃、エジプトで奴隷《どれい》生活をしていたイスラエル人たちが、神の導きを受けたモーセに率いられ脱出した（出エジプト）。

なぜ、イスラエル人がエジプトの奴隷なのかは、話が長くなるが、ポイントだけ説明しておこう。

まず、神はアダムとエヴァを創造した（そこまで話が戻るんかい！　と思われた方も、ちょっと我慢してお付き合い願いたい）。けれどもエヴァは、蛇（悪魔「サタン」らしい）にそそのかされて、神が食べてはならないとしていた「禁断の実」を食べ、ア

図 3-10　ノアの箱舟。箱舟を出たノアが感謝の祈りを捧げる（ドメニコ・モレッリ画）

ダムにもすすめた。アダムもそれを食べてしまう。

神のルールを破った二人は、エデンの園から追放された。神を裏切り神から心が離れてしまったことを「原罪」という。この「原罪」が子孫に伝わっていることになっている。だから、すべての人類は原罪を背負っているという設定である（日本人には関係ない感じがするが、日本人もアダムとエヴァの子孫という設定だ）。

アダムとエヴァは、追放後に2人の息子、兄のカインと弟のアベルを授かって生活していた。ここで、人類最初の殺人事件が起こる。なんとカインはアベルを殺してしまったのだ。カインは神に追放される(その後どうなったかは省略)。

アダムとエヴァには三男のセトが生まれ、その子孫が「ノアの箱舟」で有名なノアである（図3‐10参照）。大洪水《こうずい》で生き残ったノアの子孫は増えつづけて、豊かな文明を築いた（つまり、ノアの家族以外の全人類滅亡）。

ノアの子孫は都市を建設していったが、神に対して傲慢《ごうまん》となり、天まで届く塔（バベルの塔）のある街をつくろうとした。神は塔を破壊し、人間の言葉をバラバラにした。人々の意思は互いに通じなくなり、民族は複数に分かれて、さまざまな土地に住むようになる。

ノアの子孫はアブラハム（アブラム）へとつながる。正妻サラとの間には子供を授からなかったが、代わりに侍女ハガルがアブラハムの子イシュマエルを生んだ。

ところが、ハガルは傲慢となり、サラを見下すようなことをした。だが、あるとき神の使いがやってきて、サラに子供ができるという。なんと、神の言葉のとおりとなり、100歳のアブラハムと90歳のサラとの間に子供が生まれたのだ。この子はイサクと名付けられ、ハガルとイシュマエルは追放された。このイシュマエルの子孫がアラブ人につながったとされている（現代のパレスチナ問題と関連があるところ）。

話はまだ続くが、このあたりも後で関係してくるので、もう少しお付き合いいただきたい。

☆イスラエル人のエジプト脱出――ユダヤ教の物語2

ところで、アブラハムの甥《おい》にロトという人物がいた。ロトはソドムという場所に住んだが、ソドムは男色に満ちた土地だったので、神はこの地を滅ぼすことにした。

ソドムは天から硫黄《いおう》の火が降り注いで滅びるが、ロトは命からがら家族と脱出。その際、神は

図 3-11　息子イサクを生贄に捧げようとするアブラハム

「振り返ってはならない」と警告していた。

しかし、ロトの妻は警告を無視して振り返ってしまったので、その瞬間に塩の柱になってしまった。

一方、アブラハムは１００歳で生まれた息子イサクを大変にかわいがっていたが、ある日、神が「あなたの一人息子イサクを生贄《いけにえ》として捧げてほしい」と頼んできた。生贄にするとは、動物を殺して焼き尽くすという儀式をおこなうことである。

信心深いアブラハムは、神に従ってイサクに刃物をふるおうとするが、その瞬間に天使が止めに入ってイサクは助かった（図３-11）。神はアブラハムの信仰を試すために厳しいテストをしたのである。神はアブラハムを祝福し、彼の子孫が星の数、浜辺の砂の数ほど増えることを約束した。

さて、アブラハムは神が約束したカナンの地に長く定住した（すでに１４０歳）。アブラハムの子イサクは成長して妻リベカをめとり、エサウ（兄）、ヤコブ（弟）の双子をもうけた。

父イサクはエサウを好んで長子の祝福を与えようとしたが、ヤコブはずるいやり方で長子の権利を奪ってしまう。兄エサウの恨《うら》みをかったヤコブは、危険を感じて伯父の家で生活をしていたが、神の罰があたって、長年にわたりタダ働きをすることになる。

ヤコブは、伯父の娘レア（姉）とラケル（次女）をめとる。ヤコブは「イスラエル」という名前になる（イスラエルをヤコブのことを指す場合と、イスラエル民族を指す場合がある）。

ヤコブは12人の息子を授かり、特にラケルが生んだヨセフをかわいがった。特別扱いされたヨセフは兄たちに井戸に落とされて、そのあとエジプトの奴隷として売られてしまうことになる。

エジプトの奴隷となったヨセフだったが、もともと賢かったので、王の夢解きをして認められ、なんとエジプトの宰相《さいしょう》にまで上りつめたのだった。

しかし、ヨセフの時代から４００年以上が経過すると、ヨセフの宰相としての偉業は、エジプトにおいて忘れ去られてしまった。

エジプト王は、イスラエル人の人口増加を危惧《きぐ》して、生まれたばかりのイスラエルの男子をすべて殺すように命令した。

このとき、ある母親が子供を失うのに忍びなかったので、その子をかごに入れて、ナイル川に流した。このかごをエジプト王の娘である王女が発見した。王女はイスラエル人の赤子と知りながら、彼を宮中で育てることにした。この赤子が預言者《よげん》モーセである。

モーセは王女の息子としてエジプト宮殿で何不自由なく暮らしていたが、あるとき、エジプト人がイスラエル人を虐待《ぎゃくたい》している現場を目撃し、そのエジプト人を殺してしまった。こうして、モーセはエジプトから追われる身となり、逃亡して遊牧民族のもとに身を寄せ、そこで妻をめとって羊飼いとして暮らしていた。

しかし、あるとき、モーセは山の頂上で、神と出会うことになる。神は奴隷となったイスラエル人たちをエジプトから脱出させよと彼に命令した。

というわけで、ようやくイスラエル人がなぜ奴隷だったのかの話に戻ってくることができた。お疲れさまでした。

☆メシアの救済を待ちつづけるユダヤ教

カナンの地をめざすモーセたちは、その近くまでたどり着いたが、「カナンの地は街が高い城壁に囲まれていて入れない」という後ろ向きな意見をする人たちがおり、エジプトに帰りたいと文句をいいはじめた。人間がごちゃごちゃ文句をいうのは、神を信じていないということなので、そういう人々は罰を受けることになっている。

神は「イスラエルの民はカナンの地に入るまでに、40年間さまようであろう」と告げてそのとおりになってしまった。モーセもカナンの地に入ることはできず、彼の死後にモーセの後継者ヨシュアがようやくカナンの地を征服することができたのだ。

なお、カナンとは「シリア・パレスチナ地方」の古代の呼び方で、「乳と蜜《みつ》の流れる土地」と表現されるほど豊穣《ほうじょう》な場所である。

この後もイスラエル人たちの歴史は悲惨《ひさん》であり、王国は分裂《ぶんれつ》し、バビロン捕囚《ほしゅう》（紀元前597年、古代イスラエル民族のユダ王国が新バビロニア王国によって征服された際、多くの住民がバビロンへ強制移住させられた事件）のさなかにあってもくじけずに、律法を守り、民族を統一した。

やがて新バビロニア王国が滅亡すると、ユダヤ人たちは、ペルシアによって捕囚から解放され、故郷の地エルサレムに帰り神殿を再建して教団を創設した。ここからユダヤ教がはじまったのである。

ここまでのストーリーを一気にまとめてみよう。まず、神が天地を創造して、人をつくった。人が神を裏切って罪を犯し、楽園から追い出された。人口は増えたが、あまりにダメな存在だったので、神はいったん人を滅ぼそうとした（ノアの箱舟）。

だが、神は気が変わって、二度と人間を滅ぼすまいと思い、ノアの子孫が増えるのを見守った。だが、それでも人間はダメダメ。そこで、神のルールを示した（律法）。けれども、人間はこれを守れない。そこで次々と神のお仕置きが下る。

ようやく神殿とユダヤ教ができるが、やはり、結局ダメなまま現代に続く。最後はメシア（救世主）の登場を待つしかない。未来において人類（ユダヤ人）が救われるのである。

これがユダヤ教であり、いまもまだ続いている。ちなみに、ユダヤ教側では、一般的にイエスをメシアと認めておらず、真のメシアの到来を待ちつづけている。

☆ユダヤ神秘思想の最高峰「カバラ」

いわゆる『旧約聖書』はユダヤ教の経典であるが、その秘伝となっているのがユダヤ教の神秘思想「カバラ」であるという。カバラの聖典『光輝の書（ゾーハル）』は信仰の秘義を教えている。カバラの内容は天地創造、信仰の秘密、あらゆる現象の神秘、さらに神の叡智《えいち》などあらゆる領域にまたがっている。

カバラ（Kabbalah/Kabala/Cabala）とは、ヘブライ語で「受け継がれてきた伝承」の意味である。その伝統がいつ頃までさかのぼるかは定かではないが、最も古いと考えられるユダヤ教神秘主義は1世紀にはじまったとされる。

さまざまなユダヤ教神秘主義があったらしいが、「メルカバー瞑想法」は神の玉座に到達して、神人合一に達する修行法の一つである。

メルカバーの意味は「神の戦車」だ（図3-12）。『旧約聖書』には、預言者エゼキエルが、これと接近遭遇《そうぐう》するシーンが記されている。

わたしが見ていると、北の方から激しい風が大いなる雲を巻き起こし、火を発し、周囲に光を放ちながら吹いてくるではないか。その中、つまりその火の中には、琥珀金《こはくきん》の輝きのような

図 3-12　神の戦車メルカバー

ものがあった。またその中には、四つの生き物の姿があった。その有様はこうであった。彼らは人間のようなものであった。それぞれが四つの顔を持ち、四つの翼を持っていた。脚はまっすぐで、足の裏は子牛の足の裏に似ており、磨いた青銅が輝くように光を放っていた。

また、翼の下には四つの方向に人間の手があった。四つともそれぞれ顔と翼を持っていた。翼は互いに触れ合っていた。それらは移動するとき向きを変えず、それぞれ顔の向いている方向に進んだ。その顔は人間の顔のようであり、四つとも右に獅子《しし》の顔、左に牛の顔、そして四つとも後ろには鷲《わし》の顔を持っていた。顔はそのようになっていた。


（「エゼキエル書」第1章4～11節）


これは古代のUFOであるという都市伝説もある。実際は、翼をもった戦車を意味している。熟達した修行者は、瞑想しつつ呪文をとなえてトランス状態で7つの天を通過するときに、翼をもった戦車を見るらしい。

このようなメルカバー神秘主義を代表とするさまざまな神秘思想と、エジプト魔術、グノーシス派、新プラトン主義などの思想が融合しつつ、ユダヤ神秘思想の最高峰である「カバラ」へと集結していく。

一部の神秘家の説では、モーセはシナイ山に3回登り、それぞれ40日間、神と対面した。最初の40日の間に、神の手によって書かれた律法＝「十戒」がモーセに手渡されたが、じつは秘密の後日談があったという。

次の40日には律法の魂を受け取り、そして最後の40日に、律法の魂の、そのまた魂の密儀であるカバラを伝授されたというのだ。

カバラの教えでは「モーセ五書」（『旧約聖書』の最初の5書、「創世記」「出エジプト記」「レビ記」「民数記《みんすう》」「申命記《しんめい》」の総称。律法に当たる部分）の最初の4書に、その秘密が隠されているとされる。

アダムとエヴァが楽園追放される前、神は天使たちを前にしてカバラを説いたという伝承があるらしい。

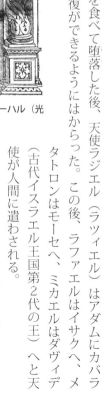

アダムらが禁断の木の実を食べて堕落《だらく》した後、天使ラジエル（ラツィエル）はアダムにカバラの秘密を打ち明け、楽園回復ができるようにはからった。この後、ラファエルはイサクへ、メタトロンはモーセへ、ミカエルはダヴィデ（古代イスラエル王国第2代の王）へと天使が人間に遣わされる。

図 3-13　『セーフェル・ハ・ゾーハル（光輝の書）』（1558）

どうやってカバラが人間に伝えられたのかは定かではないが、2～3世紀に『セーフェル・イェツィラ（形成の書）』（以下、『イェツィラ』）なるものがつくられる。10の数と22の文字を用いて宇宙の創造を述べる『イェツィラ』は、最も重要なカバラ文献となる。

さらに、13世紀にはスペインと南フランスのプロヴァンス地方で『セーフェル・ハ・ゾーハル（光輝の書）』（以下、『ゾーハル』。図3－13）が成立する。ユダヤ教の神秘家モーセス・デ・レオンが著したとされるもので、新プラトン主義神学の教育を受けたレオンは、「生命の樹」をはじめとする聖書のカバラ的解釈がいかなるものかを解き明かし、カバラの思想体系は完成へ向かった。

『イェツィラ』は以下のようにはじまる。

一、ＹＡＨ「万軍の主」「生けるエロヒム」「宇宙の王」「万能の君」「慈悲深い寛大な神」「至高至尊の存在」「永遠に宮居する天にまします崇高《すうこう》にして最も神聖な父」は三十二の神秘的な知恵（学）の道（段階）のなかにその名を刻み、「宇宙」を秩序づけ（形造り）、創造した。このとき「主」は3つの「セファリム」、すなわち「数」と「文字」と「音」を用いた。この三者は「主」のなかにあってはひとつの、同じものである。
二、10の「セフィロト」（「日く言《いわ》いがたき一者」から流出した10の特性）と22の文字こそ万物の「基盤」なのである。……………
三、「無」から発した10個の数（「セフィロト」）は10本の手の指や10本の足の指に喩《たと》えることができる。右手の五本指は左手の五本指と対応する。その中央に「唯一《ゆいいつ》なる神」との契約がある。霊的世界ではそれは声（「言」）の契約であり、肉体的な世界では肉の割礼《かつれい》（アブラハムの儀式）である。

四、「無」から流出する「セフィロト」の数は10である。この10は9でもなく11でもない。この偉大な知恵を直観せよ。この知識を理解せよ。そして賢明であれ。この神秘を探求し、そこに思いを馳《は》せよ。あらゆる事物を10の「セフィロト」を使って検証せよ。「言」を「創造主」として復権させ、その「創造主」をして玉座につかしめよ。この「創造主」こそ唯一の「形成者」であり、この「創造主」以外にいかなる「形成者」もない。その属性は10であり、しかも限りはない。…………

（『カバラと薔薇十字団』マンリー・P・ホール著、大沼忠弘ほか訳、人文書院）

☆「アイン・ソフ」、神であり無であり無限

カバリストは「最高神」を認識不可能な原理とする。この認識不可能な原理を知るにはどうすればよいのか。

すべてにははじまりがあり、目に見えるいまの世界が現れているのだから、その成立過程を逆にたどっていけば、スタート地点を知ることができるのである。したがって、カバラでは、あらゆる認識可能な属性を次々とはぎ取っていく過程をたどろうとする。認識できるものをすべて取り去って、それでもそこに残っている純粋なものがあるとすればそれが根源である。

カバラでは、この絶対的出発点を「アイン・ソフ」という。神であり、無であり、無限である。ここから世界が流出してくるのは、これまでグノーシス主義や新プラトン主義で見てきたと

おりである。カバラではこれを、整合性をもって緻密《ちみつ》に体系化した。

しかし、見ることも聞くこともできない「アイン・ソフ」の存在をどうやって知ることができるのだろうか。

「……炎が燃えさかる炭と切っても切れない関係にあるように、そのはじまりと終息は固く結びついている」(『イェツィラ』)。『ゾーハル』にも石炭と炎のたとえが出ている。

炭はそれだけでは目立たない。部屋のすみに炭があっても、あまり目にはとまらない。だが、これがひとたび燃えさかると再認識されるという。

「アイン・ソフ」と現象世界の関係もこのようなものであるらしい。炭と火は切っても切れない関係なのだから、つながっているのだ。

また、「アイン・ソフ」は、現象世界に流出したかったらしい。この世界は、隠れた神が神自身を見たかったから現れたのである。

☆「生命の樹」の神的流出ルート

『イェツィラ』に『無』から流出する『セフィロト』の数は10である」と記されている。「セフィロト」とは神から万物が創造された10の段階を表現したもの。10種の属性を「セフィラ」といい、全体をセフィロトという。

『ゾーハル』ではさらにこれが体系化され、被造世界を通じて知ることができる神の諸様態・諸属性が、この「アイン・ソフ」から、段階的に10の「セフィロト」の形で流出する過程を示している。それを象徴したものが「生命の樹」（セフィロトの樹）だ（図3-14）。『旧約聖書』「創世記」には、生命の樹（命の木）はエデンの園の中央に植えられた、とある。

『セフィロト』の数（10）については、堅く口を閉じよ。そしてそれに思いを寄せるときには必ず用心せよ」（『イェツィラ』）との注意書きもある。

セフィロトは、以下の10のセフィラによって構成されている。

（1）「ケテル（王冠）」
（2）「コクマー（知恵）」
（3）「ビナー（理解）」
（4）「ケセド（慈愛）」
（5）「ゲブラー（峻厳）」
（6）「ティフェレト（美）」
（7）「ネツァク（勝利）」
（8）「ホド（栄光）」
（9）「イェソド（基礎）」
（10）「マルクト（王国）」

「生命の樹」を4つの世界に分類すると、アツィルト（流出界）、ブリアー（創造界）、イェツィラー（形成界）、アシャー（物質界）となる（諸説あり）。私たちが住む世界はもちろん物質界である。あまりに物質の密度が高すぎて、上のほうは霧がかかって全然見えないらしい。

また、「生命の樹」は人間の身体として表現されてもいる。いろいろな意味が重なっていて、これがまた複雑である。『旧約聖書』のアダムが活躍したのはアシャー（物質界）にほかならないが、じつは、それ以前に、霊的なアダムが存在していたという。「生命の樹」

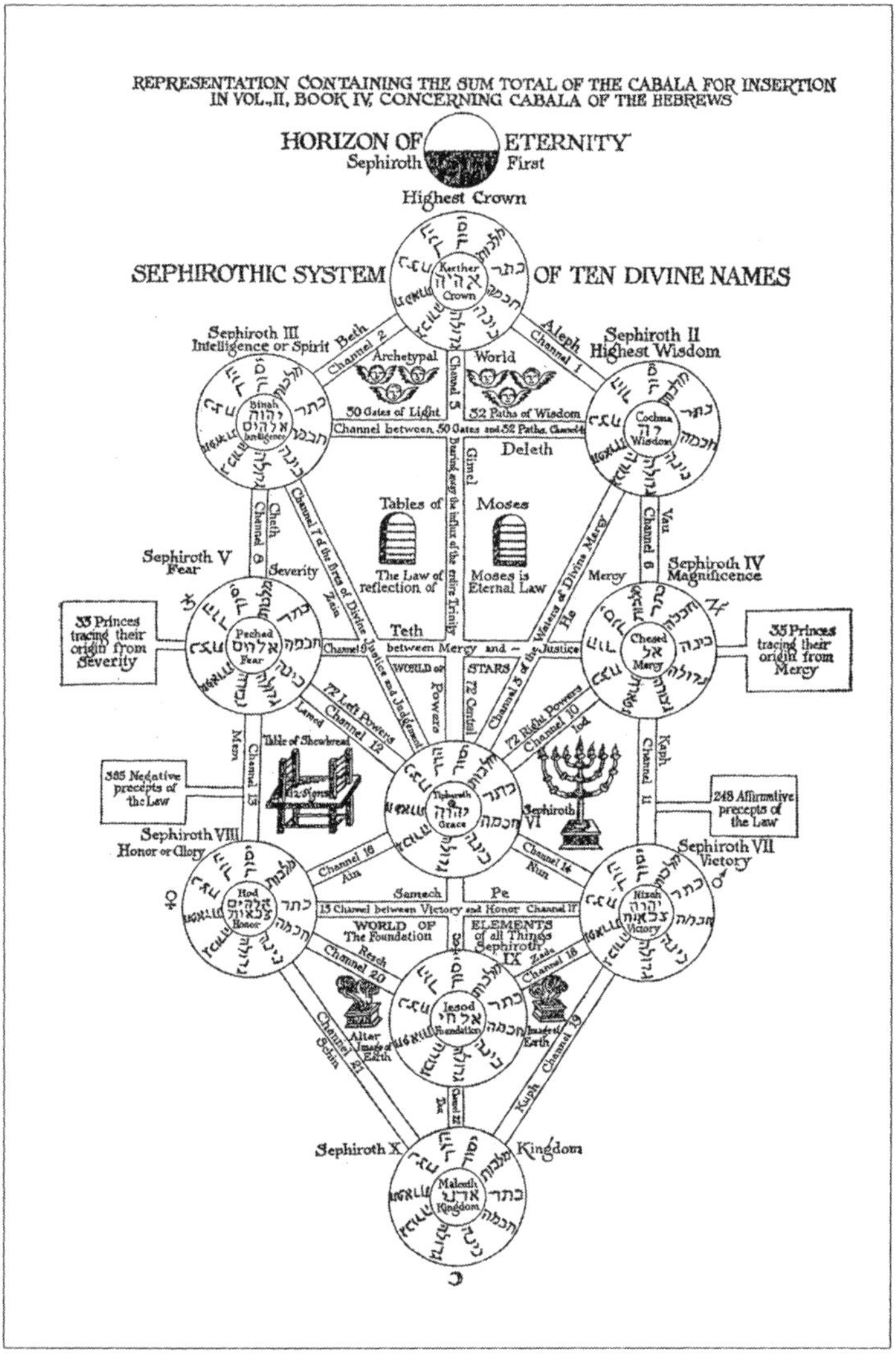

図 3-14　生命の樹（セフィロトの樹）

は、原初の人間アダム・カドモンの身体として表現される。

第1セフィラの「ケテル（王冠）」は頭、「コクマー（知恵）」と「ビナー（理解）」はそれぞれ頭脳の右半分と左半分。「ケセド（慈愛）」と「ゲブラー（峻厳）」はそれぞれ右手と左手、「ティフェレト（美）」は心臓（一説によれば腹全体）、「ネツァク（勝利）」と「ホド（栄光）」はそれぞれ右脚と左脚、「イェソド（基礎）」は生殖器、「マルクト（王国）」は両足である。

なお、アダム・カドモンとは第一のアダムであり、天上界の存在。第二のアダム（聖書のアダム）はアダム・カドモンのコピーである。


さて、セフィロトの神的流出の順番は以下のとおりだ（図3-15）。

神＝「アイン・ソフ」から流出した世界は、第1セフィラ「ケテル（王冠）」からはじまり、紆《う》余《よ》曲折をへて第10セフィラ「マルクト（王国）」へいたる（矢印を指で追うこと）。物質世界の極が「マルクト（王国）」だから、ここから上へ逆流して神まで行けば神人合一が実現する。

これらをつないでいるのは22の小径（パス）であり、これは22のヘブライ文字と対応している。「ケテル（王冠）」からはじまった流出は、次の「コクマー（知恵）」へと向かう。ここには、世界の設計図（種子）がプログラムされている。さらに「ビナー（理解）」が世界を具体化していく段取りのようなものを決めていく。

第4セフィラの「ケセド（慈愛）」が流出し、「ゲブラー（峻厳）」へと向かって対立する。なぜかというと、ゲブラーから悪が現れるからである。悪というのは、相対的な世界ではどう

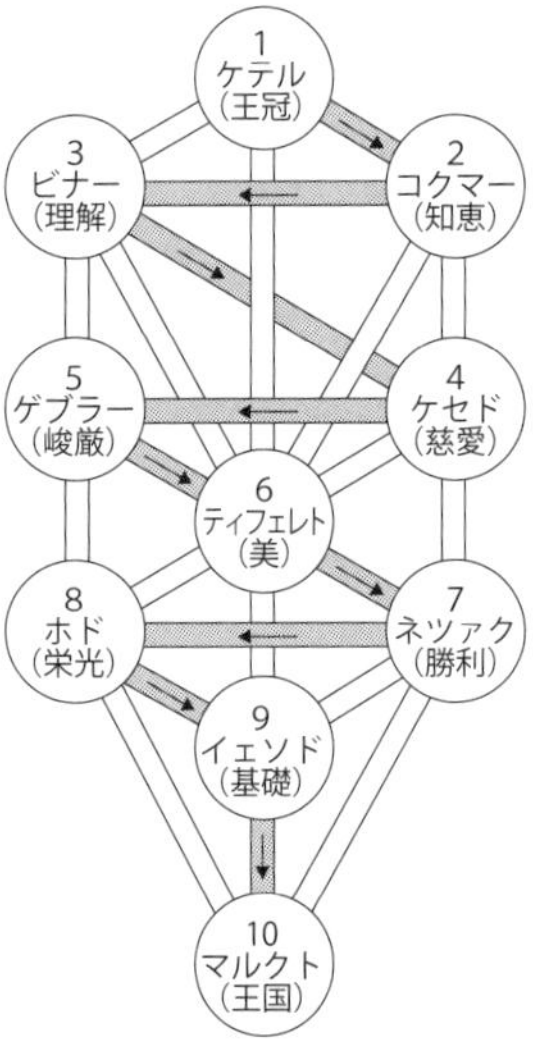

図 3-15　生命の樹（略図）

しても出現せざるをえない。これを押さえるのがケセドの慈愛なのだ。

ケセドとゲブラーを調停するのが、「ティフェレト（美）」だ。ティフェレトはいちばん大切なので、アダム・カドモンの身体では心臓になっている。

ティフェレトの光は、「ネツァク（勝利）」へと流れ入り、ここでパワーを増幅される。これが「ホド（栄光）」へと手渡され、情報整理される。ここから「イェソド（基礎）」へ向かい、「マルクト（王国）」においてすべてが受け止められるのである。

カバラも時代が進むと魔術色が濃くなり、カバリストは神の御業《みわざ》をひそかにおこなっているという噂が立ちはじめた。錬金術的に人間の創造ができるのだ。彼らもまた、アンドロイドのようなものをつくりはじめた。その名は人造人間ゴーレムである。

16世紀にユダヤ教のラビ、エリア・バール・シェムが創造したらしい。粘土を人型につくって、カバラの呪文を唱えると動き出し、主人の命令で家事の手伝いをしたという。

これも私たちの未来を予言しているようで、興味深い。

第4章

近代神秘思想の豊穣

――錬金術と秘密結社

☆ルネサンス期に大人気となった『ヘルメス文書』

1460年頃のことである。イタリアのフィレンツェで、マルシリオ・フィチーノ（1433～99）なる人物が、『ヘルメス文書《もんじょ》』をラテン語に翻訳した。

『ヘルメス文書』とは、「ヘルメス・トリスメギストス」（ギリシア語で「3倍偉大なるヘルメス」の意。図4-1）という謎の存在に関するエジプトの文章である。

『ヘルメス文書』の内容は、哲学、宗教、占星術、錬金術、魔術など多岐《たき》にわたる。これがルネサンス期に翻訳出版され、大ブームとなったのだ。

マルシリオ・フィチーノは、イタリア・ルネサンスの代表的哲学者である。イタリアの人文主義者ピコ・デラ・ミランドラの師であり、プラトン哲学をキリスト教的に解釈して、司祭に叙階《じょかい》されている。

フィチーノは、フィレンツェの名家メディチ家と関係が深い。メディチ銀行を創立し、後代の隆盛の基盤を築いたのはジョバンニ・ディ・ビッチ（1360頃～1429）であり、その子コジモ・デ・メディチ（1389～1464）は、ヨーロッパ各地に事業を拡張し、巨万の富を蓄えた。

フィチーノは、メディチの家庭教師をしながら、学校の別邸をまかされた。のちにこれは「プラトン・アカデミー」と呼ばれることになる。

フィチーノは、古典手稿《しゅこう》の研究・翻訳に着手し、さまざまな神学的作品などを訳した。錬金術の原典としての『ヘルメス文書』から訳出された『アスクレピオス』や『ポイマンドレース』

は、当時の人々に大人気となった。

フィチーノはプラトンの全著作の翻訳をはじめ、1484～94年に出版されたので、プラトン哲学の全体がヨーロッパに紹介されることにもなったのである。もちろん、新プラトン主義の創始者プロティノス（41ページ参照）の訳注も出版されている。

図4-1　ヘルメス・トリスメギストス

学校の世界史の授業などで、ルネサンスはギリシア・ローマ時代への再生、復興の話で、さまざまな作品などを暗記させられて終わることが多い。ルネサンスは人間中心主義であるから、キリスト教に対抗するという内容が多くなりがちだ（実際は、ルネサンス芸術をカトリックが保護している場合もある）。

また、ルネサンスには、オカルトの発展という要素があった。大学入試に、オカルトを出題するわけにもいかないので、あまり目にすることがないようだ。

ちなみに、仏ブランドの「エルメス」は、ギリシア語「ヘルメス」のフランス語読みである。だが、仏ブランドのエルメスは、ティエリー・エルメス（Thierry

Hermès／1801～78）が開いた馬具工房が起源で、『ヘルメス文書』とは特に関係がない。

☆ヘルメス・トリスメギストスとは何者か？

ヘルメスは、人なのか神なのかよくわからない存在である。エジプト神話の神々の書記トート神であったという説もある。

ヘルメスは、ギリシア神話のオリンポス十二神の一人とされるが、ローマ神話のメルクリウスと同一視されている（英語ではマーキュリー Mercury）。

ヘルメスの父はゼウスで、母はアトラスの娘マイアである。ヘルメスの外見は、翼のついたサンダルと帽子、2匹の蛇がまきつき翼のついた魔法の杖カドゥケウス（聖なる力を伝える者がたずさえる呪力をもった杖）をもつ姿などで表される（図4－2）。

彼は、また商人や羊飼いの守護神である。死者の魂《たましい》を冥府《めいふ》へ案内し、魔法の力で睡眠と夢をあやつる能力をもっていた。運動競技の神としては、競技場などをまもり、幸運と健康をつかさどる。

その反面、彼は賢い泥棒でもあったという。『ヘルメスへの賛歌』（伝ホメロス）によると、彼は明け方に生まれ、すぐにゆりかごを抜け出していたずらをするという天才赤ちゃんだった。

ヘルメスは、山にすむ亀をみつけて甲羅《こうら》をはぎ、羊の腸を7本張り渡して竪琴《たてごと》を発明した。さらに、ギリシアの北の果てまで行き、太陽神アポロンの牝牛《めうし》50頭を盗んだという言い伝えが残っている。逃げるときは、牛を後ろ歩きにさせて、足跡の上をなぞり、新たな足跡がつかないよう

図 4-2　両手にカドゥケウスを持つ裸神ヘルメス

にした。

牛の足跡はつかないが、自分の足跡はどうしたのだろうか。なんとヘルメスは、木の枝で編んだ靴を履いて、痕跡《こんせき》を残さないように歩いたのだった。

けれども、この悪さは太陽神アポロンにみつけられ、二人は衝突してしまった。結局、牛と竪琴の交換で和解することになり、さらにヘルメスが葦笛《あしぶえ》をつくると、アポロンは牛追いの黄金の杖などを与えて笛を手に入れたという。

ヘルメスの後を継いだのはオルペウス（オルフェウス）である。オルペウスは伝説的詩人で竪琴の名手、密儀宗教オルペウス教を創始したとされるギリシア神話の英雄だ。その教えを継いだのは、哲学者ピタゴラス（24ページ参照）であるという伝説が残っている。

3～4世紀のキリスト教神学者ラクタンティウスによれば、ヘルメスが古代エジプトの都市ヘルモポリス（現ダマンフール）を建設したという。

これらのヘルメス伝説は、あとから話が盛りに盛られているので、真実はよくわかっていない。最終的には、ギリシアの神ヘルメスとエジプトの神トートの融合という形をとって「ヘルメス・トリスメギストス」、すなわち3倍偉大なヘルメスと呼ばれたのである。

なぜ3倍なのかというと、「偉大な哲学者」「偉大な神官」「偉大な王」という3つのペルソナ（性格）をもっているからなのだ。

さて、このヘルメス・トリスメギストスの叡智《えいち》がぎっしり詰まったものが、『ヘルメス文書』なのである。

☆自己の本質を認識できた者は不死になれる

『ヘルメス文書』は、紀元前3～後3世紀頃に、エジプトのナイル沿岸都市で執筆されたとされる文書群である。エジプトのアレクサンドリアなどのヘレニズム都市にいた哲学者・神官などが残した文章であるとも考えられている。

内容はあとから追加されたり、紛失した部分も多いようで、現存するのは、『ポイマンドレース』など、そして『アスクレピオス』やその他の断片類である。

このように、『ヘルメス文書』とは分散したものを集めた一連の文書群だが、内容の共通性とかテーマなどで分類するわけではないらしい。

ヘルメス（図4-3参照）が登場すれば、とりあえず『ヘルメス文書』とされるようだ。だから、同じヘルメスの語っていることが正反対だったりすることもある。光と神の一元論（『ポイマンドレース』）や、光と闇の二元論（『アスクレピオス』）もある。自己が世界に親和的な楽観論、自己が世界に疎外《そがい》されているという悲観論もみられるという。

グノーシス主義（52ページ参照）の影響を受けているので、神を中心に考えれば一元論であるし、悪的世界との断絶の面で考えれば二元論とも考えることができる。

図4-3　魔法の杖。日月はいずれもヘルメスのシンボル。炎の上で「賢者の石」が生成される

『ヘルメス文書』の「ヘルメス・トリスメギストスなるポイマンドレース」の一部を紹介しよう。

ポイマンドレースとは、ヘルメスの別称である。聞き手の「私」なるものが、ポイマンドレースに宇宙の秘密を教えてもらう対話篇が展開される。

私はいう、

「でも、あなたはどなたなのですか」

彼が言う、

「私はポイマンドレース、絶対の叡智《ヌース》

である。私はお前の思い計りを知り、何処にあってもお前と共に居るのだ」

…………

さて、造物主《デミウルゴス》なるヌースはロゴスと共にあって、（世界の）円周を包み、（これを）シュルシュルと回す者であって、自分の被造物を回転させ、限りない始めから無限の終りの時まで回転するままにしておいた。

…………

ところで、被造物の円転運動は、ヌースの意のままに、下降する元素からロゴス無き生き物をもたらした……それはロゴスを持っていないのである。

…………

ここには、新プラトン主義の「一者《ト・ヘン》」からの下降、グノーシス主義の「ロゴス」と「ヌース」などが説明されている。「ロゴス無き生き物」とは、さまざまな生き物のことである。まだ、人間は生まれていない。

こうして世界が創造されたのだが、ヌースはさらに「自分に等しい人間《アントロポス》を生み出し」これを愛したが、人間も造物主の創造を観察し、自分も造物したいと思った。彼はこれを許されて、死ぬべき、ロゴス無き生き物の世界に対する全権をもったのである。ところが、人間は水に映った自己の姿に愛着し、地上に生きる者となる。

この故に、人間はすべての地上の生き物と異なり二重性を有している。すなわち、身体のゆえに死ぬべき者であり、本質的人間のゆえに不死なるものである。

では、どうやって本来の姿に戻ればよいのか。それは物質的な身体の分解において、身体そのものを変化に引き渡し、姿形はなくなる。そして、自分の源へと帰還するのである。

ヌースは自分に似せた人間を生み、人間も神に等しい力をもっていたのだが、堕落《だらく》して「地上に生きる者」となったようだ。

だから人間の身体は死後に消えてしまうが、本質的な精神は残るということだ。ただし、誰でも残ることができるのではない。自己の本質を認識できた者だけが、不死の能力を身につけることができる。

このように、錬金術には、卑《ひ》金属を金に変えるだけではなく、精神を高めていくことで、真の自己を認識し、人生そのものを変容させてしまう技術が含まれていたのだ。

ヘルメスは語る。

「おまえたちを知識の門へと導く案内人を探すがよい。そこには、闇から清められた輝く光がある」

☆「引き寄せの法則」の起源『エメラルド・タブレット』

伝説によると、エジプト、ギザの大ピラミッドの中で、エメラルド製のタブレットが発見され

図 4-4 『エメラルド・タブレット』の全文が記された版画（17 世紀）

たと伝えられている。墓にはヘルメスが埋葬《まいそう》されていて、そのミイラの手の中にあるものが握りしめられてあった。それにはヘルメス・トリスメギストスの錬金術的な秘密が示されていた――。

　このエメラルド碑文《ひぶん》に刻まれた最古とされる錬金術文献が『エメラルド・タブレット』（別名タブラ・スマラグディナ）である（図4-4）。

　現代スピリチュアルを席巻している「引き寄せの法則」（321ページ参照）が広まったのは、いまから15年ほど前、2006年以降のことである。

　ドキュメンタリー映画『ザ・シークレット』（ロンダ・バーン監督、2006）とその書籍化である自己啓発書『ザ・シークレット』（ロンダ・バーン著、山川紘矢ほか訳、２００７、角川書店）が「引き寄せの法則」を世の中に大きく知らしめて、スピリチュアルという分野が拡大した。

映画の冒頭部分で、エメラルド製のタブレットの写しをとった人物のシーンが表現されている。その内容が「ザ・シークレット」、すなわち、「引き寄せの法則」なのである。これは古代の上流階級にだけ知られていて、連綿と伝えられていたものだったのだ。

「引き寄せの法則」自体は、すでに以前から、ウィリアム・ウォーカー・アトキンソンの「引き寄せの法則」、ジョセフ・マーフィーの「マーフィーの法則」、そして、ナポレオン・ヒルの著書『思考は現実化する』などで日本でも少しは知られていたのだが、『ザ・シークレット』の映画や本は、それをさらにわかりやすく発展させ、映像によってイメージしやすいように伝えた。

「引き寄せの法則」とは、人が強く意識を集中したことがらが、その内容がその人にとってよい悪いにかかわらず、現実化してしまうという法則である。

単に願うと実現するという話ではないし、神様に祈ると叶《かな》えられるという話ではない。その人がいつも考えていることが増幅されて、同じようなことが現象化するという法則である（これらは、第６章317ページ〜でその関連性を説明する）。

『ザ・シークレット』の冒頭には、エメラルド・タブレットからの引用が記されている。

「天にあるものは地にもあり
中にあるものは外にもある

エメラルド・タブレット　およそ紀元前3000年」

☆万物照応――マクロコスモスとミクロコスモスは対応する

では、エメラルド・タブレットの本文を見てみよう。

これは、うそいつわりなく真実、確実にしてこのうえなく真正である。一つのものの奇跡をなしとげるにあたっては、下にあるものは上にあるものに似ており、上にあるものは、下にあるものに似ている。そして万物は、一つのものの和解によって、一つのものから成ったように、万物は順応によって、この一つのものから生まれた。このものの父は太陽で母は月である。風はこのものをその胎内《たいない》にもち、その乳母は大地である。このものは全世界のいっさいの仕上げの父である。その力は、もし大地にむけられれば、完全無欠である。

なんじは、土を火から、精妙なものを粗雑なものから、円滑に、きわめて敏捷《びんしょう》に分離するがよい。それは、大地から天へ上昇し、ふたたび大地へ下降して、すぐれたものと劣れるものの力をうけとる。かくしてなんじは、全世界の栄光を手に入れ、一切の不明瞭は、なんじから消え去るであろう。このものは、すべての剛毅《ごうき》のうちでも、いやがうえにも剛毅である。なぜなら、それはあらゆる精妙なものに打ち勝ち、あらゆる固体に浸透するから。かくて、大地は創造された。したがって、このものを手段として、驚異すべき順応がなされるであろう。このため私は、全世界の哲学の三部をもつヘルメス・トリスメギストスと呼ばれる。私が太陽の働きについて述べるべきことは、以上で終わる。

（平田寛訳）

短い文章だが、ここには錬金術師が用いる「賢者の石」について記されているという。『ザ・シークレット』でも紹介されている「下にあるものは上にあるものに似ており、上にあるものは、下にあるものに似ている」が最も重要な部分だろう。

これは、「人間は大宇宙のごとく、大宇宙は人間のごとく」という意味だ。宇宙を大宇宙（マクロコスモス）とし、それに対して人間の身体を小宇宙（ミクロコスモス）に見立てて、相互に対応しているとする考え方である。

その教えは、宇宙を一つとみる新プラトン主義とグノーシス思想から導き出されている。「万物は一つのものから生まれた」はグノーシス、新プラトン主義にみられる汎神《はんしん》論的な表現であるし、「父は太陽で母は月である」は天地の照応《しょうおう》を表現している。

すべての存在は同じ本質をもっているので「万物照応」である（図4-5参照）。これは、現代的に表現すれば、物理空間にある物質は相互に情報伝達をしているし、人間と宇宙も相互に情報伝達をしているということだ。

「精妙なものを粗雑なものから、円滑に、きわめて敏捷に分離するがよい」とは、卑金属を貴金属へと変成させることらしい。

これによって「大地から天へ上昇」するとは、人間の魂が純化されていき、「一切の不明瞭」は消え去り、最後に「このものを手段として、驚異すべき順応がなされる」、つまり一つもの＝

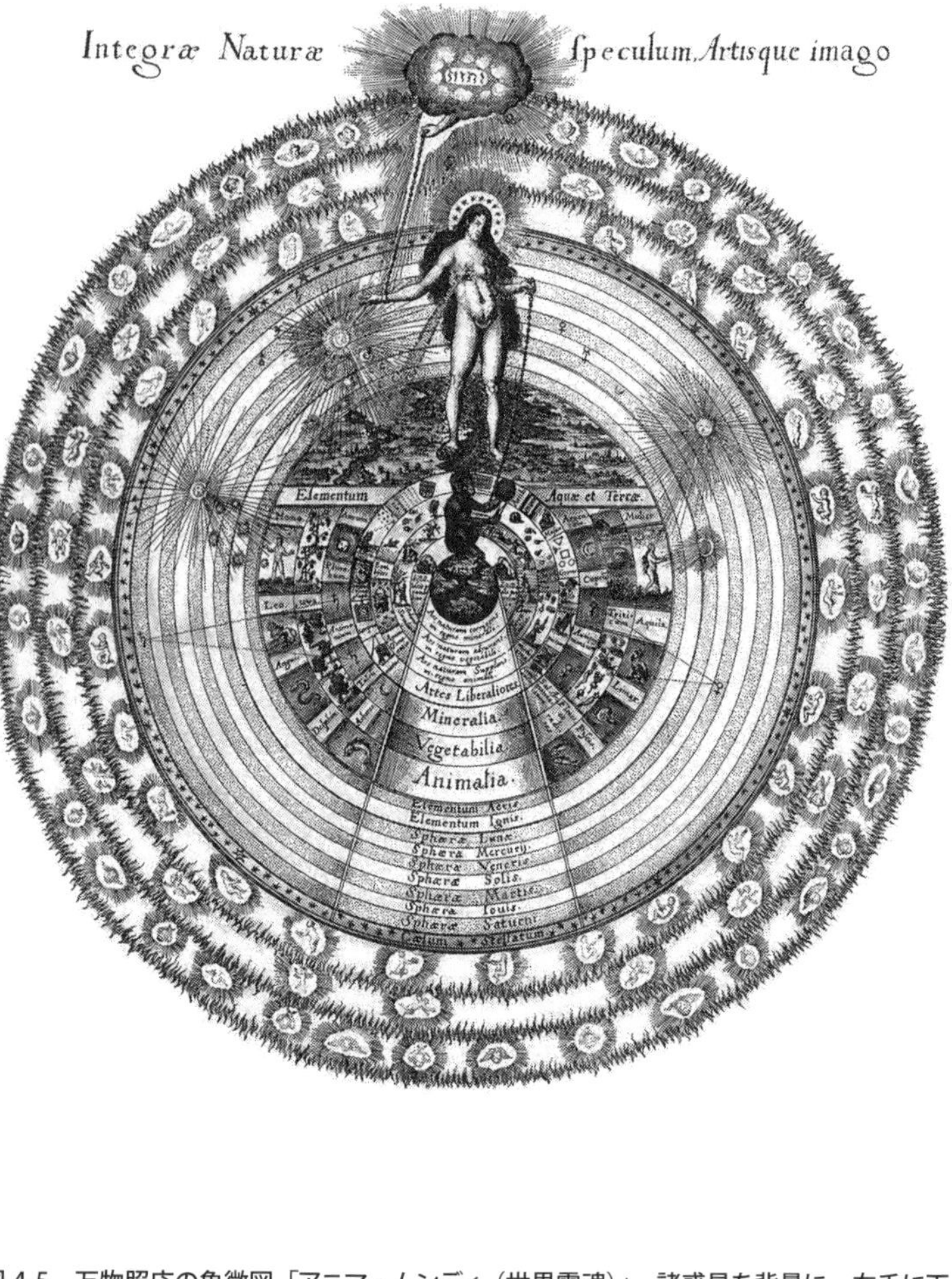

図 4-5　万物照応の象徴図「アニマ・ムンディ（世界霊魂）」。諸惑星を背景に、右手に天界の神の手、左手に地上の猿が結ばれている（『両宇宙誌』ロバート・フラッド、1617）

「一者」（神）へと合体していくのである。これが「賢者の石」（エリキサ）の生成法であるとされている。

☆人間を神に変容させるための錬金術

「錬金術」という用語は、テレビや本、雑誌などの見出しなどでは、あまりよい使われ方はしていない。

「○○氏、闇のファンドによる錬金術」などの言い方がされるので、多くの人が、錬金術とは金持ちになる術と思っているだろう。だから、神秘学を勉強するという意味で「自分は錬金術に興味がある」と人にいうと、勘違いされるので注意が必要だ。

錬金術とは、ありふれた金属を黒色化→白色化（銀）→黄色化（金）して、金や銀に変える術だ。真の錬金術師は、彼らのこの理論体系を実験的に証明しようとする実証主義者だった。錬金術師はいまでいう化学の先生の資質をもっていたのである（図4-6）。

彼らの理論体系は、卑金属が貴金属に変容するという物質上の理論だけにとどまらなかった。この森羅万象《しんらばんしょう》が複雑な系でつながっており、鉄や銅が金になるごとく、人間を神に変容させる、もしくは神に等しい力を得るということ。

ここで必要となるのが先にふれた「賢者の石」である。錬金の過程で「賢者の石」が不可欠だと考えられはじめたのは、イスラム社会においてといわれている。

「賢者の石」とは、卑金属を金に変え、金の量を無限に増やすなどの変成能力をもつとされたの

図 4-6　錬金術師の工房

だ。

そういった精神的な目的が強くあらわれてきたのは、いつ頃の錬金術なのだろうか。やはり、錬金術の英知はエジプトにあるというのが、彼ら錬金術師たちによる見解である。エジプトの神官の秘教的知識がはじまりと考えたのだ。

だが、そのエジプトの知識はどこから仕入れたのかというと、アレクサンドリアであるから、ヘレニズム思想の中にまぎれていた英知である。

アリストテレスの四元素・四性質（159ページ参照、図4-7）が広まって、この手で金をつくりたいという願望が芽生えたからだと考えられている。

一方、バビロニアでは、化学実験のお日柄が重要と考えたので、錬金術と占星術が融合していった。また、イスラム社会では、8世紀後半のアラビアの錬金術師ジャービル・ビン・ハイ

図 4-7　地・水・空気・火の四元素をあらわす図

ヤーンは、物質を樟脳《しょうのう》、水銀、砒素《ひそ》、硫黄《いおう》など揮発《きはつ》性のものと、金属、その他（不揮発性）に分類した。

「賢者の石」（エリキサ）は、人間を若返らせ病気を癒《いや》す万能薬ともみなされた。すなわち、エリクシル（霊薬）である。よって、「賢者の石」とは、必ずしも「石」の形をしているわけではないようだ。

具体的な物質というよりは、自然の根底に潜《ひそ》むアルケー（根源）的な要素と考えられている。

「賢者の石」もまた大宇宙に対する小宇宙であるから、物質と肉体と魂のすべてに働きかけるというわけだ。卑金属は金になり、人間は永遠の生命を得る。

この学問が理解されがたい理由の一

図 4-8　中世の錬金術の記号

鷲	気化、酸、大気
動物	雄＝硫黄、雌＝水銀
樹	月のなる樹＝小錬金術（銀）、 太陽のなる樹＝金
沐浴	黄金と銀の溶解、金銀の純化
正方形	四元素
混沌	未分化の第一質料
部屋	哲学の卵
犬	硫黄、黄金
争い合う龍	腐敗
緑の獅子	硫酸鉄
アポロン（太陽）	作業のために準備された黄金
ユピテル（木星）	錫
男（王）と女（王妃）	硫黄と水銀
月	女性原理、銀
キリスト、子供、ペリカン	賢者の石
結婚	硫黄と水銀の結合

図 4-9　錬金術の象徴表現の一例

つに象徴表現があげられる。賢者の石といえばいいのに、それをわざわざ「キリスト」と表現したりするのである。「キリスト」ならまだいいが「ペリカン」と表現するときもある。金属の結合は「結婚」である。そういった暗号的な表現で、化学反応を説明している（図４－８）。

象徴体系であるから、不完全な化学ともいえるし、それが物質だけではなく、精神面にも影響を与えるので、魔術ともいえるだろう。

参考までに、錬金術の象徴表現の一部をあげておこう（図４－９）。

☆17世紀ドイツ発の秘密結社「薔薇十字団」

秘密結社といえば、フリーメイソン、イルミナティなど都市伝説で有名だが、じつは存在していなかったと噂される秘密結社が薔薇《ばら》

図 4-10　薔薇が象徴的に描かれた薔薇十字文書『至高善』の扉絵

十字団である。現在もそれらに関係性のある啓蒙《けいもう》集団もあるので、興味のある方はネットで申し込みをするとよいかもしれない（自己責任でお願いします）。

　薔薇十字団とは、17世紀初頭、ドイツで匿名《とくめい》作者による基本文書公刊が突如《とつじょ》としておこなわれたことをきっかけに、世の中にその存在を知られるようになった組織だ（図4-10）。

　1614年、ドイツで『薔薇十字団の宣言書』なる著者不明の文書が刊行され、話題を呼んだ。その文書の一部をなす『薔薇十字団の名声』（Fama Fraternitatis）では、クリスチャン・ローゼンクロイツの生涯と薔薇十字団の教義が語られている。

　薔薇十字団の始祖と呼ばれているクリスチャン・ローゼンクロイツは、1378年にドイツに生まれ、修道院でさまざまな学問をマスターし、アラビアなど東方諸国を旅して錬金術と魔術を研究したらしい。

薔薇十字団は、イエスを信奉する。また、結社の規則は以下のとおりである。

（1）無報酬《むほうしゅう》で病人を治す
（2）自分たちが滞在する土地の習慣に従う
（3）毎年１回「聖霊《せいれい》の家」に集まる
（4）自分の後継者を決める
（5）R・C（Rosenkreuz・Christian）という文字を印章とする
（6）１世紀以上薔薇十字団の存在を秘密にしておく

クリスチャン・ローゼンクロイツは、ドイツに帰ると、７人の同志とともに教団を結成し、普遍的原理による世界改革を構想した。１４８４年に１０６歳で没したが、ローゼンクロイツが埋葬された場所は謎だった。

ある日、薔薇十字団の伝統を引き継いでいた同志N・Nは偶然にもローゼンクロイツの墓を発見する。

「そこでN．N．はよろこび勇んで壁の残りの部分を取り除いて、扉の汚れを払った。と、扉のすぐ上に大きく、次のような文字が書かれていたのである。

Post CXX ANNOS PATEBO.
（余ハ百二十年後ニ公開サレルデアロウ）

その下に古い年号。我等はこのことを神に感謝し……、翌朝扉を開けてみると、七つの側面と（上下？）二つの七つの角のある地下室がみつかった」

（『薔薇十字の名声』種村季弘訳）

薔薇十字文書が世に出たのは、予言に定められた120年後である1604年から10年目（1614年）なのである。ということは、ローゼンクロイツが復活し活動しはじめて10年なので、時期は一致している。

さらに『薔薇十字の信条告白』（Confessio Fraternitatis）なる文書が続けて出され、ますます人々の薔薇十字団に対する興味は深まった（図4-11参照）。

とどめは、クリスチャン・ローゼンクロイツの『化学の結婚』である（邦訳書はヨーハン・V・アンドレーエ著、種村季弘訳、紀伊国屋書店）。

これはクリスチャン・ローゼンクロイツが書いたとされる物語調の内容となっている（実際の著者はヨーハン・ヴァレンティン・アンドレーエとされている）。

図 4-11　『薔薇十字の目に見えない学院』(テオフィルス・シュヴァイクハルト、1628)

☆クリスチャン・ローゼンクロイツの『化学の結婚』

この『化学の結婚』は大変に不可解な書である（図4-12参照）。結婚式の場面には、「黒色化」↓「白色化」↓「黄色化」↓「赤色化」という錬金術の段取りが、象徴によって説明されている（黄色化までの3過程で金はできるが、4過程目に王者の色である紫（赤）を加えて4段階にする考え方もあった）。

復活祭前のある夜のこと。クリスチャン・ローゼンクロイツが、机にぬかずいて祈っていたところ、後ろからつつかれたので、振り返ると、そこに美しい女性が立っていたというシーンからはじまる。

彼女から手紙を受け取ったクリスチャン・ローゼンクロイツ。それは、王と王妃の結婚式招待状だった（図4-13参照）。目を通したローゼンクロイツは、「すんでに失神せんばかりだった」「髪は総毛立ち、総身の毛穴から冷や汗が吹き出した」という。

こうして式場に向かったローゼンクロイツは、4日目にとてつもない光景を目にするのである。

3組の王と王妃たちが、黒い男によって次々に首をはねられて、その黒い男も首をはねられる。王ら6人の遺体を収容した棺《ひつぎ》は、船の中に収められており、参列者とともに湖にこぎ出して、塔のある島へと向かう（この部分が錬金術の「黒色化」の象徴といわれている）。

来客たちは、薬草などで王たちの身体を溶かし、これを黄金の球に入れる。球は赤く重くなる。さまざまな作業をして、球を切断すると中に白い卵がある（ここが「白色化」の象徴らしい）。

さらに、黄色い砂を詰めた釜にその卵を埋めて加熱する（「黄（金）色化」の象徴とされる）。すると、卵から全身血まみれの鳥が生まれた。黒い男の血のエサをやると、鳥は人間ほどの大きさになって暴れた（これが「赤（紫）色化」の象徴らしい）。

こうして、不可解な儀式（実験）が何度も何度もおこなわれる。最後は、鳥は焼かれ、その灰は木製の小さな箱に納められた。

客たちは2つのグループに分けられ、ローゼンクロイツらは、王と王妃の復活作業をおこなう。小箱に入った鳥の灰を、準備しておいたエキスと混ぜて煮る。これを鋳型《いがた》に入れて、男女の小さな模型をつくった。

これに鳥の血を垂らすと、人間のサイズになる。ここで謎の老人が出現。人形の口にラッパをあてがって、王と王妃たちの魂をバキュームさせる（王と王妃は死後にその魂が浮かんでいた）。

こうして、王と王妃はめでたく復活するのである。

現代でいえば、象徴表が元素の周

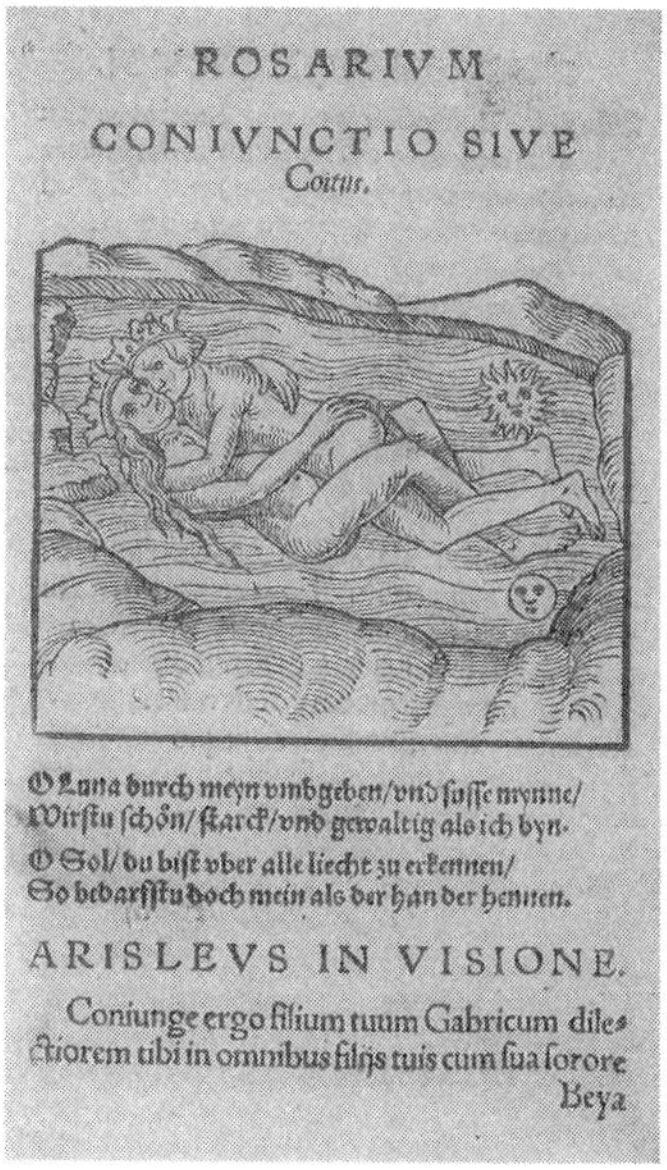
ROSARIVM
CONIVNCTIO SIVE
Coitus.
O Luna durch meyn vmbgeben/vnd susse mynne/
Wirstu schön/starck/vnd gewaltig als ich byn.
O Sol/du bist vber alle liecht zu erkennen/
So bedarfstu doch mein als der han der hennen.
ARISLEVS IN VISIONE.
Coniunge ergo filium tuum Gabricum diles ctiorem tibi in omnibus filijs tuis cum sua sorore Beya

図 4-12　元素の「結合」は「性交」に象徴された（『哲学者たちのバラ園』）

図 4-13 『化学の結婚』３組の王と王妃

期表、化学の結婚は理科の実験である。このような錬金術の歴史的な試行錯誤《さくご》の過程で、現代の化学が純化されていき、私たちはその恩恵を受けているのだろう。

なにげなく使っているシャンプー、飲んでいる薬などもすべての起源は、錬金術にあるといってもいいかもしれない。

☆占星術——天体の力が人体に流入し影響をおよぼす

中世ヨーロッパの学問の中心は、アリストテレス哲学をキリスト教化したスコラ哲学（156ページ参照）だったが、15世紀のルネサンス期に入って新プラトン主義が脚光をあびたことことから、占星術ブームがはじまった。

新プラトン主義の「流出説」（43ページ参照）が発展し、天体の力が流出して人体に流入（influence）するという説が展開される。

さらに、あのヘルメス・トリスメギストスの錬金術に示されている大宇宙と小宇宙という考え

図 4-14　大宇宙と小宇宙のアナロジー

方が、占星術と大きく関連する。なぜなら、宇宙の動きと人間が相応関係をもつからだ（図４-14）。

当時、星と身体の関係から、医学と結びついていき、占星医術（イアトロマテマティカ）が大学の医学部で講じられるようになったという。

スイスの医学者・化学者のパラケルスス（１４９３頃～１５４１。図４-15）は、錬金術師だが、病気の治療には人間の身体と魂を同時に扱う必要があると考えた。

彼の錬金術の目的は、医薬品をつくり出すことにあったのだ。これは自然魔術と呼ばれ、「神から直接やってくる力」であり、その力が医者に治癒《ちゆ》の力を与えるのだという。また、恒星と惑星が生命と物質に影響を与えると考える。

図4-15　パラケルスス

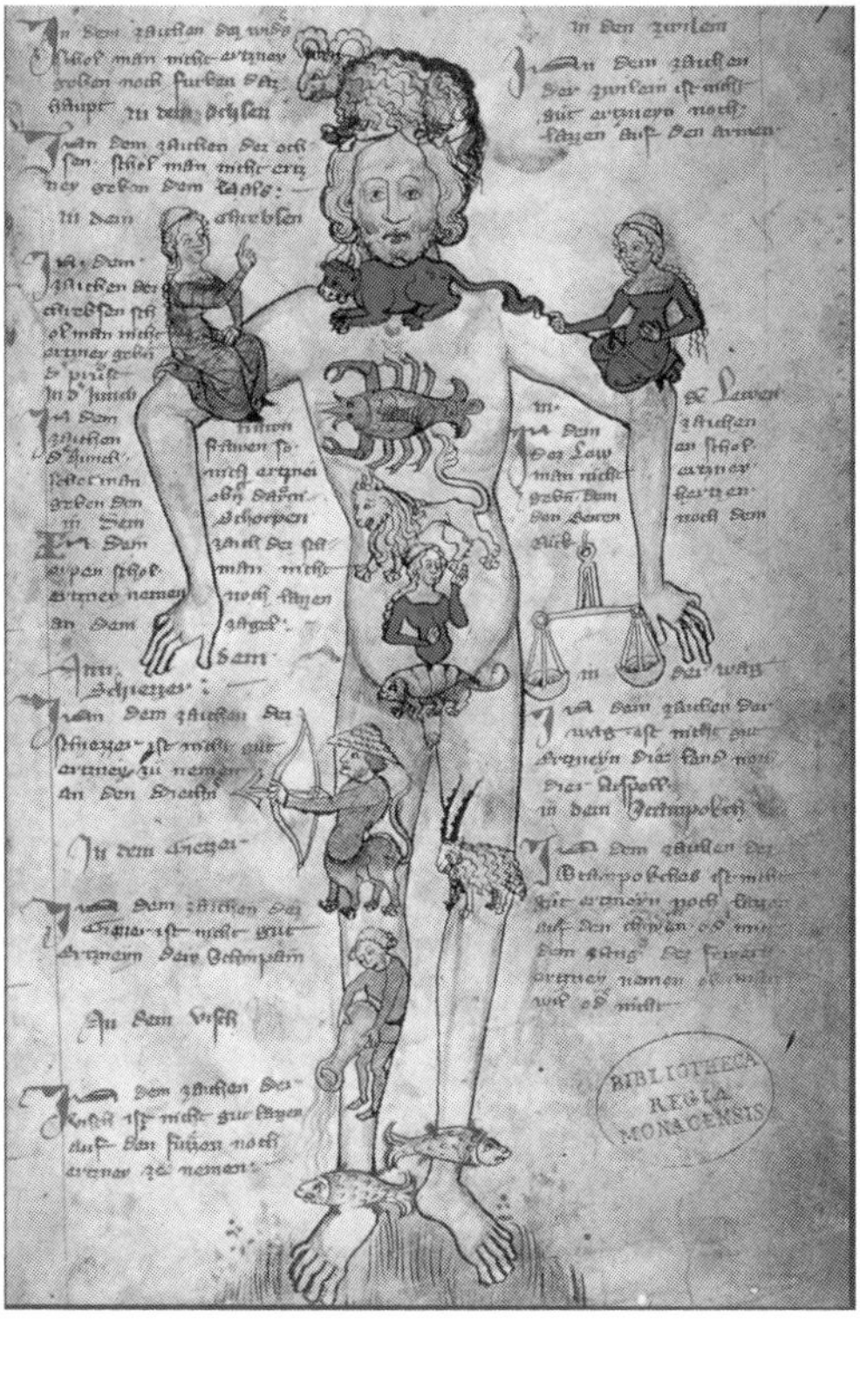

図4-16　黄道十二宮と人体の対応図：白羊宮＝頭、金牛宮＝首・肩、双子宮＝両腕、巨蟹宮＝胸・胃、獅子宮＝心臓、処女宮＝腹、天秤宮＝腸、天蠍宮＝性器、人馬宮＝腿、磨羯宮＝膝、宝瓶宮＝すね、双魚宮＝両足（14世紀ドイツの占星術手稿本）

マクロコスモス（宇宙）を知る者は、ミクロコスモス（人体）を知る者であるから、占星術師＝医師なのである。

こうして、錬金術的に人体の宇宙アナロジー（類推《るいすい》）が構想され、黄道十二宮《こうどうじゅうにきゅう》（ゾディアック）と身体の臓器とが関連づけられ、病気の処方がおこなわれた（図4－16）。

パラケルススの流れをひくロバート・フラッドの著書『医学大全』（１６２９）には、

太陽―父―心臓―右眼―血液

月―母―子宮―左眼―粘液

というような対応がつくられている。

毎年流行するインフルエンザだが、これは周期的な星の影響（influence）と考えられていたところに語源があるらしい。

☆記憶術と横断的学問を探究した神秘家ルルス

なんでも早く記憶できる方法がある。「記憶術」だ。これは歴史が古く、ローマ時代ですでに使われていた。政治家・哲学者キケロ（前１０６～前43。図4－17）は、空間を用いる記憶術について説明している。

キケロによると、記憶力のよい人は、覚えたいことを自分の熟知している場所（ロクス）に結びつけて覚えていたという。

あるいは、演説をする前に会場へ行って、ドア、窓、石像、テーブルなどの物体に、スピーチの題材を一つ一つ結合していくという方法があるらしい。スピーチ本番では、物体を見ながら連想して題材を思い出すのである。

抒情《じょじょう》詩人シモニデスが発見した記憶術の原理についても、記憶術の達人キケロが説明している。これは感覚から入ってきた情報を視覚化すると覚えやすいという方法だ。たしかに、書き写したり、音読したりするだけだと記憶に残りづらい。覚えるべきことを一度、心の中でありありとイメージングすると記憶力は高まるかもしれない。

図 4-17　キケロ

古代ギリシアの時代までさかのぼると、哲学者ソクラテスが議論の中で、文字を学ぶと記憶力の訓練がおろそかになると説いている（『パイドロス』プラトン著）。文字に書いてあると暗記がおろそかになるということだろう。

ギリシアではアルファベットが発明された後も、文芸や学問を口承で伝達する伝統が長らく続いた。

記憶術は14世紀から16世紀にかけてヨーロッパで流行し、スペインの百科全書的思想家ライムンドゥス・ルルス（１２３２頃〜１３１６。図4-18）らによって記憶術書が著《あらわ》されることとなった。彼が修道生活をしていた30歳の頃、苦行中の幻視にキリストが現れたという。

ルルスは、イタリアのユダヤ知識人の間で盛んだったカバラ、イスラムの医学や占星術、アウグスティヌス的な新プラトン主義などの影響を受けたらしく、これらを包括性・普遍性をもつ学問へと高めようとした。

『大いなる術』（アルス・マグナ）という技法の書に「ルルスの術」が記されている。記号論理学的な発想のもとともいわれている。

「ルルスの術」は、特殊な回転盤を用い、同心円状に描かれた複雑な記号を組み合わせ、統合させる。これによって、あらゆる宇宙の真理、情報、認識を定義する（図４-19参照）。

一見、無関係に思える知を関連づけて統合していくという発想は、現代で特に再認識されている。ネット上の情報を収集・分類・再構築し、新しい価値をもたせる「キュレーション」などがそうである。

図 4-18　ライムンドゥス・ルルス

また、日本では理系・文系という強固な分類法を使うが、世界の先進国ではあまりそのような分類をせずに、総合的に理解する動きがかなり前から進んでいるようだ。

哲学はギリシア時代から、数学と表裏一体のようなものなので、理系の学者で哲学者ということはごく普通である。デカルト、ライプニッツは数学者であるし、カントはラプラス・カント星雲説を唱えている。バートランド・ラッセルは数学者で哲学の論理学者であり、論理学

図 4-19　上位の者が下位に影響を及ぼす「存在の階梯」。同心円状の図が描かれている（『新論理学』、ライムンドゥ・ルルス、1512）

を用いて数学を体系づけようとした。哲学は「人生を語るもの」だけではないのだ。

　そもそもこの世界はつながっているのだから、無関係なことなど存在しない。よって違う分野の事項を相互に関係づけることが必要なのである。

　日本も数学、物理、化学、歴史、文学、芸術などすべてを総合する学（文理融合学のようなもの）のカリキュラムをつくるとよいかもしれない。

☆あらゆるものが記憶されている「アカシック・レコード」

　ところで、記憶とはどこに残っているのだろうか。もちろん脳の中だろう。しかし、脳の中のデータが別次元とリンクしていたとしたらどうだろう。

　西洋神秘思想の用語に「アーカーシャ」がある。これは虚《こ》空《くう》という意味のサンスクリットから派生している。空海《くうかい》がおこなった「虚《こ》空《くう》蔵《ぞう》求《ぐ》聞持《もんじ》法《ほう》」（114ページ参照）の真言「ノウボウ アキャシャ……」の「アキャシャ」と関連があるようだ。

記憶力が倍増化するというあの秘法は、宇宙の記憶倉庫である「アーカーシャ」にデータを貯めておくからなのである。パソコンでたとえれば、ＨＤ・ＳＳＤがアーカーシャであり、メモリ（８Ｇ、16Ｇ）などが阿頼耶識《あらやしき》、ＣＰＵが自我、ディスプレイやスピーカーがこの現象世界ということになる。

近代のオカルティズムでは古代の「アイテール」（エーテル。243ページ参照）に相当するとも考えられうる（これは記録ディスクのようなもの）。

アーカーシャは「アカシャ年代記」（265ページ参照）でも表現され、そこにはあらゆる世界の出来事とあらゆる思想や行為の個人的経験がデータ化されて保存されている。「アカシック・レコード」「アカシック空間」と表現されることもある。

この貯蔵庫になんらかの方法で接触して、データをとりだせば、過去の出来事、そして未来の出来事までわかってしまうという。

なぜ未来が見えるのかは、第５章で説明させていただく。

☆「エノク語」で天使と交流した白魔術師ジョン・ディー

イギリスのジョン・ディー（１５２７～１６０８。図4-20）は、エリザベス朝イギリスの神秘主義的思潮を代表する白魔術師（たまに黒魔術師といわれたりする）であり、占星術師かつ数学者である。ヘルメス学文献の蔵書を大量に保有していて、文化人の中心となっていた。

ディーは、ケンブリッジ大学セント・ジョンズ・カレッジに入学して学問の研鑽《けんさん》を積んだ。彼

図 4-20　ジョン・ディー

は、修辞学を中心とする人文系ルネサンスよりも、哲学・神学・科学を重視するギリシア復興のルネサンスに興味をもった。

スケジュールがすごい。食事は一日2時間。4時間睡眠で、残りの18時間をすべて研究にささげた。

機械工学にくわしく、舞台で空を飛ぶ巨大な黄金虫《こがねむし》などを披露《ひろう》している。ディーはオックスフォード大学から数学講師を依頼されたが、これを断り、数学と関係深い化学分野、つまり錬金術の研究をおこなう。ヘルメス主義、ユダヤ教神秘主義のカバラなども深めた。

そんな科学者的な要素を多分にもったジョン・ディーだったが、やはり神秘思想との境界線はない。科学と神秘は延長線上にあるからだ（図4-21参照）。

ディーは研究を重ねていくうちに、天使と交流するための言語「エノク語」を使いはじめた。エノクとは、『旧約聖書』「創世記」第5章の人類の祖先アダムからノアにいたる系図の7番目の人である。神とともに正しく歩んだ人物だった。エノク伝説は『新約』の「ヘブル書」（第11章5節）にも登場する。

『旧約聖書』にもローマ・カトリックが認めない「偽典《ぎてん》」が存在する（偽典だから嘘つきという意味ではない）。この「旧約偽典」の「エノク書」でエノク語が登場するのだ。

ディーはこれを解析《かいせき》し、天使の記号論的解釈をおこなって「エノキアン図表」を作成した。こ

図 4-21　霊媒師エドワード・ケリーと降霊術をおこなうジョン・ディー

れをつかえば天使と交流できるのだ（図4−22参照）。

ディーは1583年から6年間のヨーロッパ大陸旅行で、ボヘミアにおける薔薇十字団の運動（207ページ参照）に大きな影響を受けたという。『象形文字の単子』など著作は多い。だが、不遇《ふぐう》のうちに死んだという。いや、天使が助けてくれたにちがいない。

図4-22　ラテン語とエノク語で書かれた大印章（アエメト）。天使の召喚魔術に用いられた

☆ニュートンは錬金術師だった？

アイザック・ニュートン（1642〜1727。図4−23）は、イギリスの物理学者、数学者、天文学者である。だが、なんとニュートンは、錬金術の研究をおこなっていた。錬金術とは一種の科学であるから、なんの不思議もない。金《かね》が欲しくて金《ゴールド》をつくろうとしているのではない。化学的実験をおこなっていたわけである。

経済学者ジョン・メイナード・ケインズ（1883〜1946）は「ニュートンは理性の時代に属する最初の人ではなく、最後の魔術師、錬金術師である」と評価している。

ニュートンは1669年頃から集中的に錬金術の実験をおこなったという。それは彼がケンブリッジを辞めるまで続いた。ノートも膨大《ぼうだい》な量となっていき、大量の錬金術文献も収集していた。

ちなみに、当時は物理学・化学という分野はなく、物理や化学をあつかう学問は自然哲学と呼ばれていた。ニュートンは、自然哲学者だったのだから、科学的な実験をおこなっていただけなのかもしれない。

ニュートンが錬金術師だったという事実は、ニュートン力学《りきがく》の研究で名声が高まるにつれ、封印されていった。そして、ニュートンの姪《めい》キャサリン・バートンと結婚したジョン・コンデュイットがニュートンのノート類を集めたのである。

1936年、このノート類を子孫であるレミングトン子爵《ししゃく》がオークションに出したので、大部分をケインズが買い取り、それはトリニティ・カレッジとキングズ・カレッジ図書館に保存されたのだった。

ニュートンは神についてどのように考えていたのだろうか。彼は重力の原因を神（第一原因）の存在に求めようとしていた。神のひとはじきがあったからこそ世界がある。

また、空間は神の感覚器官ではないかとも考えた。だから神は全知なのだろう。

図4-23　ニュートン

ニュートンは絶対空間と絶対時間を唱えた。神の中に空間と時間が存在するのだから、誰がどこで観測しようとも、場所も時間も均一である。のちにこの考え方は、アインシュタインの相対性理論によって否定された（330ページ参照）。

ところで、神秘思想ではこの世界が仮想空間であるという説がよく出てくる。哲学の世界では、プラトンの時代から普通に唱えられていた。だから、哲学をしていると変人扱いされていたものだが、最近では物理学や脳科学の発達により、そんなに不思議な話ではなくなってきた。

☆物体は存在しない、心も存在しない

1685年、アイルランドで生まれたバークリ（〜1753。図4-24）は、15歳でダブリンのトリニティ・カレッジに入学して、ロック、ニュートン、デカルトなどの哲学にふれた。

主著『人知原理論』において、仮想現実のさきがけとなる思想を展開している。彼の場合は経験論哲学を追究し、プラトンとはまた違った形で、この世界の物質がありのままに存在していないことを証明している（この哲学説は多くの批判にさらされたが、物理学の一部の世界では、仮想空間についてはさらに緻密《ちみつ》な検証が進行中である）。

経験論哲学・認識論の祖であるイギリスのジョン・ロック（1632〜1704）は、私たちの経験できる性質を、第一性質（個体性、形など）と第二性質（色、音、香りなど）に分けた。彼の考えでは、第一性質は物体に内在しているが、第二性質は人間が感じた主観的なものだ（色、音、香りは人間に認識された結果であるということ）。

バークリはさらに、これら両者の性質を一つにまとめてしまった。べつに分けなくてもいいのだ。色がなければ形はわからないし、硬軟などの触覚がなければ、物体が空間を占めていることだってわからない。要するに、第一性質といわれているものも、第二性質にふくまれてしまう。となると、私たちが主観的に知覚している色、音、香りなどの観念によって物体が存在するとわかることになる。赤い、丸い、冷たい、甘い、酸っぱい……これらの知覚がリンゴの存在だ。触って、かじって、甘い……。それらはすべて心を離れてはありえない。つまりは「心の中にある観念」ということになる。ならば、リンゴは心の中にあるだけで、わざわざ外界にあると説明する必要はまったくない。

こうして、バークリはいかなる感覚的事物も、それを知覚する心の中にしか存在することができないという結論に到達した。

図 4-24　バークリ

「私が書きものをしている机が存在する、と私は言うが、それは私がその机を見、それに触れるということである。また私が書斎を出たとしても、机は存在する、と私は言うであろう。その意味は、もし私が書斎にいたら私は机を知覚したであろう、ということであり、言いかえれば、ある他の精神が現実に机を知覚しているということである。匂いがあったということは、それが嗅《か》がれたということである。音があったということはそれが聞かれたということである」

（『人知原理論』）

こうしてバークリは、いかなる物も「知覚される」ということを離れて「存在する」ということはないとし、ここに「存在するとは知覚されることである」という定式ができあがった。

さらに、イギリス経験論者ヒューム（1711〜76。図4-25）は、人間の心に現れるすべての知覚は印象（impression）と観念（idea）とに分けられると説いた。印象はリアリティが強く、観念はモヤモヤしていて鮮明さがないという違いがある。

リンゴを食べているのが印象。リンゴを食べたなぁと思ったら観念で考えればよいだろう。印象は記憶と想像によって観念となる。

ヒュームはこのことから、存在するのは観念だけであるし、それが世界なのだから、外界に物質があるわけがないと説いている。

さらに、物体の因果《いんが》法則も否定した。因果法則（因果律《りつ》）は、ある原因から別の結果が法則に従って（必然的に）生じるという当たり前の法則である。これがなかったら、物理学は存在できない。ニュートン力学の前提となる「リンゴが枝から離れたから、落下する」という因果関係は、人間がいてもいなくてもそれ自体として存在すると考えるのが普通だ。

ところが、ヒュームは、因果の必然的結合を主観的なものと解した。常識的な発想からすれば、「原因」があって「結果」があるという前提は当たり前として、物理学の話が展開するわけだ。ところがヒュームは、「そもそも『原因』と『結果』ってあるの？　それがウソくさいんじゃないの？」と歴史上初めて問題提起をしたのである。

　ヒュームの説明は以下のようなものだ。

「原因」と「結果」の観念をどうやって私たちは知ったのだろうか。それは経験による。なにしろ印象なしに認識ははじまらない。

　そして、私たちは、二つの事象がつねに結合して起こることを何度も経験すると、二つの事象の間に必然的な関係があると思ってしまう。石を投げたら飛んでいくという経験を子供の頃から経験すれば、そこには因果法則があると信じる。

　ところが、因果法則そのものは証明できていないのである。

図 4-25　ヒューム

　火が熱いという因果関係は、火を触ったら熱かったという経験を何度も重ねるうちにできあがったもの。これは、証明でもなんでもない。習慣によって信じてしまっただけのこと。おみくじで吉が出たところ、宝くじを買ったら当たったというのと同じレベルになってしまう。

　ヒュームによると、因果法則とはただの信念だという。となると、ニュートン力学もあやしいということになる。つまり、あらゆる学問（数学は除かれる）は、因果法則という推理で導き出されているから、その真偽《しんぎ》はあやしいというのだ。

さらに、彼は自我の存在も疑った。あるのは知覚だけなので、自我と呼ばれているのは、思いもかけぬ速さで継起《けいき》し、たえず変化し動きつづけるさまざまな「知覚の束または集合」にほかならない。

つまり、「心は存在しない」のである。

ヒュームは、「因果法則」「外界」「心（自我）＝実体」をすべて消去してみせた。

ちなみに、「霊魂不滅の証明」「神の存在証明」（154ページ参照）なども否定されてしまったのだ。「霊魂不滅の証明」はデカルトが主張していた。デカルトの場合、物心二元論なので、物体と精神は別の実体である。よって、物質（肉体）が消えても精神（霊魂）は残るというのだ。残念ながら、カント以降の哲学では、これは間違いであることがわかってしまった。

☆理性で霊能力を解明できるか――カントとスウェーデンボルグ

ドイツの哲学者カント（1724～1804。図4-26）の哲学は複雑なので、ここではポイントだけざっくり概観しておこう。カントは、当時の哲学界で混迷をきわめていた「大陸合理論」（すべての確実な知識は生得的で明証的な原理に由来すると説く）と「イギリス経験論」（いっさいの知識は経験に由来すると主張する。バークリ、ヒュームの立場）を総合して批判哲学を形成した大哲学者である。

一言でいえば、人間が理屈《りくつ》で「わかること」と「わからないこと」との境界線をはっきりさせたということだ。

「わかること」＝自然科学など経験できる範囲のこと。

「わからないこと」＝神、霊、宇宙の果てなど、経験外のこと。

神や霊や宇宙などなどは、神秘学が対象としていたテーマだが、カントはこういったことを考えても埒《らち》があかないということを論理的に証明した。

「経験できないこと」について考えても無駄なのである。その証明があまりにあざやかだったので、論理的に神秘な領域を語ることは許されなくなったのである。ここまでが、著書『純粋理性批判』の内容。

図 4-26　カント

ここに「霊魂不滅の証明」や「神の存在証明」は破れ去った（と思ったが、のちにヘーゲルが復活させて、いまはまたダメになってしまっている）。

カントの哲学は徹底して理性の哲学であり、神秘的なことは徹底してポイである。しかし、論理的にありえないのと、気持ち的にありえないのとはまったく違う。カントは著書『実践理性批判』において、道徳的な面から、霊魂の不滅や神の存在は要請される（あることになることが求められる）と考えた。

とにかく、カントは合理的・論理的思考の枠を極めた哲学者であるから、神秘的な、証明できないことは信じないのである。

ところが、じつは、カントはある霊能力者と知り合いだった。エマヌエル・スウェーデンボルグ（1688〜1772。図4-27）である。カントは著作『形而上学の夢によって解明された視霊者の夢（視霊者の夢）』（1766）において、スウェーデンボルグの不思議な体験に関して考察を加えている。

図 4-27　スウェーデンボルグ

スウェーデンボルグ（スウェーデンボリ）はスウェーデンのストックホルム生まれ。大学で自然科学を学んで、科学的技術の研究を深める。地質学、心理学、生理学などを極め、大脳皮質の運動中枢《ちゅうすう》の場所を正確に推論した最初の学者である。

つまり、彼は科学者なのである。が、幼年期から幻視体験をしており、50代半ばにして科学者から神秘思想家となった。

1745年4月、スウェーデンボルグはロンドンで再び幻視を体験する。霊が出現して「人々に聖書の霊的内容を啓示するためにあなたを選んだ。何を書くべきかを示そう」と彼に語ったのである。彼はだんだんと特殊な瞑想《めいそう》を体得し、肉体から霊体をひきはなして、自由に霊界へと向かうことができるようになったのだ。

はたして、霊界とはいかなる場所だったのか？　そこには、精霊界、そして霊界へと人間の魂が回帰するすばらしい世界が広がっていた……。この体外離脱（幽体離脱）については、第6章のヘミシンクの項目（307ページ参照）で、その状態と体外離脱の方法についてご紹介したい（体外離脱を実践する人は、自己責任でお願いします）。

カントは、シャルロッテ・フォン・クノープロッホ嬢への手紙の中に、スウェーデンボルグの超能力について報告している。カントはいままで超常現象など、うさんくさいと思っていたのだが、彼についてだけは違うようだと語っている。

あるとき、ストックホルム駐在のオランダ公使の未亡人が、夫の死後に銀食器の支払いを督促《とくそく》された。未亡人は夫がすでに支払っていたと思ったので、領収書を探したが見つからない。そこで、スウェーデンボルグが透視能力で、階上のタンスに隠し引き出しがあることを知り、みごとに領収書を見つけた。

また、ストックホルムから50マイル離れた町で、ストックホルムで火災が起こっているのをリアルタイムで霊視。自分の家から三軒目のところで火が消えたことを視た。実に細部にわたって正確に透視していたことがのちに明らかになった。

カントはこのようなスウェーデンボルグの能力に興味をもち、彼の著作『神秘な天体』を購入したという。『純粋理性批判』『実践理性批判』などの批判哲学を完成する前のカント哲学の芽生えが、すでに『視霊者の夢』にあらわれている。

その第二章では、生命現象や道徳感情からしてその存在が推定される非物質的な霊の世界について、また、視霊現象の解明はできるのではないかと示唆《しさ》している。ところが、第三章「反カバラ。霊界との相互関係を廃棄すべき世俗哲学の断片」ではデカルトの機械論を武器にして、視霊現象は大脳神経による夢想ではないかという立場を記している。

結局、カントはどちらの立場にもかたよらず、こういったことを解明する理論そのものを検討しなければならないという結論で終わる。

論理的には証明できないことも、特別な方法で、証明はできないが認識できる可能性があるのだ。

カントによると、「霊魂不滅の証明」「神の存在証明」はできない。しかし、私たちの心に道徳があるということは、神の存在や霊魂の存在が「要請される」と説いている。これを道徳的な「神の存在証明」「霊魂不滅の証明」と解釈する人もいる。

心の中になにか響くものがあると、人は神や霊魂が存在しないとおかしいと感じるのかもしれない。

第5章

神秘思想
驚異の巨人たち

☆病を治すメスメルの「動物磁気」

この章では神秘思想界の巨人たちの驚異のエピソードを見ていこう。

話は18世紀に戻る。フランツ・アントン・メスメル（1734〜1815。図5-1）は、オーストリアの医学者である。ウィーン大学で医学を学び、ウィーンで開業医となった。

図 5-1　メスメル

メスメルが著《あらわ》した論文の題名は『惑星が人体に及ぼす影響』である。

彼はすべての空間に染みわたっている「エーテル」の存在を前提として、天体がエーテルの流れを引き起こすと考えた。万有引力は、宇宙に遍在《へんざい》する微細な粒子《りゅうし》の流体によって伝達されるとする。

さらにエーテルの流れと病気の関係を説いた。身体においてエーテルの流れがよどんでしまうと病気になるというのである。

ある裕福なイギリス貴婦人は胃痙攣《けいれん》の持病をもっていたのだが、いつも磁石《じしゃく》でこれを治療していた。これを知ったメスメルは、自分の患者たちに磁気治療をおこない大きな効果を出したのだった。

メスメルは、磁石とエーテルと身体にはなにか相互関係があると考えた。人体自身が磁気をおびた磁石であると考えた。人間は「動物磁気」を持っている。メスメルが患者の患部に手を当て

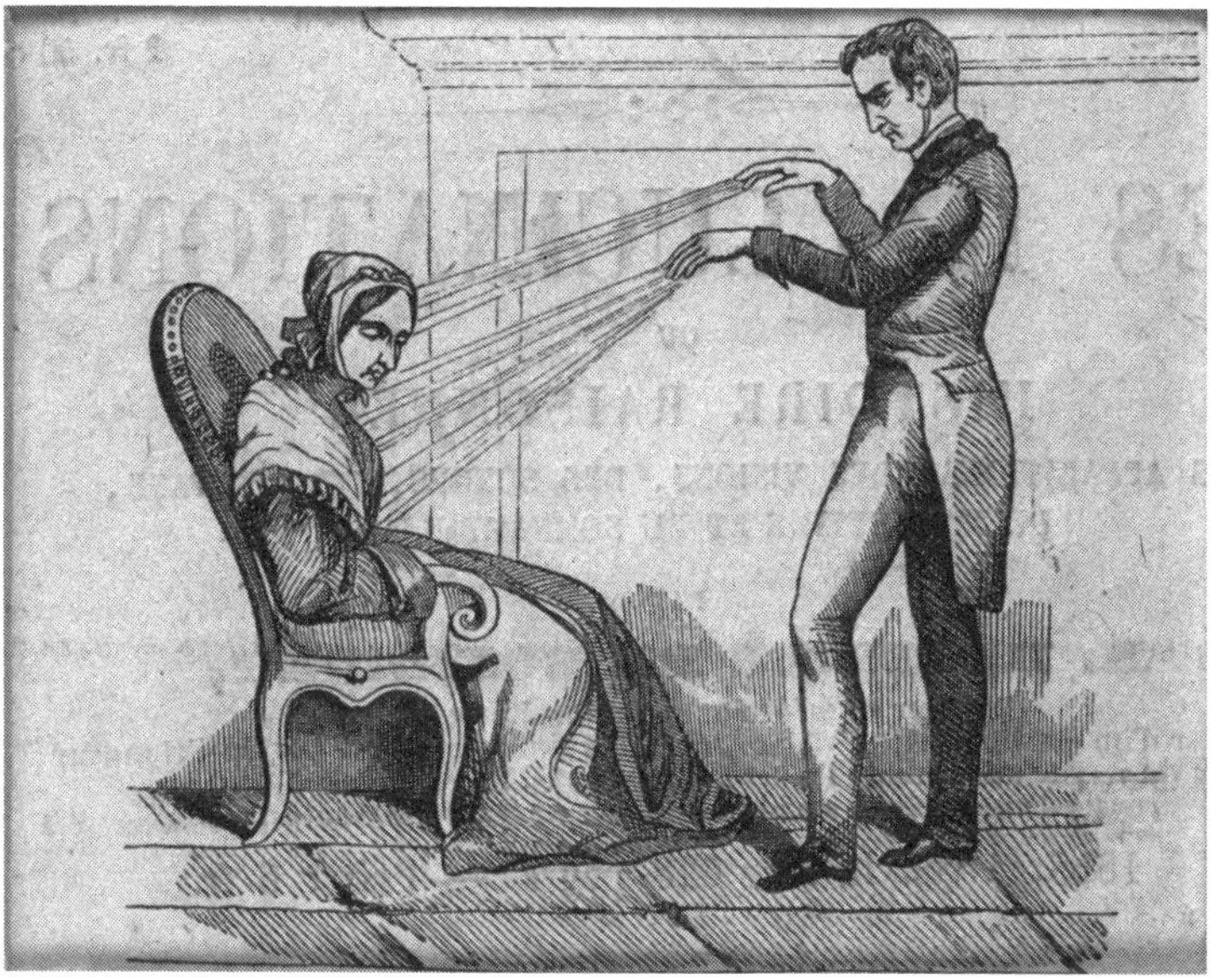

図 5-2　痙攣する女性に動物磁気を使うメスメリズムの施術者

ただけで治ることがあるのは、このためだと考えた。

　ちなみに、手を当てると病気が治癒《ちゆ》する場合もある。日本でも「手当てする」という。これは心理的な面や、手から遠赤外線が出ていて血行がよくなるなどの理由が考えられる。もちろん神秘思想ではそういう野暮《やぼ》なことはいわない。手から、謎の波動が放出されていると考える。

　ある男爵《だんしゃく》が、医者がさじを投げてしまった病《やまい》で悩んでいたところ、メスメルは男爵の手や足を握って治癒させた。

　パリに移ってからの彼のスタイルは癒し系である。治療室に入るとき、彼は紫色のガウンを着ている。雰囲気づくりだろう。手に長い磁石棒を持って、患者へと向けると思ったら、今度はピアノを弾く。患者の男女は列をつくってダンスのようなまねをする。突如《とつじょ》、みな痙攣しはじめる。いまでいう集団催眠である。

しかし、ルイ16世とのいざこざがあって、メスメルの人気は地に落ちてしまう。国王はメスメルにフランスに居つづけてくれるなら年金を与えようと誘った。このとき、医学委員会の調査が入ることが条件だった。メスメルはこれを蹴《け》ったのである。

1784年、化学者ラボアジエ（1743〜94）をはじめとする調査委員会が設置され、メスメルの治療についての真相解明をおこない、結論として動物磁気説は誤りで、なんらかの心理的な現象であるとされた。

メスメルはがっくり。フランス革命後にパリから脱出し、故郷に近いドイツのメールスブルクで晩年を送った。

だがこのメスメリズム（mesmerism）こそは、科学としての催眠《さいみん》現象の端緒《たんしょ》となったのである（図5-2参照）。さらに神秘主義の歴史を大きく塗り替える要因ともなったのだ。

☆社交界で暗躍したサンジェルマン伯とカリオストロ伯

18世紀末のフランス革命前後には、怪人物らが暗躍していた。サンジェルマン伯爵とカリオストロ伯爵だ。

サンジェルマン伯爵（1707頃〜84。図5-3）は、ルイ15世の宮廷に出入りし、社交界で「不死の人」と噂《うわさ》された人物である。本人は、2000年（一説には4000年）以上生きつづけていると主張したらしい。

紀元前からのヨーロッパの歴史を回想して、あたかもその場に居合わせたかのように語り、まわりを驚かせたという。

錬金術の奥義《おうぎ》をきわめ、不老不死のエリクシル（205ページ参照）を飲んでいたという。つまり、「賢者の石」を持っていたのだ。

なにしろ１７８４年頃に死亡し、数年たってからも、たびたび人々に目撃されたというのである。19世紀後半に神智《しんち》学の創始者であるブラヴァツキー夫人（245ページ参照）が、インドでサンジェルマン伯爵に会ったらしい。

となると、そのときまでは、まだ生きていたということになる。

図 5-3　サンジェルマン伯爵

図 5-4　カリオストロ伯爵

一方、カリオストロ伯爵（１７４３〜95。図５-４）は、東方生まれの伝説的な王子アシャラの高貴な血統であると詐称《さしょう》しつつ、あちこちの宮廷に顔を出していた人物だ。彼は錬金術、心霊術などで人々を翻弄《はんろう》したと伝えられている。フリーメーソン（252ページ参照）の高級幹部を自称。「若返り美顔水」などの販売もおこなっていた。
１７８５年、ルイ16世の王妃マリー・アントワネットが巻き込まれた詐欺《さぎ》事件「首飾り事件」に、カリオストロ伯爵も関係してバスティーユに投獄《とうごく》された。

この話は映画『マリー・アントワネットの首飾り』(2001)にくわしい。もちろん、カリオストロ伯爵(俳優はクリストファー・ウォーケン)も登場する。漫画『ベルサイユのばら』(池田理代子作)もおすすめ。

こういう華やかな社交界での話は夢があっていいが、19世紀から、科学の進歩もあいまって、もう古いオカルト的な魔術や神秘的な世界観はちょっと胡散《うさん》くささが否《いな》めなくなっていた。

☆古代魔術師の霊を召喚したエリファス・レヴィ

ところが、人間の世界観の変化に合わせるように、魔術の世界でもパラダイムシフトをおこなった人物がいた。エリファス・レヴィ(1810〜75。図5-5)である。彼は、19世紀末のオカルティズムに、新しいブームを巻き起こしたのだ。なお、オカルティズムとはラテン語occultum(隠されたもの)に由来する語で、「隠秘学《いんぴ》」と訳される(広義に神秘的な内容も含む場合がある)。

エリファス・レヴィは、フランスの神智論者、詩人、作家である。キリスト教の修道士および聖職者コンスタン神父という立場にあったが、著作『自由の聖書』(1841)が異端として断罪される。のちにポーランドの神秘家ヘネ・ヴロンスキーの影響を受け、またスウェーデンボルグ(232ページ参照)などの読書を通じて神秘主義、カバラ思想に没入するようになる。

ユダヤ神秘思想であるカバラの解釈、ピタゴラス思想、占星術や錬金術などカトリック教会が嫌っていた研究を徹底した。

彼は主著『高等魔術の教理と祭儀』（1856。図5-6）で、のちの魔術師たちに感銘《かんめい》を与えた。

この書は、第一部理論編には、カバラ・錬金術・キリスト教などの方向から魔術作業の根底にある原理を記述している。第二部実践編には、魔術の儀式に必要な諸道具や降霊術・呪術・占術《せんじゅつ》などの儀式、道具の使い方などが記されている。

実践編があるくらいだから、本人も降霊術をおこなっている。

1854年、レヴィがロンドンに滞在したとき、古代の魔術師アポロニオスの霊を呼び出したのである。アポロニオスとは、1世紀の新ピタゴラス学派の哲学者にして魔術師である。ローマ皇帝ドミティアヌスの暗殺を千里眼で見たと伝えられている。

図 5-5　エリファス・レヴィ

彼は霊を呼び起こす3週間前から菜食に限定し、魔術実践までの7日間は断食《だんじき》した。こうして万全の準備をととのえ、降霊術を開始したのである。

結果は？　12時間も呪文を唱えたところ、経帷子《きょうかたびら》を着た人物が出現したではないか！

アポロニオスの霊は、レヴィの腕に触れた。腕は数日間麻痺《まひ》してしまったという。レヴィは霊にいくつか質問

図 5-6　ソロモンの深遠なる象徴（『高等魔術の教理と祭儀』、エリファス・レヴィ、1856）

をおこない、答えの中にはカバラの秘密も含まれていたらしい。

さて、本人はこの霊が必ずしもアポロニオスかどうかははっきりしないといっている。これは想像力によるものだとさえ考えている。だったら、幻覚なのかというとそうでもない。

レヴィは、この目でしっかりと見て、この手でしっかりと触れたのであるから、これは魔術的な儀式の真の有効性を実証するに十分なのだと主張している。

☆魔術を科学に変えたパラダイムシフト

はたして、魔術とは単なる主観的な思い込みなのか、それとも実際になんらかの影響を及ぼすのだろうか。

レヴィはメスメルの主張した動物磁気を、物理学者が主張するエーテルと関連づけて「アストラル・ライト」（星気光）という概念をつくりだした。エーテルとは、元来はギリシアの自然学に由来するもので、世界を構成する原質としての土、水、空気、火に対して、天体の世界を構成する原質が「アイテール」と呼ばれた。

ギリシアの世界観では真空を認めない（デモクリトスは認めた）。特にパルメニデス（33ページ参照）が「あるものはある、ないものはない」と主張していた。「ある」と「ない」はまったくことなるものなので、世界は「ある」だけであり「ない」＝真空は認められない。とすれば、何もないように思える空間にも何かが満ちているはずである。それがアイテール、すなわちエーテルである。

図 5-7　エリファス・レヴィによる、魔術の召喚儀式で使用される五芒星（上）と魔法陣

この概念は物理学に引き継がれ、ホイヘンスが「光の波動説」（328ページ参照）を説くことで、波動を支える媒質《ばいしつ》としてのエーテルという概念が現実的な意味合いをもってきた。

世界の隅々《すみずみ》に染みわたっている力。これを利用しない手はない。レヴィは「アストラル・ライト」を意志の力でコントロールすることにより「自然の全能の力を行使すること」ができると考えたのだ。

自分の意志の力で世界を変えていく。魔術の儀式とは、それを通じて魔術師が自分の意志を集中し、方向づけるための道具である。儀式自体にパワーがあるのではなく、人間の内部にパワーがあり、儀式はそれを引き出すためのシステムなのである。

こうして、魔術は意志力を強めて自らを統御する科学として生まれ変わることとなったのだ。

☆ブラヴァツキー夫人の神智学——西洋と東洋の融合

ヘレナ・ペトロヴナ・ブラヴァツキー（１８３１〜91）は、ロシアの女性神秘家である。ウクライナ生まれで、幼い頃から超自然的な能力を発揮し、ニューヨークでヘンリー・スティール・オルコット（１８３２〜１９０７）らとともに、１８７５年、「神智学協会《しんち》」を設立した（図5-8参照）。本部をインドのアディヤール（チェンナイ）に移し仏教の導師の教えを受ける。諸宗教とオカルト的な神秘思想を融合した著書は、のちの神秘思想に大きな影響を与えた。

ブラヴァツキー夫人の思想は、その著『シークレット・ドクトリン』に著《あらわ》されている。この偉大な夫人の活動には驚嘆《きょうたん》すべきものがある。その内容に疑いの目を差し向ける人も多いが、ここ

図 5-8　ブラヴァツキー夫人とオルコット（右）

では思いっきり夫人を信じて、伝えられているままを記しておこう。

彼女は、16歳のときに20歳以上も年上の男と結婚したが、3カ月ほどで男のもとを去って旅に出た。もう出発点から活動的である。ふつうは実家に戻り3日で帰ってくるものだが、ブラヴァツキー夫人は夫を棄《す》てて、世界遍歴《へんれき》20年である。メキシコ、テキサス、インド、チベット、カナダなどを旅しつつ修行したという。

だから、夫人の霊能力は常人とは比較できないほど強かった。

イギリスの作家コリン・ウィルソンの『オカルト』には以下のように記されている。

「ブラヴァツキー夫人が初期におこなった交霊術では、観客は霊が自分たちの財布や腕時計を失敬したのを知って激昂《げっこう》したものである。これが起こったとき、ユーサピア・バラディーノ（霊媒《れいばい》）はしっかりと椅子に縛《しば》りつけられていた」。

１８７５年に神智学協会を設立したブラヴァツキー夫人は、ますますアクティブに活動をはじめた。なにしろ夫人のバックについている指導者の力が尋常ではない。それはブラヴァツキー夫人がチベットで会った「秘密の大師《だいし》」である。

大師はヒマラヤの奥に住んでいる霊的な超人であり、つねに彼女をバックアップしている。さらに大師は空中からメモを物質化させて意志を伝達したり、手紙や電報まで送ってくるのだ。なかなかマメな超能力者である。

神智学によると、死後、人間の魂は高次の精神世界へと向かい、のちに地上に戻って再び人間の生を享《う》ける。これをくり返して、より高度な存在へと成長していくのである。人間の精神的な本質は、物資的な低い本質によって汚染されているので、神的な本質へと純化されなければならない。この純化は、修行によって可能であるという。

彼女の思想は、古代エジプト、キリスト教・仏教・ヒンドゥー教などの宗教や神秘主義思想を融合させたものだった。西洋と東洋の神秘主義が融合され、バランスのとれた体系となっているようだ。

その膨大《ぼうだい》な教義は一言でいい尽くせるものではないが、現在、日本語でわかりやすく読めるものとして、ブラヴァツキー夫人の『シークレット・ドクトリン』を基礎として、その精髄《せいずい》を解説したA・E・パウエル編の『神智学大要』(仲里誠桔訳、出帆新社)がある。内容の真偽《しんぎ》はともかくとして、大変に興味深い教えが記されている。

たとえば、第2巻には、アストラル(霊)力の開発方法や時空を越える霊視について解説されている。アストラル体、メンタル体による飛行も可能であるし、自在にアカシック・レコードを読むこともできるのだ。アストラル体とは一般に、物質としての人体を包む霊的肉体をいう。神智学とシュタイナーの人智学(263ページ参照)ではとらえ方が異なる。

ブラヴァツキー夫人の著作『ヴェールを剝《は》がされたイシス(ヴェールをとったイシス)』には、1400種類の文献から、2000カ所におよぶ剽窃《ひょうせつ》(引用)がなされているという批判がおこった。対して、夫人は「霊が本を差し出してくれる」ので、それから引用したといっている。これは充満するエーテルを通じて、知識的な波動が送られてきたのかもしれない。

また、アカシック・レコードについてはじめて言及したのもブラヴァツキー夫人だったという。

☆大哲学者ベルクソンと心霊研究協会

生《せい》の哲学者アンリ・ベルクソン(1859〜1941。図5-9)は、世界史や現代社会の教科書に登場する。日本ではあまりなじみがないかもしれない。「生の哲学」とは、宇宙全体の「生」は、科学的・合理的な方法だけでとらえられるものではなく、むしろ科学的・合理的に考えれば考えるほど真の姿から遠ざかってしまうと主張する哲学である。だから、もっと人間の感情や欲求などダイナミックな側面から人間のあり方を明らかにしていこうとする立場をとる。

ベルクソンはフランスの生まれ。本家フランスではもう哲学者の中の哲学者、デカルトかベルクソンかといわれているほどのえらい人である。１９２７年にはノーベル文学賞も受賞している。

明治から大正時代にかけての哲学者西田幾多郎《にしだきたろう》は、ベルクソンこそが史上最高の哲学者である、と絶賛している。何がそんなにすごいのかというと、ベルクソンはかつて誰も考えなかったような時間論を展開したのである。

時間と空間はどちらがリアリティをもっているかと聞かれたら、たいていの人は空間と答えるだろう。時間は希薄な感じを受ける。ともすると、時間は人間が勝手に感じていることのようにも思える。しかしベルクソンは、時間こそが究極の実在であることを激しく示すのである。

私たちはしばしば時間を数直線上で表現し、また、時計においては円を分割して時間をはかる。ところが、ベルクソンは、数直線や時計は時間を表現していると思いきや、じつは空間を表現しているというのである。

たしかに、数直線上の過去と未来は紙の上に書かれた空間だし、時計の針もまた空間を移動している。単なる場所の移動なのである。

では、時間とはなんなのだろうか？　彼はメロディを例にあげて、真の時間がなんなのかを説明する。メロディは瞬間ごとに消えていくが、しかしその消え去った過去の全体を包みながら一つのつながりを感じさせる。

いま、「この瞬間でありかつ全体」なのだ。そこには、空間で表現したブツ切れの時間ではなく、相互浸透《しんとう》する時間がある。ベルクソンはこれを「純粋持続」と呼んだ。

「純粋持続」は直観《ちょっかん》（言語や記号による論理的思考によらないで成立する直接の了解）によってピーンとわかるものだから、決して知性によって分析はできない。なのに、私たちには空間化された間違った時間のとらえ方をしている。

図 5-9　ベルクソン

こういった分析は記憶についてもいえる。ベルクソンは「私は薔薇《ばら》の香そのもののうちに幼時の思い出を嗅《か》ぐのであって、香は私にとっては思い出のすべてである」という。とするなら、このような分析不可能な精神性が、空間的な脳の中に収まることは不可能である。脳の働きから精神が生まれてくるのではないのだ。では、脳はなんの役割をしているのか？

たとえば精神の働きとしての記憶を考えてみよう。現代の脳科学とは異なり、ベルクソンは、記憶が物質として、大脳の一部分に「局在」し「蓄えられる」とはいえないとした。まして、記憶が大脳という物質の派生的な随伴現象とは考えられない。むしろ、大脳は「物質と記憶を転換する」場所である。なんと、脳は通信会社と同じ仕事をしているというのだ。ベルクソンによると脳は「中央電話交換局」の役割をしているのであって、さまざまな世界の現れ（イマージュ。ベルクソンの概念）を選択する機関にすぎないのである。これは人間の心と体の関係を考える「心身問題」という哲学のジャンルでもある。

ベルクソンは、１９１３年5月28日、ロンドンの心霊研究協会での講演で以下のように述べている。

「心霊科学に対する過去にあった偏見、そして今日でも多くのひとが抱いている偏見はどのように説明されるでしょうか。たしかに、みなさんがなさっているような研究を《科学の名において》非難するのは、特に中途半端な学者たちです。……

われわれが、有機体を超える意識というこの考え方に慣れてくるにつれて、魂が身体が死んだあとも存在することが自然だと思うようになるでしょう。たしかに、もしも精神が脳の厳密な意識と身体と運命を共にし、身体といっしょに死ぬことを認めることができるとしても、あらゆるシステムとは無関係に事実を研究すると、われわれは逆に、精神の生が脳の生よりもはるかに大きいものだと考えるようになります。精神が身体の死後にも存在する蓋然《がいぜん》性が高くなるので、その立証の責任はこの考え方を認めるひとよりも、否定するひとのものになるでしょう」

（『精神のエネルギー』宇波彰訳、第三文明社）

心霊研究協会での講演だから、多少はよいしょが入っているにしても、ベルクソンは明らかに霊が存在するのではないか、それは自分の哲学理論と矛盾《むじゅん》しないのだと講演している。

心霊研究協会は、心霊現象の客観的研究を目的に１８８２年、イギリスで設立され、現在も続く団体である。ケンブリッジ大学哲学教授ら指導的な心霊主義者が推進し、ベルクソンも会長に就任している。作家のコナン・ドイルも有力な支持者であった。

ところで、ベルクソンには妹がいた。ミナ・ベルクソンである。彼女は「ヴェスティギア（Vestigia Nulla Retrorsum）」という魔法名をもっていた。

☆ヨーロッパ魔術界を席巻した「黄金の夜明け団」

18世紀初頭のロンドンで、世界主義的、人道主義的友愛団体が組織された。有名な「フリーメーソン」である。組織はフリーメーソンリーと呼ばれ、その会員をフリーメーソンという。中世の石工組合（ギルド）を起源とする組織だが、しだいに思弁的・神秘的要素が混入し、カトリックからは危険視され、秘密結社化した。

そして時は過ぎ、19世紀末。ロンドンで魔術の歴史を塗りかえる大きな動きがはじまろうとしていた。

医学博士かつスコットランドヤード（ロンドン警視庁）の検視官であるW・W・ウェストコット（図5-10）には、もう一つの顔があった。魔術研究家である。それもフリーメーソンリー系の英国薔薇十字協会のトップ・メンバーだったのだ。

あるとき、友人から送られてきた暗号で書かれた謎の文書を解読した彼は、そこに恐るべきものを見た。それは、ドイツの秘密結社「ゴールデン・ドーン」に関する文書だった。

ウェストコットは、この結社と連絡をとり、イギリスの魔術結社「黄金の夜明け団」（ゴールデン・ドーン、略称G.D.）」を立ち上げた。ヨーロッパの魔術界を席巻した秘密結社の誕生である。

ウェストコットは、ブラヴァツキー夫人の神智学協会が東洋の秘教を重視していたのに対抗して、純粋な西洋の神秘学結社をつくろうと意図していた。そこで、カバラなどの秘儀とフリーメーソンの組織形式を援用して、黄金の夜明け団の位階制度（生命の樹に対応させたもの）を整備していった（図5-11参照）。

メンバーは、ウェストコットにW・R・ウッドマン、マグレガー・メイザースを加えた３人からはじまった。このメイザースの夫人が哲学者ベルクソンの妹、ミナ・ベルクソン（結婚後はモイナ・メイザース）である。

彼らは、大英博物館などに眠っているエジプト魔術、錬金術、占星術など古代密儀のテキストを解読し、西洋魔術の秘法を復活させていくという活動をおこなった。そういう意味では、古典文献学的な研究の同好会的な組織だったといえよう。アイルランドの詩人・劇作家イェーツも入会し、カバラの教義、占星術、降霊術の研究に熱中した。

図 5-10　ウェストコット

イギリスの黄金の夜明け団は、ドイツの本部に存在する「秘密の首領」の指示を受けて活動することになっていた。「秘密の首領」は生身の人間であるが、活動は星幽界（アストラル界）でおこなわれており、稲妻のようなパワーを秘めた超人であるという。

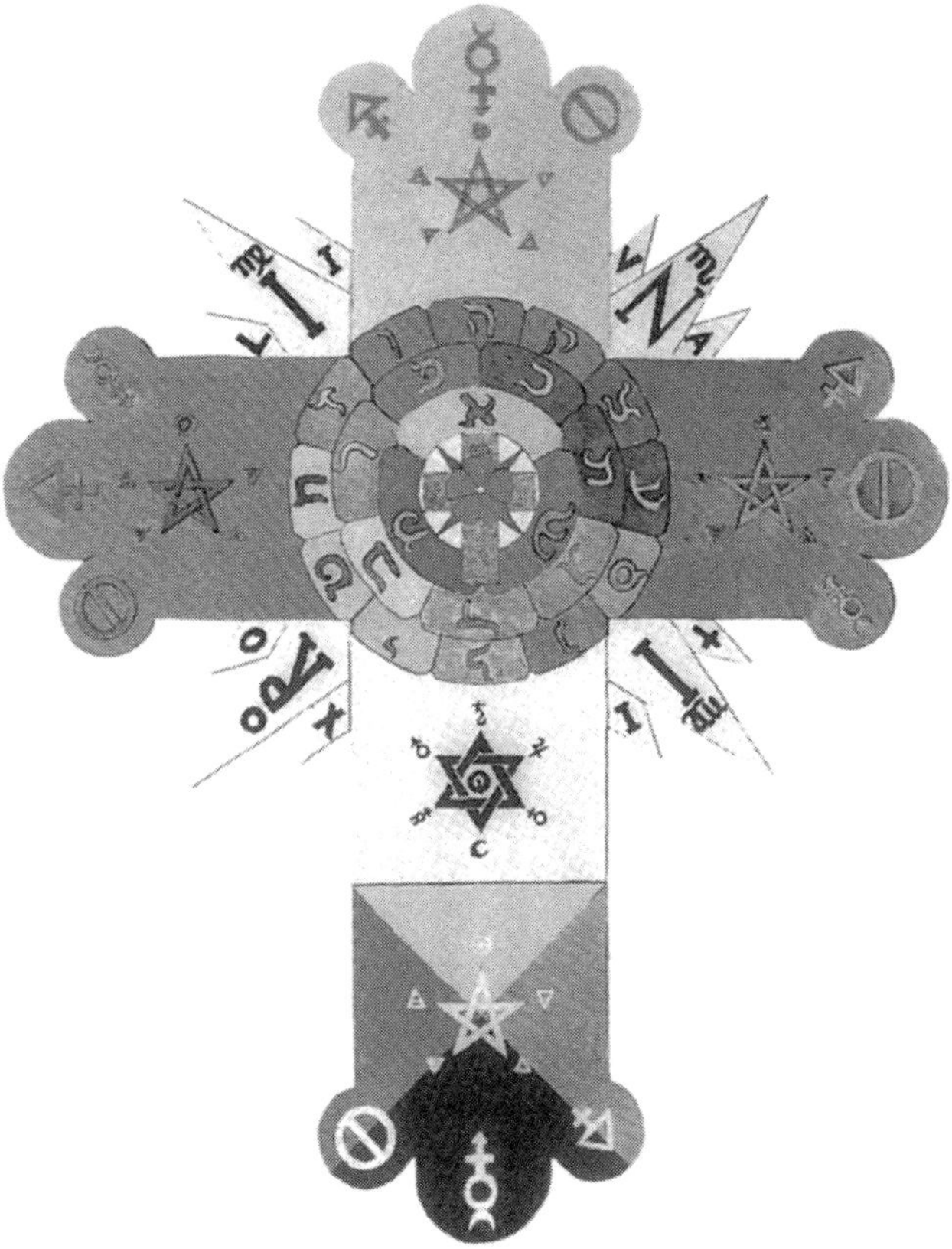

図 5-11　黄金の夜明け団の薔薇十字。本格的な魔術修行のイニシエーションで使われた。
裏に、参入者に与えられた魔法名が記されている

図 5-12　エジプト密儀の大祭司に扮したマグレガー・メイザース（左）とイシスの儀式姿の妻モイナ

なぜか、2年ほどでウェストコットへの「秘密の首領」からの連絡は絶ちきられることになる。もう独り立ちしてもいいだろうということなのだ（諸説あり）。

一方、メイザースと妻のモイナ（図5-12）は、この「秘密の首領」と接触を果たすのである。その方法は、霊感的なものによるものらしい。

こうして、メイザースが教団の主導権を握り、結局は創始者のウェストコットは組織から追いやられてしまったという。

このメイザースに従って、アレイスター・クロウリー（256ページ参照）が、黄金の夜明け団に参入する。この人物こそ、20世紀魔術の巨人であり「獣《けもの》」と呼ばれた有名人だ。

だが、二人は徐々に仲違いしはじめ、魔術バトルをおこないはじめるほどになってしまった。師匠と弟子の闘いだ。

伝えられるところによると、メイザースはクロウリーを誘惑するために、若い美女の吸血鬼を送り込んできた。しかし、クロウリーは魔術で反撃したところ、女の髪は真っ白になり、皮膚はしわしわで、目もどんよりし、60歳くらいの老女に変身。ブツブツと呪いの言葉をはきながら、腰を曲げて帰っていったそうな。

メイザースの攻撃はやまない。魔力でクロウリーの大型犬ブラッドハウンドの群れを殺してしまった。怒ったクロウリーは、ベルゼブブ（「蝿の王」、悪魔の名称）と49人の従者を召喚し、メイザースの本部であるパリへと追わせた。

1900年、メイザースとクロウリーは除名され、組織も分裂してしまい、黄金の夜明け団の歴史は閉じたのである。

いろいろと問題のあった黄金の夜明け団だったが、大英博物館の多数の魔術書を翻訳し、各地から資料を集めて復刻・整理したメイザースの働きは、のちの神秘文化に大きく貢献するものとなった。

☆20世紀最大の魔術師クロウリー——自己啓発としての魔術

アレイスター・クロウリー（1875〜1947。図5-13）は20世紀最大の魔術師といわれるが、その素行《そこう》については、あまり評判がよくない。性魔術、麻薬中毒などの醜聞《しゅうぶん》が尽きないのだ。

本人も「まだ10代に届かぬ頃から、私は自分が666という数字を背負った『野獣』であるとすでに気づいていた」と語っている。666は『新約聖書』「黙示録《もくしろく》」に記されている獣の数字だった。

しかし、日常の行動は別として、クロウリーの著作を読んでみると、なんとまあ真面目な人なのだろうかとびっくりする。また、この人の魔術観がよくわかる。

ふつう、魔術というと人に呪《のろ》いをかけて殺したりするものだと敬遠しがちだが、じつはもっとポジティブで、一般の社会に十分に通用する一種の自己啓発システムなのである。

クロウリーの『魔術 理論と実践』から引いてみよう。

《定義》
《魔術》とは〈意志〉に従って〈変化〉を起こす〈科学〉であり〈業《わざ》〉である。

（例：自分が知っている何らかの事実を〈世界〉に知らしめることが私の意志である。従って私は、「魔術の武器」としてペンとインクと紙を執り、「具現」―この文章―を「魔術の言語」―私が教示を与えたいと願う人々が理解できる言葉―で記すのである。そして、印刷屋、出版社、書店といった「霊」を私は召喚し、人々に私のメッセージを伝えるよう霊に強要することになる。かくして、本書の著述と配布は《魔術》の行為であり、これによって私は自らの〈意志〉に従いつつ〈変化〉を起こすのである）

《一般原理》の一部にはこうある。

図 5-13　アレイスター・クロウリー

（一）すべての意図的な行為は〈魔術的行為〉である。

（六）「すべての男女は星である」。すなわち、本質的に人間は皆、自己本来の性格と運動とを有する独立した個なのである。

（九）自らの〈真の意志〉をおこなっている人には、〈宇宙〉の惰力《だりょく》という味方がいる。

それぞれの人が、個性を大切にして、自分の本当の気持ちに素直になり、意志をもって自分を変えることを望めば、宇宙の力が働くという感じだろうか。まだまだ現代科学では解明できない原理がいつかは明らかになるだろう。もしかしたら、魔術の原理もわかるときがくるかもしれない。

（十四）人間は自らが知覚するいかなるものにもなることができ、またそれを利用することができる。なぜなら、人間が知覚するものすべて、ある意味では、人間存在の一部だからである。それゆえに人間は、自らが意識している〈宇宙〉全体を個人的な〈意志〉に従属させることもできよう。

（十八）人は自ら〈宇宙〉の力を収めるにふさわしい容器となり、それとのつながりを確立し、その力が自分の方へ向かって流れて来るような性質を付与する条件を整えれば、〈宇宙〉のいかなる力をも自分の方へ引き寄せることができる。

もちろんビジネスにおける積極的思考（ポジティブ・シンキング）と魔術では、外見的にも違うが、思想的にはまったくの無関係ではないようだ。「なりたい自分になれる」、これがクロウリーと現代の自己啓発に共通するものだろう。両者をつなげるキーワードは「潜在意識」であると考えられる。これについては第6章で検討してみよう。

ともあれ、クロウリーの『魔術 理論と実践』は、日常生活をいとなむ現代人が表立っておこなうには難しいだろう。理論を理解して自己コントロール法に応用するといいかもしれない。

１９０４年4月のこと、クロウリーは妻（前年に結婚）のローズをともなって、ハネムーンの最中であったが、エジプトのカイロで奇妙な出来事が起こった。ローズに「エイワス」（クロウリーの守護天使という地球外知性体）が乗り移り、彼に教えを書き取らせた。これは『法の書』（図5-14）としてまとめられた。

そこには、クロウリーの中心的な格率《かくりつ》となる言葉が与えられていた。

「汝《なんじ》の意志するところをおこなえ。これこそ〈法〉のすべてとならん」

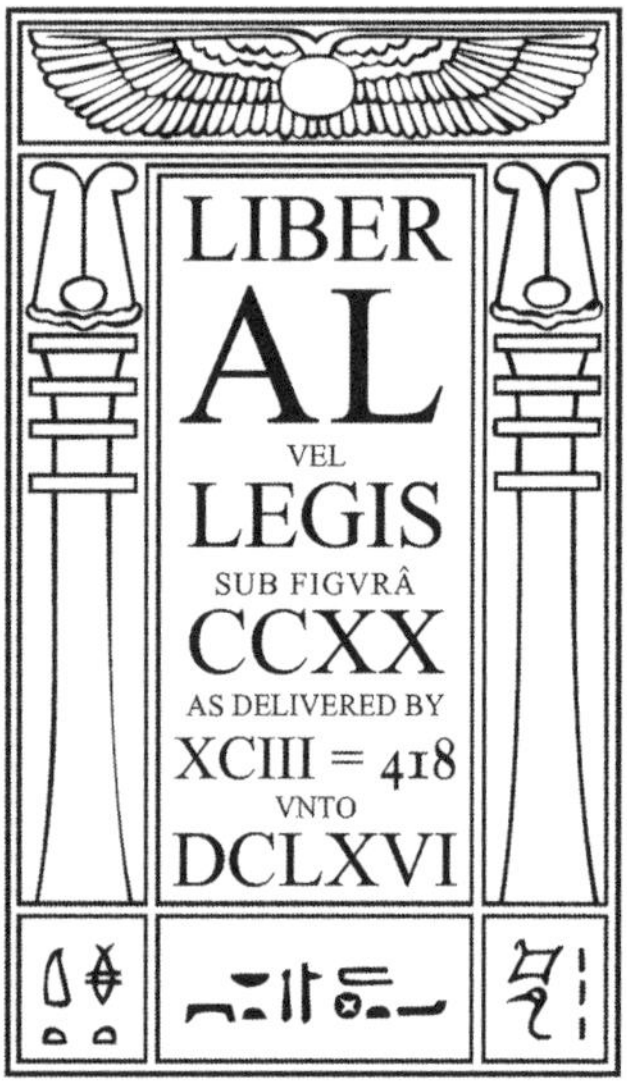

図 5-14　クロウリーの『法の書』

もちろん、これは自分勝手になんでもやってよいという意味ではない。魔術の伝統である大宇宙と小宇宙の合一の中でこその境地だといえるだろう。個人が意志の力（魔術）で潜在意識下の真の意志に目覚め、新たな時代を切り開くこと、これがクロウリーのいう「法《テレマ》」である。

このクロウリーをモデルに、作家サマセット・モームは『魔術師』（１９０８）という小説を書いている。

☆二つの世界を生きた神秘思想家シュタイナー

いま、シュタイナー教育がブームである。子供の自主性を尊重し、個性をのばす教育として注目を集めている。シュタイナー教育は１９１９年、哲学者・神秘思想家ルドルフ・シュタイナーによって設立されたヴァルドルフ学校が起源である。

日本では、神奈川県相模原市に学校法人シュタイナー学園の初等部・中等部と高等部がある。ここではどのような教育がおこなわれているのだろうか。

シュタイナー教育では「エポック授業」というシステムに特徴がある。午前中の約2時間を使って、毎日同じ科目を学習する。それも３週間前後続けてこれをおこなうというのである。算数・算数、次の日算数・算数……という感じだ。

一つの科目にどっぷり浸《ひた》る学習法である。勉強はつながりが大切だから、短期間で集中することによって全体像がよくわかるし、理解も深まることになるだろう。

シュタイナー教育では、通常の授業がこのサイクルなので、生徒の集中度はひときわ深いものがあるらしい。また、小中高12年間一貫教育制なのだという。同じ先生が12年間もみてくれるなら、一人一人の生徒に目がいきわたるだろう。ほかにも、フォルメンやオイリュトミーといったシュタイナー学園独自の教科や、演劇、音楽、園芸など感覚や体験を重視する授業をおこなっているそうだ。

シュタイナーは、ウィーン大学で学び全課程を修了した後、ユダヤ人実業家の家に家庭教師として住み込みをした時期があった。そこには10歳になる子供がいたが、彼は集中力を欠き、読み書きもできなかったという。

ところが、シュタイナーは精神的な力によって肉体を変化させられるという考えに基づき、この子を熱心に教育し、２年間で小学校の授業に追いつかせることができた。そしてなんと、彼は大人になってから、医者になったのである。すでに彼の青年期にシュタイナー教育の源泉がみられる。

「教育は芸術である」と提唱・実践したルドルフ・シュタイナーとは、どのような人物なのだろうか。じつはシュタイナー教育以上に知られていないのである。

図 5-15　シュタイナー

ルドルフ・シュタイナー（1861～1925。図5-15）は、オーストリア・ハンガリー帝国領内の村で生まれた。不思議なことに、シュタイナーは8歳の頃から二つの世界に生きていたという。一つは私たちがふだん目にしている物質の世界。もう一つは物理的な接触ができないのだが、はっきりと存在する見えない世界である。

シュタイナーの悩みは、もう一つの世界を説明してくれる人がいなかったことだが、同じく8歳のとき、幾何学《きか》の本に出会い、そこからヒントが得られたという。幾何学は現実の世界を抽象化したそれ自身の法則性をもっている。これに没頭《ぼっとう》したらしい。

幾何学と見えない世界は共通性がある。シュタイナーはそう感じたというのだ。

実業中等学校（15～17歳のとき）、カントの『純粋理性批判』に傾倒した。カントの哲学では、現象界とその奥にある認識不可能な「物自体」の領域とに分ける（231ページ参照）。これこそが目に見える自然界と見えない世界とを説明しているとシュタイナーは考えた。彼には超能力で「物自体」と接触していたのだろうか？

1883年から『ゲーテ自然科学著作集』の編纂《へんさん》にたずさわるなど、著作やその他の活動にいそしみつつ、もう一つの世界、つまり霊的世界への彼の関心は強まっていった。

☆「アカシャ年代記」――シュタイナーが霊視した宇宙創造

あるとき、あのブラヴァツキー夫人の神智学協会での講演をすることになり、そこで熱心な聴講者たちを得た。これを機にシュタイナーは神智学協会に身をおいて、自由に話す立場を得たのだった。講演を続けるうちに、シュタイナーの名声は大きく広がって、各地に神智学協会の拠点ができた。

しかし、徐々に神智学協会と袂《たもと》を分かつことになる。理由は複雑だが、神智学は東洋の思想を取り入れているが、シュタイナーは西洋のオカルティズムを中心にするべきだと考えたようだ。

1913年、シュタイナー独自の「人智《じんち》学協会」第1回総会が開かれた。人智学の智とは神の知恵であり、これは神の恩寵《おんちょう》のもとで、人間が思考しつつ、高次の神的な知恵に到達することをめざす道である。人間の精神もまた、物質の次元から生成・発展して、高次の霊的世界に達することができると考える。

ここで人智学について詳細に紹介する余裕はないが、なんといってもシュタイナーの膨大《ぼうだい》な霊的体系は圧巻である。

まず、人間の体は物質だけでは説明がつかない。じつは、人間を構成している要素は4つである。「物質体」「エーテル体」「アストラル体」「自我」である（図5-16）。

物質体は肉体である。それは純物質としての肉体であり、死体となんらかわりはない。ここに「エーテル体」が重なることで有機体としての生命をもつのである。肉体は年を追うごとに老化

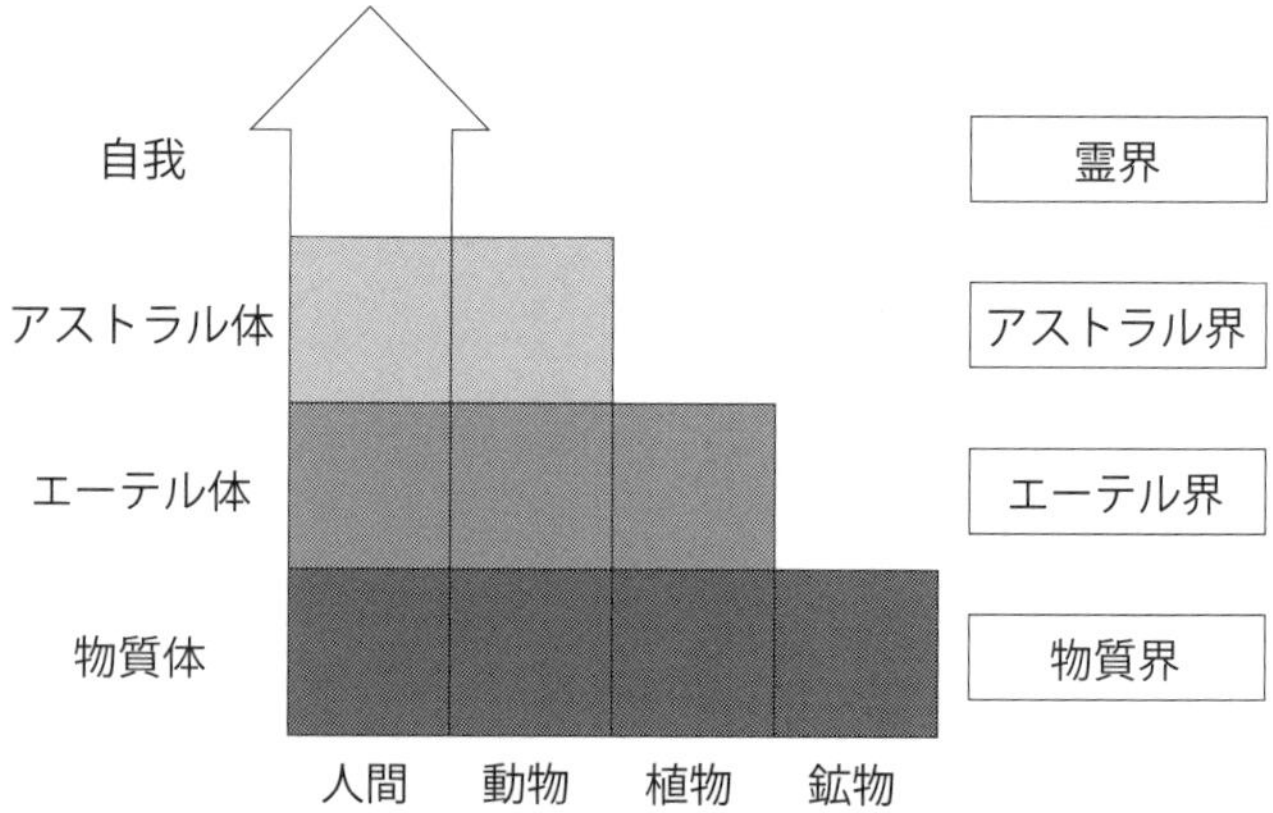

図 5-16　人間を構成する４つの要素と対応

していくが、エーテル体はこの逆の方向をとる。人が生まれたときに年老いており、年を経るにしたがって若返っていくのである。

「アストラル体」は意識の担《にな》い手であって、神経組織にその体的な表現が見られる。動物もアストラル体はもっているという。しかし、「自我」をもつのは人間だけである。この四拍子そろっているのが人間なのである。鉱物は物質体、植物は物質体＋エーテル体、動物は物質体＋エーテル体＋アストラル体、人間は物質体＋エーテル体＋アストラル体＋自我ということになる。

臨死体験などは、物質体から生命エネルギーであるエーテル体・アストラル体・自我がスッと抜けて戻ってきた状態なのである。

というわけで、人間は死んでも本体のエーテル体・アストラル体・自我は残る。だから輪廻もする。死んで生まれ変わってとくり返すうちに、より高次の意識体へと成長していくのである。

さて、アストラル体の話もすごいが、もっとぶっ飛ぶ教えが、『アカシャ年代記』である。あのブラヴァツキー夫人も覗《のぞ》いたであろうと思われる「アカシック・レコード」（220ページ参照）を、シュタイナーはより鮮明に霊視し、これを体系づけるのである。

人智学によると、『旧約聖書』の「創世記」に記された天地創造は、最初の創造を表現しているのではない。創世記以前の時代があったというのだ。『旧約』の天地創造は現在私たちが生きているこの宇宙の創造の話だが、それ以前からもっと別な宇宙が存在した。闇から一つの宇宙が生じ、また消え去っていき、そしてまた生まれ……とくり返していく。これらの宇宙の歴史は、過去・現在・未来も含め、すべてアカシック・レコードに記されているのだ。これが『アカシャ年代記』である（図５-17参照）。

宇宙の歴史は土星紀、太陽紀、月紀、地球紀、木星紀、金星紀、ヴァルカン星紀となっている。私たちが生きている時代は地球紀であるから、４つめの宇宙である。

土星紀においては、地球は現在の土星の軌道と同じ大きさの天体だった。このときの人間は肉体だけである。エーテル体、アストラル体もない。土星紀が無に消え去ったあと、太陽がまだ惑星であった時代に移る。太陽紀である。

このとき、人間にエーテル体が重なったので、鉱物の意識から植物の意識へと進んだ。さらに太陽と月が分離した月紀において、人間にアストラル体が与えられた。人間は夢の意識に進んだ。ちなみに、睡眠状態のときは、アストラル体が物質体から抜けている。だから、物質に制約

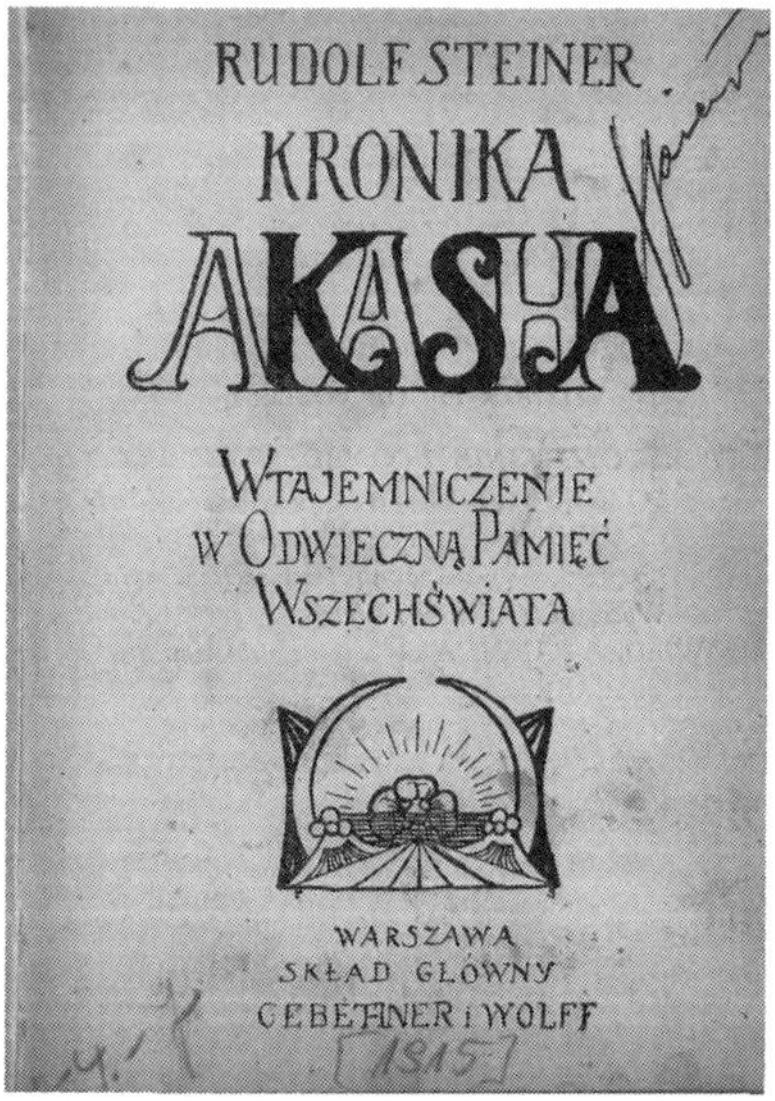

図 5-17 『アカシャ年代記より』（ポーランド語版）

されない自由な夢を見るのである。

さて、私たちの地球紀においては、自我が与えられたので、こうして本を読んだりもできるわけである。

未来はどうなるのだろうか。木星紀には霊我にめざめ、金星紀には生命霊に、そしてヴァルカン星紀には、霊人へと進化するのである。

ところで地球紀は1～7周に区分され、いまは4周である。その4周は「ポラール時代」「ヒュペルボレイオス時代」「レムリア時代」「アトランティス時代」「後アトランティス時代」「第六根幹時代」「第七根幹時代」と区分され、現在は「後アトランティス時代」である（あまり深く考え込まないほうがよいだろう）。

「後アトランティス時代」はB．C．7227～A．D．7893年までを7分割したもので区分され、現在は1413～3573年の幅に入っている。

つまり、私たちが生きている時代は「地球紀・第4周・後アトランティス時代・第5文化期（1413～3573年）」ということになる。

どうしてそんなことがわかるのかといわれたらこう答えるしかない。

「アカシック・レコードに記録されているから」

これは比喩《ひゆ》や象徴とかではないのだ。本当に宇宙がこのような歴史をたどっているとシュタイナーは語っている。

☆アトランティス大陸を透視したエドガー・ケイシー

プラトンは理性的・論理的な哲学を展開した人物だが、たまに、寓話《ぐうわ》を用いることがある。その一つにアトランティス大陸の伝説がある。

アトランティスとはプラトンの対話篇『ティマイオス』『クリティアス』のなかに語られている伝説の島である（図5−18）。

場所は、ジブラルタル海峡の西の大西洋（Atlantic ocean）である。海神ポセイドンとアトランティス王らが支配していたとされる。

大繁栄していたこの王国は、地震と洪水により一日一夜にして海中に没したという。

『ティマイオス』では、アテネの政治家・詩人ソロンがエジプトを旅行したときに、土地の神官から得た情報をもとにアトランティスの様子が語られている。アトランティスは小アジアとリビアをあわせたよりも大きく、当時のおよそ９０００年前、そこを中心に文明が繁栄していたらしい。『クリティアス』では、アトランティスを理想の国家として褒《ほ》め称《たた》えている。

このアトランティス伝説は、アトランティス人の子孫が発見されるコナン・ドイルの『マラ

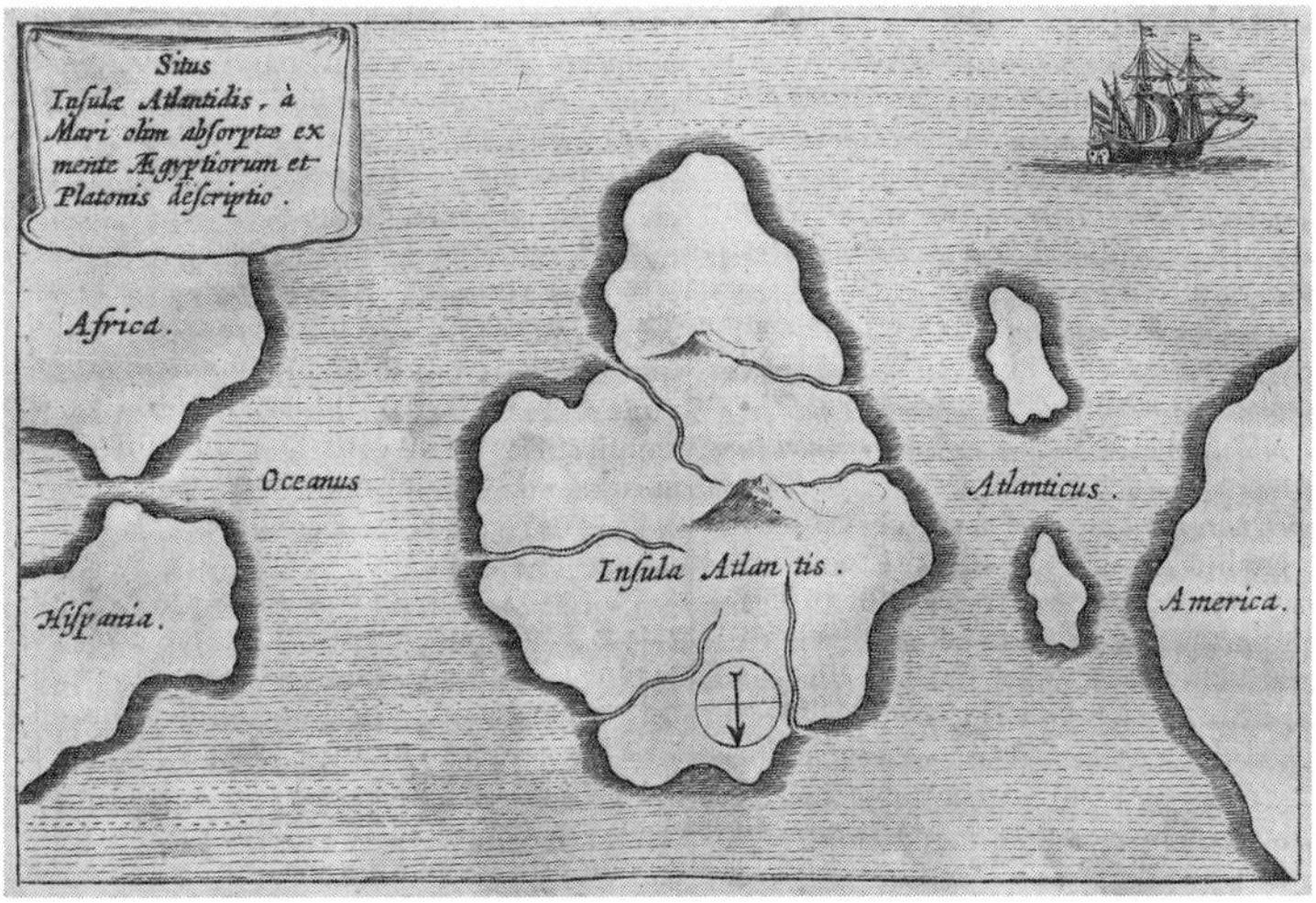

図5-18　大西洋の中央にアトランティス大陸が描かれた古地図。上が南で、右側がアメリカ、東側がアフリカ（アタナシウス・キルヒャー、1699）

コット深海』（１９２７）、海底でアトランティスの遺跡が発見されるというジュール・ベルヌの『海底二万里』（１８６９〜70）など、ＳＦのヒントとして使われている。

プラトンの説いたアトランティス大陸については なんの神秘性もない。だが、アトランティス大陸について神秘の世界ではなぜか、アトランティス大陸についての話題で盛り上がってしまうのである。ほかに、レムリア大陸、ムー大陸などがある。

そこには、超能力者・神秘思想家たちが大きな役割を果たしているのだ。

まず、ブラヴァツキー夫人、そして、ルドルフ・シュタイナーらがこのアトランティスについてふれている。ここでは、予言者であり透視能力者のエドガー・ケイシーについてみてみよう。

エドガー・ケイシー（１８７７〜１９４５。図5-19）は、アメリカ・ケンタッキー州のホプキンスビルという小さな町で生まれた。ケイシーが15歳のときのこと、学校の校庭で野球をしているときに、運悪くボールがケイシーの尾てい骨に当たってしまった。父親は彼をベッドで眠らせたのだが、その昏睡《こんすい》状態の中で不思議な現象が起こった。

なんと、昏睡しているはずのケイシーが、自分の怪我《けが》の治療法について語り出したのである。

「この人を救うには、特別の薬草パップをつくって後頭部に貼ることである」

驚く両親に向かって、眠ったままのケイシーは、薬草の名前とパップのつくり方をくわしく指導した。そして、両親がそれを実行して後頭部に貼りつけたおかげで、無事に回復したのである。

これが有名な「ケーシー・リーディング」の序章であった。のちにケイシーみずからが昏睡状態になって、その潜在意識から、医者も見捨てたような依頼者の難病を治療する方法を次々とリーディングしていくという超能力を発揮するようになった。

図 5-19　エドガー・ケイシー

あるとき、ケイシーが依頼者の過去世をリーディングしていたところ、多くの人たちがアトランティス大陸と関係していることがわかってきた。

ケイシーの見たアトランティスとはどのような世界だったのか。そこには驚くべきリーディングが示されていた。なんと人類は１０００万年前から地球に存在していた（考古学では約７００万年から約６８０万年前のサヘラントロプス・チャデンシスが最古の人類とされている）。

アトランティス大陸で文明が発展した頃は、人間は肉体をもっていなかった。やがて、自分たちの想念によって肉体をもつようになり、男女に分化したのである。

アトランティスでは、現代の技術を凌駕《りょうが》する科学文明が発達したため、それが暴走して自滅の道をたどったという。この文明には、クリスタルを使った発電所が存在していた。神秘の世界では、「オリハルコン」と呼ばれることがある。プラトンの著『クリティアス』にもオリハルコンが記述されている。

ケイシーの説では紀元前2万8000年頃に、これが原因となった事故で大崩壊がおこり、最終的にアトランティス大陸は沈没したという。

☆予言者ジーン・ディクソンが語る未来

ケイシーはその透視能力で多くの予言を残している。たとえば1936年〜のスペイン内乱、日中の紛争（日中戦争は1937年〜）、ヒトラーのラインラント進駐（1936年）などを的中させている。

ケイシーの日本の予言がずば抜けていた。「日本の大部分は海中に沈む」「これらのことは、1958年から1998年の間にはじまり……」と予言している。少なくとも1998年には、沈んでいるか沈みはじめていなければならない。

もちろんこの予言は外れたが、「これはバブル崩壊を意味していた」と指摘する人もいる。1

989年（平成元）12月29日の大納会に、日経平均株価は、終値《おわりね》の最高値3万8915円87銭を付けたのをピークに、翌1990年（平成2年）1月から暴落。平成不況への大沈没がはじまった。

ヴィジョンだから、比喩《ひゆ》的に表現されることもあるというのだが……。

ちなみに、ケイシーは先述した「アカシック・レコード」を読んで過去や未来を透視したという。

同じく予言者でいえば、1980年代のオカルトブームの頃、ジーン・ディクソンの予言が流行っていた。彼女は、63年のケネディ大統領暗殺をズバリ的中させたアメリカの予言者として有名である。

その彼女が未来を予言していた。

「2005年までに共産中国は経済的にも政治的にも安定し、着実に《偉大なる征服者》となるに十分な力をたくわえます」

「この年、共産中国はロシアへ進軍し、ロシアの北部地域を大部分征服するでしょう。この侵略はフィンランド、ノルウェー、スウェーデン、デンマークまでおよび、ドイツの国境で止まります」と続いている。

2005年という年代は外れているが、これは予言の性質上、仕方のないものとされている。預言者にはヴィジョンが見えるが、未来は変化していくのでズバリとは当たらない。ただ、おおよそ当たるらしい。

この先、中国がロシアを征服し、その周辺の国々を支配するのかどうかはまったくの謎だ。

第6章

現代のスピリチュアル思想

――量子力学と引き寄せの法則

☆フロイトによる「無意識」の発見

20世紀の初め、オーストリアの精神分析医ジグムント・フロイト（1856〜1939。図6-1）は、夢の研究や神経症の治療をおこなうなかで、人間の心の奥底に「無意識」の領域が存在していることを発見した。「深層心理学」のはじまりだ。

深層心理学は、意識に対して無意識の働きが大きな位置を占めると考える心理学である。

フロイトは、人格（パーソナリティー）は、「エス（ラテン語で「イド」）」「自我（エゴ）」「超自我（スーパー・エゴ）」の3つの領域からなると考えた。

「エス」は無意識の領域であり、これは個人の本能的エネルギーの貯蔵所とされる。この領域は快楽原則に従う。つまり、快を求め不快を避けるのだ。だから、小児的であるし、非道徳的・非論理的だから、ある意味で野獣そのものである。

一方、「自我」はご存じのように意識的である。道徳的・論理的であって、快楽原則に従うエスを、現実原則に従って押さえようとする。食べたいけど（エス）、ダイエットしよう（自我）という感じ。「自我」は社会に適応させようと働く。

では、「超自我」とは何なのだろうか。一言で表現すれば「良心」のことである。これは親のしつけによって「自我」の中に形成される特別な領域だ。わかりやすくいえば、親の一部が頭の中に入っているのである。「〜してはならない」「〜であれ」「〜しなくてはならぬ」などの禁止や命令の役割である。

「エス」に従っていたら動物と同じだし、かといって「超自我」に従ってばかりいたら精神に負担がかかることがある。そこで、「自我」はこれをうまい具合に調整し、調和させる。ということは、「自我」が未熟だと野獣と化したり、若年寄みたいになったりして偏《かたよ》りが生じるというわけだ。

フロイトの思想も時期によって変化がみられるが、後期になると「エス」の背後に自己保存本能、種族保存本能、自我本能、性本能のすべてを含むという結論に達し、生の本能の代表を性的衝動とした。

この性エネルギーは「リビドー」と名づけられた。人間の行動の根源はすべて性的なエネルギーが関与しているわけで、もしこれが社会生活の中で適応できずにねじ曲げられると、さまざまなノイローゼ（神経症）が生じる。

だから、無意識的なトラウマ（心的外傷）を意識化して自我がコントロールできるようにしてやれば、ノイローゼは治るというのである。

図 6-1　フロイト

ところで、「エス」「自我」「超自我」は脳に局在しているわけではないから、脳の解剖《かいぼう》をしてみても見つからない。同じく、「リビドー」もまた、心的構造を解き明かすための用語であるから、見たり触ったりはできない。

エス（イド）と呼ばれる無意識は、生命体をささえる本能的な領域であるとされる。エスはまた、リビドー（性的エネルギー）の場でもある。リビドーは幼児期から成長とともに発達していく。

5〜6歳頃の男子のリビドーは母親に向かい、母親の愛情を独占しようとする。その際に父親に嫉妬《しっと》するが、この願望は満たされないので母親への愛情と父親への憎しみは無意識の中へと抑圧され、超自我が形成される。

フロイトは、この心理を、父を殺して母を妻としたギリシア神話のエディプス（オイディプス）王にちなんで、「エディプス・コンプレックス」と名づけた。

フロイトはヒステリー患者の治療を試み、患者らが意識の裏側に性的なトラウマを秘めていることを発見した。その記憶は抑圧されている。抑圧とは、不愉快な体験・異常体験を無意識のタンクにしまい込んでしまうこと。

そこで、その記憶を忘却の中からすくい上げて、意識化し、自覚させることで、患者のヒステリー症状が消失するという事実を確認したのだった。

フロイトによると、性的な欲求にまつわる体験が、いびつな形（性的に不愉快な体験など）で閉じ込められた場合に、心を守るための自動安全装置が働き、その体験内容を記憶の彼方《かなた》に抑圧してしまうという。

フロイトは、ノイローゼ患者たちの心にも同じように無意識的抑圧が生じていること、それを解放すればノイローゼ症状が消失することがある事例を認めた。現代のＰＴＳＤ（心的外傷後ストレス障害）にも関連する。無意識に抑圧された内容を、身体症状として表出するのではなく、回想し言語化して表出することができれば、症状は消失するというカタルシス（浄化）の療法である。

フロイトの場合は、心のエネルギーを力学的に考えていたので、そこに神秘的なものはない。

一方、フロイトの影響を受けたスイスの精神病学者・心理学者カール・グスタフ・ユングは、独自の深層心理学を確立する。

深層心理学の学派は、フロイトが創始した精神分析学派を代表として、ユングの分析心理学派以外にも、アドラーの個人心理学などに分派して拡大していった。

☆人類共通の「集合的無意識」をとなえたユング

フロイトは個人的無意識について考察したが、ユング（1875～1961。図6-2）は心のさらなる深層に「集合的無意識」があると考えた。これは個人的な経験から生じたのではなく、遺伝的に受け継いできた生得的な心の領域である。

ここから、合理的な解釈と神秘的な解釈が生じる。

合理的に考えると、世界中の人間はいっしょに進化してきたのだから、その心の根底に共通する場があってもおかしくはない。

蛇やドラゴンのイメージが世界中にあるのは、人間の集合的無意識に進化の過程で植えつけられているとされる。ユングは、違った国や文化で育った人間が、同じように蛇の幻覚を見る場合

図6-2　ユング

があることなどに着目し、「集合的無意識」に先祖の経験も含まれていると考えた。

私はこれらの普遍的《コレクティブ》な型を……元型 archetypes と呼んだのです。元型とは typos（痕跡 imprint）、つまり、意味においても、また形式においても神話的モチーフ mythological motifs を含む、太古的《アルカイック》な性格をもったもののある特定の集合を意味します。……それは、無意識の心の深い層の中にはいっていく意識的な精神の内向を表す心理学的メカニズムを意味します。……これらのものを個人とは関係のない《インパーソナル》、もしくは普遍的無意識 collective unconscious と呼ぶのです。

……無意識の心の探究によって到達できる最も深い層は、人がもはやひとりひとり独立した個人ではなくなる層であって、そこでは人間の心の領域が拡大され、人類の心の領域に併合されます。これは意識的なものではなく、人類の無意識の心であり、そこではわれわれはすべて同一なのです。

（『分析心理学』、ユング著、小川捷之訳、１９７６、みすず書房）

この集合的無意識をすべての人間と事象をつなげている場だと考えると、アジア的な阿頼耶識《あらやしき》（104ページ参照）のような、宇宙の情報置き場という解釈が生じる。

集合的無意識は、人間と人間の間に無意識的なネットワークをつくり、情報交換をするのである。

また、ユングは、集合的無意識にすべての心の根底にある普遍的な「元型（アーキタイプ）」があると考えた。

これらは、時代や民族を超えて人類の神話・昔話・芸術・宗教また、個人の夢にも共通してあらわれる。神話学では「モチーフ」、人類学では「集団象徴」と呼ばれている。

ユングは、「元型」として、「グレートマザー（太母）」「アニマ」「アニムス」「影（シャドー）」「子供」「老賢人」「おとぎ話の妖精」などをあげている。

たとえば、「グレートマザー」はすべてのものを包み込む（または飲み込む）働きのこと。「アニマ」は、女性の姿をとってあらわれた心で、神話の世界ではセイレーン、人魚、森の精などとして表現されている。

一方、合理的に考える人々は、あくまでも集合的無意識に人類の共通するイメージがあるといっているだけだ。彼らはこれを、阿頼耶識的な宇宙のサーバーで情報交換をしているという意味ではないと解釈する。

また、意識と無意識を合わせた心全体の中心を意味する概念が「自己（セルフ）」である。ユングによると、東洋のマンダラは、自分の中のさまざまな要素をまとめて一つに統合する全体性を象徴する。これは、マンダラによって無意識が解放され、抑圧されていた心のエネルギーが解

図6-3　シュリー・ヤントラ

放されていくからだ。

（ユングがマンダラ夢と判断した夢について）……マンダラ（Mandala　曼陀羅）という術語を選んだのは、この語が、特にラマ教において、さらにまたタントラ経典派のヨーガにおいてヤントラ（Yantra・瞑想の道具）として用いられる儀礼の円ないし魔法の円を表示しているからである。（編集部注：図6−3参照）

……東洋におけるこのような象徴はもともとは夢や幻想の産物であって、大乗仏教の師僧の誰かが案出したというようなものではないということ、これはまず間違いのないところだと私は考える。いやそれどころか、いわゆるマンダラ象徴は人類の有する最古の宗教的諸象徴の一つであって……旧石器時代にはもう存在していたとも考えられるのである。

（『心理学と錬金術Ⅰ』ユング著、池田紘一ほか訳、人文書院）

ユングは東洋のマンダラと同時に東洋の錬金術を知り、そこから西洋の錬金術についての研究をおこなった。これは「対立するものの結合」というテーマをその中に見出しているのである。

☆シンクロニシティは「すべてが一つ」の証か

ユングは、フロイトとは異なり、リビドーを性的意味に限定せず、すべての衝動は中立的エネルギーであると考えている。

ユングが元型について考えはじめたのは、ある統合失調症患者の妄想《もうそう》であったという。その患者は「太陽のペニスが左右に動いて見える。風はそこから起こる」という妄想を語った。ところが、ユングは、その話が古代イランのミトラ祈禱《きとう》書の中にあるものとそっくりであることに気づいた。

その患者の教養レベルからして、ミトラ教の知識を持ち合わせているようなはずはないから、偶然《ぐうぜん》の一致としかいえない。だが、それにしては一致しすぎている。そこで、ユングは世界の神話や宗教のシンボルに共通する元型の存在を想定し、これをつきとめていったのである。それが先述した「グレートマザー」などだ。

ユングによれば、ＵＦＯも元型と関係があるらしい。人間の心の最下層にある人類共通の無意識に円、楕円《だえん》などの形状が全体性のシンボルとしてあるから、それが見えるのだという。

ユングは、学生の頃に心霊主義に没頭《ぼっとう》し、交霊会などをおこなっているから、もともと不思議な世界にかなりの興味があったらしい。

フロイトはこういったスピリチュアルな世界は好んでいなかったので、しばしば師弟の間で対立が生じた。ある日、フロイトが超心理現象をあまりに否定するので、ユングは横隔膜《おうかくまく》が燃えるような感じを覚えたという。

すると突然「バン！」。書棚から爆発音が発せられた。「先生、これが触体による外在化現象なのです」。フロイトは「偶然だ」と動揺しつつ主張したが、ユングは「もう一度起こる」と予言。すると再び「バン！」。フロイトは恐怖に青ざめて、言葉を失ったと伝えられる。

このような現象は「共時性」（シンクロニシティ）とも関連がある。共時性とは、物理的な因果関係からするとまったく無関係なのだが、意味ある出来事がシンクロする現象をいう。たとえば、「山田くん元気かなぁ」といった瞬間、テレビから「やま〜だ電気！」というCMが聞こえたりする現象だ。

よくあることだろう。しかし、これが数日にわたって連続したりすると、ただごとではない。また、確率的にありえないような偶然もこれに含まれる。もちろん、それを科学的に計算することはできないのだが……。

ユングは、のちにノーベル物理学賞を受賞する理論物理学者ヴォルフガング・パウリ（1900〜58）と書簡をとりかわし、共時性についての議論をした。これらをまとめた共著が『原子と元型』（邦訳書『パウリ＝ユング往復書簡集1932―1958』）である。

ユングは、複数の人々の心にファンタズム（夢・ヴィジョン）があるという。ファンタズムは自己と他者のそれぞれの心に同時に起きている。客観的な出来事が、ほぼ同時的に、また遠隔的にも起こっているとはっきりしたときに、シンクロ的に起きたと認識されるという。

パウリが実験室に入ると、頻繁《ひんぱん》に機械が故障するので、「パウリ効果」というジョークが生まれてしまった。「パウリ効果」の実例として次のような話が伝えられている。

独ゲッティンゲンの研究所で、実験中に原因不明の爆発事故が起こった。当日パウリは出張で不在だった。ただ、パウリはその日に別の場所へと列車で移動中で、爆発が起こった時間にはちょうどゲッティンゲンの駅に停車中だった。

パウリはハンブルクの天文台の見学に誘われとき、「望遠鏡は高価だから」と断った（パウリ自身もパウリ効果をちょっと気にしていたらしい）。けれども、人々のすすめでしぶしぶ中に入ることになったが、望遠鏡の蓋《ふた》が落ち粉々になった。

また、ある歓迎会において、主催者が、パウリ効果のジョークとして、パウリが部屋に入ったときにシャンデリアが落ちるというからくりを仕組んでおいた。ところが、パウリが会場にくるとからくりは作動しなかった。シャンデリアが落ちるからくりが故障してしまったのだ。

パウリは、「電磁相互作用の強さを表す物理定数が1／137に近い値を持つのはなぜか」という疑問を考えていた。1958年、彼は膵臓癌《すいぞうがん》を発病する。チューリッヒのロートクロイツ病院に入院していたパウリは、見舞った助手に「部屋の番号を見たかね？」と尋ねた。病室の番号は137だった。

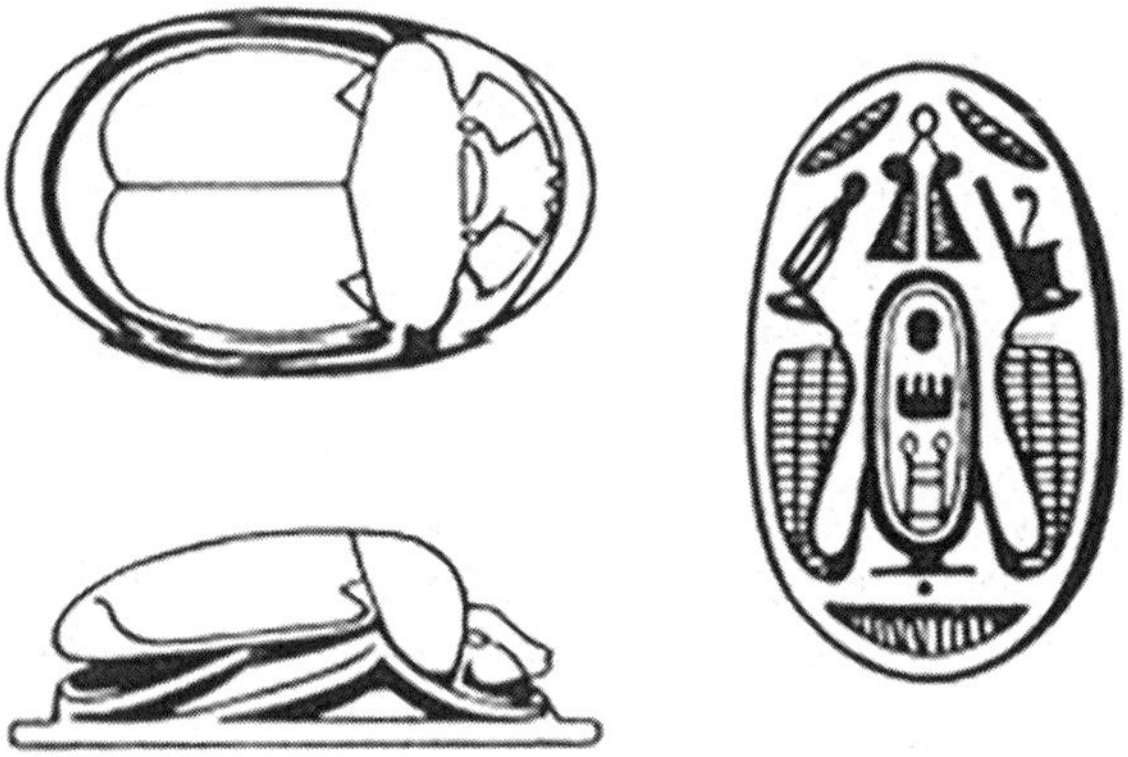

図 6-4　古代エジプトにおける復活の象徴スカラベ（オオタマオシコガネ）。エジプト王の印章

ユングは、ある女性患者との間で起こった出来事について説明している。ある日ユングは、窓に背を向けて彼女と向かい合って座り、夢の話を聞いていた。彼女は前の晩、スカラベについての夢を見たという。誰かが彼女に黄金のスカラベ（高価な宝石）をくれたというのである。

そのとき、ユングは、自分の背後で何かが窓ガラスをたたいている音を聞いた。ふり返ってみると、昆虫が室内に入ろうとして窓の外からガラスにぶつかっていた。ユングはすぐに窓を開けて、昆虫をつかまえたところ、それはスカラベに似た甲虫で、黄金色をしており、黄金のスカラベによく似ていたというのである（図6―4参照）。

また、ユングは森の中を、ある女性の患者と一緒に歩いたときの共時性について語っている。彼女は、人生で見た最初の印象深い夢について話していた。彼女は、両親の家の階段を狐の幽霊が降りてくるのを見たのだった。

彼女が夢の話をしているちょうどそのとき、本物の狐が木々の間から現れてきて、数分間、ユングたちの前に立って、静かに歩き去ったという。

こうした共時性は、世界全体が一つであり、どこかでつながっていることを意味するのかもしれない。それは哲学者や魔術師たちが、指し示していた宇宙の根源なのではないだろうか。

ユングは、すべての心は一つの不可分の心であるかのように機能すると考えている。共時性とは「宇宙、つまり一なるunus mundus《ウーヌス・ムンドゥス》におけるすべてに浸透している要因ないし原理」であるという（「ウーヌス・ムンドゥス」はラテン語で「一つの世界」の意）。これは、まさに「エメラルド・タブレット」（198ページ参照）に示されていたように、大宇宙と小宇宙の連関を感じさせる現象である。すべての心は世界霊魂《アニマ・ムンディ》（202ページ参照）とつながっているのかもしれない。

☆「オルゴン・エネルギー」を提唱したライヒ

通常、リビドーとは心的エネルギーなので、これを見たり触ったりすることはできない。だが、リビドーをマシンで測定しようとした人物が現れた。

ウィルヘルム・ライヒ（1897〜1957。図6-5）は、オーストリア生まれの精神分析学者であると同時に、性革命の運動家として知られている。フロイトのもとで研究していた。

フロイトがリビドーを文化的に昇華させるという立場だったのに対し、ライヒはリビドーを解放するために社会の制度を変革していく道を選んだ。

政治改革に傾いたライヒは、フロイトのもとを去って左翼活動をするが、精神分析協会と共産党からともに除名されてしまう。

　フリーになったライヒは、まず、バイオ的な実験研究に着手しはじめた。快楽時に発生するエネルギーとしてのバイオ電気（リビドーの物理的な現象面）がどのように流れるかを機械で測定する研究をおこなった。さらに非生命物質と生命物質の移行段階に発生する小胞を「バイオン」と名づけた（その正体はよくわからない）。

図 6-5　ウィルヘルム・ライヒ

　あるとき、ライヒは「オルゴン放射」（orgone radiation）について語りはじめた。海の砂を加熱するとバイオンが発生するというのだが、このバイオンは他のバイオンにくらべてパワーが強い。このバイオンは特別なので、ＳＡＰＡバイオンと名づけられた。この物質は地下室で青白い光を発していたらしい。このＳＡＰＡの放射がまぎれもないオルゴン放射なのである。

　ライヒは確信をもって、この力の源《みなもと》を「オルゴン・エネルギー」と命名した。オルゴンとはオルガスムス（性的絶頂）から名づけられたものだ。

　次の研究段階として、ライヒはオルゴン・エネルギーを収容する装置をつくりはじめた。これには放射が拡散するのを防ぐ密閉装置が必要である。有機物はオルゴン・エネルギーを吸収し、金属はこれを反射するという性質がわかっていたから（なぜかは不明）、ライヒは、箱の外部に有機物を貼りつけ、内側は金属の壁で密閉するという装置を作製した。装置にはレンズのついた穴があり、そこから中の様子を観察する。

これこそが、歴史上名高い「オルゴン・エネルギー・アキュミュレーター（蓄積器）」である。のちに有機体ははずされて、ただの箱に金属を貼りつける形になり、「オルゴン・ボックス」と呼ばれた。

さて、ＳＡＰＡバイオンをこの中に入れて観察したところ、明らかな光学現象がみられた。さらにライヒは、ＳＡＰＡバイオンの培養《ばいよう》を外に出してみたところ、不思議なことに光学現象は消えなかったのである。箱をつくり直すなど慎重な実験を何度もくり返したが、アキュミュレーターの中の視覚効果は依然として残った。

この結果、ライヒはこう結論するしかなかった。

「オルゴン・エネルギーはいたるところに存在する」

こうして、ライヒの体系では、「リビドー」「バイオ電気」がより広範なオルゴン・エネルギーに包括されていったのである。これをもっと客観的な検証を通じて証明しなければならない。

ライヒは、アキュミュレーター内と外の温度を比較した。その結果、アキュミュレーター内の温度のほうがつねに高いことが判明した。ボックスの内部に金属を貼りつけると温度が高くなるとは考えがたい。これはやはりオルゴン・エネルギーが充満しているからかもしれない。

ライヒは、その理論についてあの相対性理論を唱えたアルベルト・アインシュタインの意見をもとめ、会見することに成功した。アインシュタインはかなり興味を示し、視覚効果の実験をおこなってみた。記録では、暗闇で点滅する光を見てアインシュタインがこういったと記録されているらしい。

「だが、このまたたきはいつも見えている。これは主観的なものじゃないのか」

さらに温度差の実験であったが、アインシュタインは、アキュミュレーター内部の温度計と、外部の温度計が置かれている場所の差であると結論した。空気の流れで温度差が出ているだけだというのである。

ライヒの懇願《こんがん》にもかかわらず、アインシュタインはこの実験から手を引いてしまった。大変に残念なことだ。この実験はその他の博士の実験によって何度か確かめられているが、やはり温度差が測定されている。一概に否定的な判断をくだすわけにもいかないだろう。

☆雲を集めて雨を降らせる「クラウド・バスター」

アインシュタインに見捨てられたショックにもかかわらず、ライヒは新たなる実験へと立ち向かった。アキュミュレーターが癌《がん》治療に役立つ可能性をさぐり、ネズミでの生体実験を試みたり、オルゴン・エネルギーと核エネルギーの関係についても研究をしはじめた。オルゴン・ボックスの治療により、血液中のバイオエネルギーが強化されるので、これによって癌の治癒や、放射能の解毒に効果があるのではないかと考えたのだ。

さらに、ライヒはＤＯＲ（Deadly Orgone）雲なるものを見つけた。この雲が出現すると、息苦しい雰囲気になり、動物の動きが減るという。これについて、彼は雲から負のオルゴン・エネルギーを吸い出したらどうだろうかと考えた。

そこで、長い金属パイプを「ＤＯＲ雲」に向けて、ケーブル線をつなぎ深い井戸へとアースしてみた。なぜ井戸へアースするかというと、オルゴンは水に引きつけられるからである。

するとどうだろうか。雲がみるみるうちに消え去っていったのだ。これをきっかけにライヒは、大気中のオルゴン・エネルギーを集散離合させる研究へと向かい、その実験装置「クラウド・バスター」（図６-６）を用いはじめた。この装置は雲を呼んで雨を降らすことも可能なのだ。ライヒは、干魃《かんばつ》で悩んでいる農家を救うためこれをトラックに搭載《とうさい》し、実験に向かった。米メーン州の実験では、クラウド・バスターを空に向けると、いままで見たこともないような雲が現れて雨が降り出したという報告がなされている。

図 6-6　クラウド・バスター

こうしてニューヨークでもクラウド・バスターを作動させ成功をおさめ、数台のクラウド・バスターでさまざまな地方にもその活動は及んだ。失敗は一度もなかったという。

だが、オルゴン療法をうたい、癌治療器としてオルゴン・ボックスを販売したことが州医事法にふれて、ライヒはペンシルバニアのルイスバーグにある連邦刑務所に収容されてしまう。そして睡眠中に心臓発作で亡くなったのである。

とはいえ、ライヒは精神分析学者として第一線で働いてきた。彼は新フロイト派に属し、世界も認める精神分析上の功績を残しているし、『自由からの逃走』などの著作で知られるエーリッヒ・フロムなどにも大きな影響を与えている。ちょっと奇妙な運動や実験をしたからといって、博士の功績に傷がつくものでもない。

エジソンも晩年に霊界ラジオをつくろうと没頭している。やはり偉大な発想を持つ人には、「常識はずれ」という副作用がつきまとうものなのだろう。

☆「アルタード・ステーツ」を自ら実験した科学者リリー

アメリカの脳科学者ジョン・カニンガム・リリー博士（1915〜2001。図6-7）は、宇宙の意識とコンタクトすることを試みた科学者である。イルカとのコミュニケーションを研究し、アイソレーション・タンク（感覚遮断《しゃだん》タンク）の開発者としてもその世界では名高い。映画『イルカの日』（1973）のモデルであり、映画『アルタード・ステーツ／未知への挑戦』（1980）でも変性意識状態が描写されている。

1915年、リリーはミネソタ州セントポールに生まれた。7歳のときに扁桃腺《へんとうせん》切除の手術をおこなったが、そのときすでに神秘体験をしている。自分の内部で、二人の天使の翼に包まれて慰《なぐさ》められたという。

その年の暮れ、カトリック教会の祭壇《さいだん》の前にひざまずいている最中に失神し、両側に天使を従えた神の姿を見た。さらに3年後には肺炎で死にかかり、再び守護天使の姿に出会った。そういう幻覚だといってしまえばそれまでだが、のちにその存在は別な形態をとって彼にコンタクトしてくるのである。

１９３３年に、リリーはカリフォルニア工科大学に入学し物理学を専攻した。彼はこのとき、脳の電気的活動と生理的変化を関連づけようとする実験を考案しはじめた。

リリーの疑問は、「どのようにすれば、心は心自体を研究するに足る客観性を獲得《かくとく》できるだろう」ということだった。

これは、古くはデカルトの物心（心身）二元論の問題、現代では脳と心がどのように関係しているのかという心脳問題と関わるものだ。脳内の電気的反応がどの段階で主観的な体験に変化するのかは、いまだに議論されている。脳内の反応と、主観的な「味」「痛み」「快感」（質感・クオリアと呼ばれる）などは、関係の平行性はあっても両者は似ても似つかないからだ。

図 6-7　ジョン・C・リリー

リリーは「その二つの正確な関係を解明できない難しさが、客観的リアリティと主観的リアリティのいずれがよりリアルかという論争を引き起こしてきた」という。現代の脳科学では脳内の反応がリアルとされる。主観的リアリティはその派生物とされている。

だが、神秘の世界ではどうもこれが納得できないことになっている。というのは、主観的リアリティで脳を観察しているからだ（ここに何かのループ現象が生じているのかもしれない）。

リリーは、ペンシルバニア大学に移り研究を続けるが、時代は第二次世界大戦へと突入。大学卒業後、戦時下の中で研究を続け、戦後は電極を使った大脳の基礎研究を開始。猫や猿の脳に電極を差し込んで、脳内の活動をディスプレイに映し出す実験をおこないつつ、のちに、猿の快感や苦痛の中枢《ちゅうすう》発見に成功した。

ところで、国立精神衛生研究所に籍を置くリリーは、脳内部の意識活動の起源についての学説が二つに分かれていることを知った。

第一の学説は、脳がその意識状態を保つためには外界からの刺激を必要とする、というもの。この学派によれば、脳が外界からの刺激を受けなければ、眠りが訪れるとされた。

第二の学派は、脳の活動は生得的に自律的であると主張した。脳自体の内部に、いかなる外的刺激をも必要とすることなく運動しつづけようとする働きがあるというのだ。

どちらが正しいのかを明らかにするには、完全に感覚を遮断した装置によって、意識の動きを観察しなければならない。ベッドでは当然のことだが、温度差もあり、寝返りをしたりすれば皮膚や筋肉への力が加わるので、刺激源を除去することは不可能だ。

そこで、リリーは水の浮力を使ってみたらどうかというインスピレーションを得た。身体を支える水に動きがなく、体温に近い不感温度で設定すれば、まるで無重力のような状態を維持できるだろう。

リリーは、第二次大戦中、水中を泳ぐ人の物質代謝《たいしゃ》を調べる実験のために、海軍研究所によって組み立てられたタンクの存在を知る。彼はこれによってアイソレーション・タンクを組み立て、感覚遮断の実験を自らおこなったのである。映画のタイトルにもなった「アルタード・ステーツ」とは、変性意識状態（altered states of consciousness）である。

ワシントンにある海軍深海ダイビングセンターの水中用酸素マスクを使い、水温は摂氏34度に調節した。浮遊しがちな手足は、外科用のゴム製サポーターに支えられていた。いまや、感覚は完全に遮断され、リリーは数時間もこの状態で実験をした。

まず、リリーが気づいたのは、脳が意識的であるためには、必ずしも外部からの刺激を必要としないということだった。脳それ自身が自律的な運動をしているのである。

こうして、何度かアイソレーション・タンクでの実験を続けているうちに、リリーはこのタンクの中で、不思議な存在に出会うことになる。

ちなみに、アイソレーション・タンクを経験したい人は、これを使ったリラクゼーションサロンがいくつかあるので、通ってみるといいかもしれない。

☆LSDとイルカで意識を探ったニューエイジの旗手

リリーの体験は以下のようなものだった。

遠くからゆっくりと二人の〈存在〉が彼のほうに近づいてきた……。〈存在〉たちによる三者会談。その中の一人は、リリー自身の奥深くに同化している存在〈第三存在〉のようである。

「人間の間には、ある種の不平等が存在しており、彼らの進化は特定地域でははなはだ迅速《じんそく》に進行しているが、他の地域では、後退している。……われわれの他の使者たちが、その惑星上で体験したような破滅を回避する仕方で、〈第三存在〉が彼を操っているかどうか、われわれ三者の間でこれを確かめるのが、この会談の目的である……」

（『サイエンティスト』ジョン・C・リリー著、菅靖彦訳、１９８６、平河出版社）

この三者会談は、次元のない空間、すなわちGタイプスター（G型主系列星）によって支配されている小さな太陽系の第三惑星の近くにある、空間をもたない次元の中で開催されたという。会談は数回にわたって催され、リリーの研究の指針となっていた。

彼らが代表するその組織は人類の宇宙的進化をつかさどるもので、リリーはのちに地球暗合制御局（ECCO《エコ》／Earth Coincidence Control Office）と呼ぶことになった。

リリーはタンクで実験するうちに、イルカについて考えるようになる。イルカは大きな脳をもっており、人間と同じく太古《たいこ》からの進化をくぐり抜けてきた生物である。また、海の中での生活は、自然のアイソレーション・タンクともいえる。

もし、イルカとのコミュニケーションがとれるとするならば、人間の知らない叡智《えいち》に接触することも可能かもしれない。

振動レベル	状態の説明
＋3	古典的な悟り、宇宙的な融合意識
＋6	幽体離脱体験、透視、透聴
＋12	身体的・惑星的意識の最高機能、恋愛
＋24	自分を熟知し、望んでいる快楽活動状態にあること
＋48	中立的なバイオコンピュータ
－24	否定的状態
－12	極端に否定的な身体状態
－6	否定的な身体からの分離状態
－3	最悪の地獄の体験

図6-8　リリーがつくった意識モデル

リリーは1959年、ヴァージン諸島のセント・トマス島とマイアミにコミュニケーション・リサーチ研究所を設立し、本格的なイルカ研究を開始した。マーガレット・ハウ・ロバットという才女が研究に加わり、彼女とピーター（イルカ）を狭い実験所に入れて、イルカに英語を教える実験をもはじめたのだ。

アイソレーション・タンクの実験では、強力な幻覚剤であるLSD（リゼルグ酸ジエチルアミド。法規制される前だった）を投与してのセッションへと進み、この中で「バイオコンピュータ理論」が生まれた。

これはいまでは常識のようになっているが、人間という生命体を複雑な生物コンピュータとしてとらえ、脳をそのコンピュータのハードウェア、心をソフトウェアとみなす理論である。機械と生物とを分け隔てるのではなく、連続した存在としてとらえるものだ。

リリーは当時、カリフォルニアを中心に盛り上がりをみせていたスーフィズム、チベット仏教（密教）、禅、グルジェフの教え、ヨガ、グノーシスの思想なども研究している。

さらに「反復言語」（同じ言葉を反復するテープを聞くことで固定した意識からの解放をめざすワーク）の実験をおこない、ティモシー・リアリー（305ページ参照）と会って話し合うこともした。催眠、テレパシーの実験も進んでいったようだ。

図6-9　グルジェフ

CDブック『E・C・C・O　地球暗号制御局』（ジョン・C・リリー、1993、八幡書店）には、「反復言語」の音声が収められている。

リリーの著作は、ニューエイジの代表的な作品の一つとなっている。ニューエイジとは宇宙や生命など大きな存在と自己とのつながりや、人間のもつ無限の潜在能力を開発し、個人の霊性・精神性を向上させることを目指したムーブメントのことだ。

また、先にふれたグルジェフは、意識をさまざまな振動帯域・多レベルの連続体とみなし、各レベルに「振動番号」をつけていたが、リリーもこれを採用し、自らの意識モデルをつくった（図6-8）。

ちなみに、ゲオルギィ・イワノヴィッチ・グルジェフ（1877頃〜1949。図6-9）とは、アルメニア生まれの神秘主義者で、20世紀初頭の神秘思想と1960年代のヒッピー文化に大きな影響を与えた。1980年代のオカルトブームでも、グルジェフを語る人は多かった。

人間を束縛《そくばく》する古い思考と感情を投げ捨てて、高次の霊的自由を達成するため、重力と陋習《ろうしゅう》から肉体と精神を解放する身体技法「ワーク」（work）をおこなった。

☆変性意識状態をつくりだす「ブレイン・マシン」

20世紀後半において、神秘思想は、いかにして通常の意識を変性意識状態へ移行させるかという科学的なテーマへと移り変わっていった。宗教的・神秘的経験もすべてエンドルフィンやドーパミンなどの脳内麻薬物質にその原因を還元されようとした。

日常生活をいとなんでいるとき、誰しも至福経験というものを体験するらしい。至福経験とは、恍惚《こうこつ》的な幸福感が短い時間に持続する状態である。

たとえば、美しい自然に接したときや、春ののどかな公園で子供たちが戯《たわむ》れるのをながめたときに、「なんと幸せなんだろう」と幸福感に包まれる状態などだ。これは、突如《とつじょ》としてエンドルフィンが分泌《ぶんぴつ》された瞬間だという。ランナーズ・ハイでも有名だ。

神秘体験が麻薬物質の量で決まるとはなんとも味気ないが、依然として心脳問題（291ページ参照）が解決されるわけではない。

１９８０年代に流行った「マインド・マシン」もまた、神秘体験をともなうツールである。もちろん、オカルト雑誌『ムー』の広告で紹介されていた。このマシンを装着すると、精神安定、健康増進などのよりよい効果が認められるという。

フロイトに影響を与えたフランスの心理学者ピエール・ジャネは、パリのサルペトリエール精神病院の患者に「明滅光」を当てたところ、ヒステリーが減少し、リラックス効果があったと報告している。

1940年代の終わりから50年代にかけて、神経学者W・グレイ・ウォルターが電子ストロボ装置と脳波計とを組み合わせて、リズミカルな点滅光を発する実験で、被験者の視覚神経のみならず大脳皮質全体に変化が起こっていることを発見した。

リズミカルに点滅する一連の光は、脳の各部位を隔てる生理学的な壁を、一部取り壊しているようです。大脳皮質の視覚野で受け止められた点滅光の刺激は、ボーダーラインを越えていました。他の脳の部位まであふれでていました。

(『メガ・ブレイン』マイケル・ハッチソン著、佐田弘幸ほか訳、2000、総合法令出版)

1960年代になると、イギリスの芸術家たちとアメリカ人作家ウィリアム・バロウズらが、この実験を知って興味をもった。一定の周波数で視覚による脳波誘導をおこなうと、幻覚が引き起こされるという。

この時代はLSDなどによって生じる幻覚や陶酔《とうすい》状態を想起させるサイケデリックなアートや音楽などが流行した。点滅効果に対する科学的知見は多くの関心をよび、70年代に「ゴーグル付きブレイン・マシン」として開花した。80年代をへて90年代には多くのマシンが開発された。

古神道やオカルト、精神世界に強い八幡《はちまん》書店から発売された「シンクロエナジャイザー」が日本でのブレイン・マシンの草分けとなっている。当時のキャッチコピーは、「体験するまでは誰も信じない」だった。これは「著名な科学者デニス・ゴルゲス博士」が開発したマインド・マシンとのことである。

ゴーグル内に発光ダイオードが並んでおり、コンピュータのプログラムによって点滅をくり返す。また、ヘッドフォンからは、点滅にシンクロした電子音が発するというものだ。1秒間に10回の点滅をくり返せば、脳がそれに同調していって、10ヘルツのアルファ波が発生するという仕組みになっている。

松任谷由実《まつとうやゆみ》の『DAWN PURPLE』というアルバム（1991。図6-10）のジャケット写真にも使われていた。

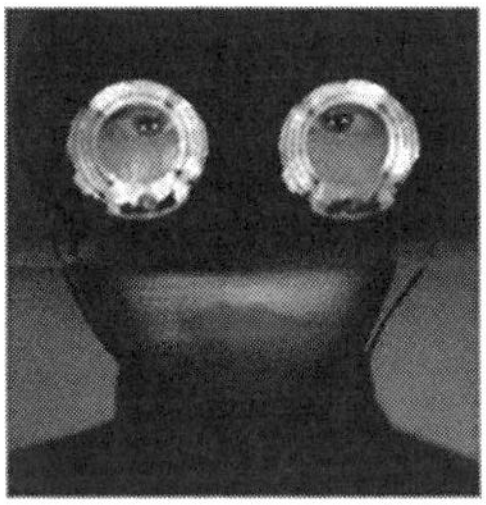

図6-10　シンクロエナジャイザーがアルバムジャケットに使われた松任谷由実『DAWN PURPLE』（1991）

シンクロエナジャイザーが発売された頃、日本はバブル真っ盛りの時代であり、六本木に「ブレイン・マインドジムPSY」（307ページ参照）というリラクゼーションルームがあった。ここは「デニス・ゴルゲス博士」の開発したオリジナルのマインド・マシンが設置されている会員制クラブだった。

リクライニングチェアに横たわってゴーグルとヘッドフォンをつける。このマシンは、「眠っているのに意識がある」というトランス状態を簡単に体験することができるのだ。脳波は深いシータ波でありながら、それを見ているもう一人の自分があるということらしい。自分のいびきで目が覚めてしまうことは、誰でも体験するだろう。しかし、意識があるのに自分のいびきがずっと聞こえるという状態であるから目が覚めていないわけである。

日常でも睡眠中でも体験できない状態、つまり変性意識状態《アルタード・ステーツ》に入れるマシンだといえる。かといって、それが神秘なのかは謎である。普通の脳内現象だろう。

ただし、神秘思想ではこの変性意識状態をつくり出し、そこでアカシック空間、阿頼耶識に接触し、イメージを送り込んでカルマ（業）をプログラミングしなおすことに一つの目的があった。

古代の神秘主義者は、いかにしてこの変性意識状態をつくり出すかという修行をしてきた。いまではネット通販で最新型の進化系ブレイン・マシンを購入することができるのでお手軽だ（点滅が激しいので、テレビを暗くして見ると光感受性発作《ほっさ》［てんかん］が起こる方にはおすすめできない）。

☆脳波をコントロールする「バイオフィードバック装置」

先述したゴーグルとヘッドフォン（あるいはイヤホン）のブレイン・マシンは、光と音響によって共振作用で脳波をコントロールする。それに対して、バイオフィードバック装置とは、自分がどの脳波を出しているかを確認することで、自在に自分で脳波をコントロールすることを目的とする（脳波の分類は309ページ参照）。

ブレイン・マシンは強制的にアルファ波状態に誘導するもので、バイオフィードバック装置は自分の状態を知らせてくれるものだ。その昔、頭にコードを巻きつけている宗教集団があったが、それとはまったく無関係なのでご心配なく。

脳波とバイオフィードバック研究の初期の紹介者としては、脳力開発研究所の志賀《しが》一雅《かずまさ》博士が有名だ。アルファ波といえば志賀一雅というくらい多くの著書を出されている。

また、いまから数十年前、ピラミッド型のバイオフィードバック装置が紹介されていた。ピラミッドの形をしているのはデザイン上のもので、ピラミッドパワーではなく、脳波測定とその認識のための純粋に科学的な装置である。

それ以前は、バイオフィードバック装置といえば、指先の発汗状態をはかってリラックス度を測定するという仕組みだった。測定できないこともないのだが、発汗状況がかならずしも心理状態と一致しているとは限らない。

そこで、脳波を直接的に測定するバイオフィードバック装置が、日本で初めて家庭用として登場したのである。

人間はリラックス状態になると脳波がアルファ波となるが、ふだんはいつ、その脳波が出ているのかはわからない。このマシンはそれを音で知らせてくれるので、アルファ波状態を意識的に確認することができる。

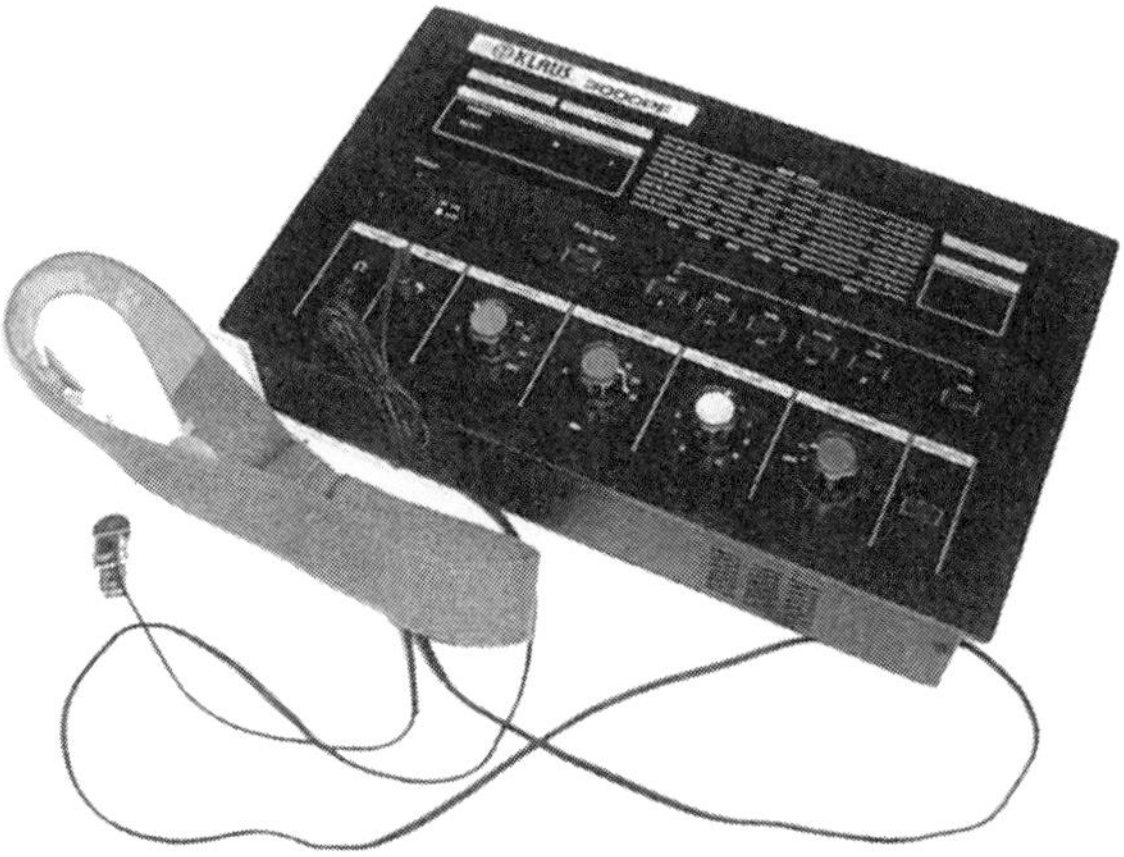

図6-11　SSI能力活性研究所のバイオフィードバック装置

１９８０年代には、ＳＳＩ能力活性研究所（現エス・エス・アイ）により、自己実現・潜在能力開発プログラム「ＳＳＰＳ‐Ｖ２システム」から、より高度なバイオフィードバック（サイコフィードバック）の脳波測定装置「ＫＬＡＵＳ ３０００Ｃ‐ＰＦ」「ＫＬＡＵＳ Ｖ‐７７７」「ＫＬＡＵＳ Ｚ‐８８８」などが発売された（図6‐11）。エス・エス・アイの田《た》中《なか》孝《たか》顕《あき》社主は、子会社である「きこ書房」からナポレオン・ヒルの『思考は現実化する』（321ページ参照）を翻訳出版している。

人は誰でもアルファ波を出している。目を閉じて深呼吸すれば、アルファ波状態になる。もちろん脳全体がアルファ波を出すわけではないから、装置は一つのシグナルをキャッチすることになる。

では、目を閉じればいいのかというとそれでは、不完全なのである。なぜなら、目を開ければまた不安定化するからだ。バイオフィードバック装置は、アルファ波状態になっているときに信号音を出す仕組みになっており、自分でいまどれだけリラックスしているかを確認できるというものだ。自己啓発とバイオフィードバック装置を組み合わせた最高峰のシステムである。現在もこれを超えるシステムはないだろう。

アップル社が開発したスマートウォッチ「Apple Watch」には、すでに心電図、心拍数、血中酸素濃度測定などの表示機能が組み込まれているが、これも一種のフィードバック機能として使える。自分の身体状況を見える形にして健康状態を保とうとする科学は、今後もっと進んでいくことだろう。

ちなみに、アップルの創立者スティーブ・ジョブズ（１９５５〜２０１１）は、１９７４年初頭、インドに旅行している。

「僕にとっては真剣な探求の旅だった。僕は覚《さと》りという考え方に浸透し、自分はどういう人間なのか、なにをするべきなのかを知りたいと思ったんだ……、インドの村では合理的思考を学ばないんだ。彼らは別のものを学ぶ。合理的思考と、ある意味、同じくらいの重要な面を持ち、それが直感の力、体験にもとづく智慧《ちえ》の力だ」

「あの時から、僕は禅に大きな影響を受けるようになった。日本の永平寺《えいへいじ》に行こうと考えたこともあるけど、こちらにとどまれと導師に言われてやめた」

（『スティーブ・ジョブズⅠⅡ』（ウォルター・アイザックソン著、井口耕二訳、２０１１、講談社）

このあとスティーブ・ジョブズは日本人の坐禅《ざぜん》センターにかよって瞑想《めいそう》を続けた。またジョブズは、サイコセラピストのアーサー・ヤノフがフロイト理論にもとづいて開発した「原初絶叫療法」も試している。これは無意識のトラウマを意識化する方法である。

もともとアタリ社（ゲーム製作会社）の社員だったジョブズは、この後に会社に復帰し、コンピュータエンジニアのスティーブ・ウォズニアックとともに、ブロック崩しのゲームをつくり上げる。

「１９６０年代末のサンフランシスコとシリコンバレーは、あらゆる文化が交じる場所だった。……ベイ・エリアのビートゼネレーションから生まれたヒッピームーブメントもあった。……そして、これらすべてとかぶる形で、禅にヒンズー教、瞑想にヨガ、原初絶叫療法、感覚遮断法、エサレン法、エスト法など、個人的な啓発を求める自己実現の動きが存在した」

（前掲書）

スティーブ・ジョブズはインド思想や坐禅《ざぜん》によって、独自の世界観をもちはじめた。コンピュータの文字がもっとデザイン的（カリグラフィー的）でなければならないとし、画面もコマンドを打ち込むだけではなくアイコンのようなＧＵＩ（グラフィカル・ユーザー・インターフェース）を使うべきだと考えた。

禅のシンプルな発想により、ディスプレイ一体型パソコンのMacが生まれる契機となったらしい。iPod、iPhone、iPadなどは文系的イマジネーションと理系の技術者の絶大な力が融合しているといえる。

要するに、スティーブ・ジョブズは「理系と文系の交差点」（『スティーブ・ジョブズⅠⅡ』）を求めた人だったのである。彼がマシンと神秘の両方にたずさわった人だったことで、アップル社の独特のデザインが生み出されたといわれている。

☆コンピュータと神秘思想の融合

1960年代は、アメリカの心理学者・ハーヴァード大学教授のティモシー・フランシス・リアリー（1920〜96。図6‐12）が活躍した。彼はLSDによる人格変容の研究をおこなっていた。マリファナ所持で投獄されたが、のちに宇宙移住構想を発展させて、サイバースペースへの移住というコンピュータ技術に関わるようになる。

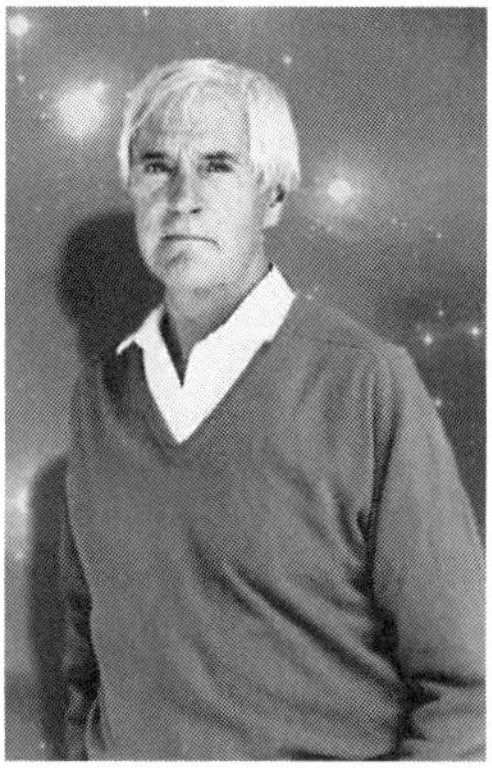
図6-12　ティモシー・リアリー

コンピュータが、「新種のLSDである」と考え、脳の再プログラミングを提唱した。
著書に『チベットの死者の書——サイケデリック・バージョン』（ティモシー・リアリーほか著、菅靖彦訳、1994、八幡書店）などがある。

古代から、理系と神秘は表裏一体だった。ピタゴラスの数が世界の神秘を表しているという説からはじまって、錬金術の化学実験、近代の数学者デカルトらによる脳と精神の関係についての哲学、数学者ライプニッツのモナド理論などなど。

コンピュータの時代に入ってからは、コンピュータの制御《せいぎょ》システムと脳の働きが関連づけられ、そこに変性意識状態から異次元の知的生命体とコンタクトするという神秘主義も流行してきた。

ちなみに、コンピュータとはパソコンのことではなく、「コンピュータ装置そのもの」のことである。たとえば、電子音が出るおもちゃには、制御プログラム装置が入っている。リモコン、テレビ、炊飯器、冷蔵庫、録画装置にももちろん入っている。

自動販売機には、温度制御から貨幣選別・売上集計・送信・電子決済などかなり複雑なコンピュータが入っている。医療機器、自動車など、要するにコンピュータとは私たちの世界を取り囲んでいるプログラミングされた装置である。

ブレイン・マシン、バイオフィードバック装置もコンピュータが内蔵されているので、コンピュータ技術が進化した歴史の流れに一致しているわけだ。

そして、脳も同じような仕組みではないか、さらには、宇宙そのものも高度な知的生命体がつくったコンピュータではないかという発想も生まれてきた（真偽のほどは謎……）。

☆音響効果で体外離脱が体験できる「ヘミシンク」

１９８０年代の「ブレイン・マインドジムＰＳＹ」には、すでに「ヘミシンク・マシーン」が設置されていた。これは、右と左から異なった周波数の音が響き、頭の中で干渉《かんしょう》のうねりを生じさせるマシンである。

被験者はこれによって、しばしば体外離脱体験をすることがあるらしい。

ヘミシンクを開発したのは、アメリカの超心理学者ロバート・モンロー（１９１５〜95。図６-13）である。もとは、正統派企業の社長であり、神秘的な世界とは無関係な位置にあった人だ。

あるとき、彼は寝ているときに、真横に何か輝いている物体を見た。それはなんと部屋のシャンデリアだった。下を見ると、ベッドに横たわっている自分がいる。これが彼の最初の体外離脱体験だった。

図 6-13　ロバート・モンロー

モンローはこの現象が頻繁《ひんぱん》に起こるので、自分の精神に異常をきたしたと考えて精神科医に相談したが、まったくの正常と判断された。

彼は、しばしば自分自身が体から抜け出して浮遊するので、最初は恐怖を感じていたという。モンローの体外離脱は、５センチから５０００キロ以上の場合もあるという。そして、体から自分が抜け出すときには、全身に大きな振動が起こってから生じることに気づいた。

モンローはこの現象を積極的に研究することとなり、また、自分と同じ体験をしている人間がほかにも多くいることもわかってきた。エマヌエル・スウェーデンボルグ（232ページ参照）などもそうだが、体からアストラル体が抜け出し、宇宙を浮遊するという現象は、古くから唱えられていた。当初は「アストラル・トリップ」と呼ばれていたが、モンローはこれを「体外離脱」（アウト・オブ・ボディ）と呼ぶことにしたという。

これらの経過については、『ロバート・モンロー「体外への旅」―未知世界の探訪はこうして始まった！』（ロバート・モンロー著、坂本政道監修、川上友子訳、２００７、ハート出版）にくわしい。

モンローは、ヘミシンクという特殊な音響技術を開発し、ヴァージニア州に「モンロー研究所」をつくった。さらにヘミシンクによって変性意識状態をつくり出し、体外離脱、インナーガイド（後述）との交信、過去生体験、宇宙生命体との交信などの分野が展開される。

モンロー研究所公認レジデンシャル・ファシリテーターの坂本政道《さかもとまさみち》氏が、ヘミシンク紹介の第一人者なので、ヘミシンクについてくわしく知りたい方は、氏の著書と、ＣＤやＣＤブックスなどを参照されるといいだろう。

ここでは、ヘミシンクの世界観についてざっくり説明しておこう。

まず、覚醒と睡眠の接点を維持するために、モンロー研究所のチームらは、「周波数追跡反応（ＦＦＲ／Frequency Following Response）という方法を発見した。

脳波と意識状態は以下のような対応がある。

ベータ波（13ヘルツ以上）……はっきりと目を覚ましている意識状態
アルファ波（8〜13ヘルツ）……リラックスしている意識状態
シータ波（4〜8ヘルツ）……深い瞑想などの意識状態
デルタ波（4ヘルツ以下）……熟眠の意識状態

そこで、モンローはバイノーラル・ビートの技術を利用した。これはヘッドフォンを使って、右耳と左耳の聴覚を分離し、左右の耳から異なる周波数の音を流す。すると、頭の中心部でウェイブ音が聞こえるようになる。

たとえば、右耳から１００ヘルツ、左耳から１０６ヘルツの音を同時に流すと、１０６マイナス１００で6ヘルツのウェイブとなる。すると、脳内でシータ波が生み出され、自動的に瞑想状態に入ることができるという仕組みである。

このときに、右脳と左脳がシンクロ現象を起こすので、モンローはこれを「ヘミスフェリック・シンクロナイゼーション」(hemispheric synchronization) と呼んだ。この略称が「ヘミシンク」である。

ヘミシンクでは、意識状態としてのフォーカスレベルで、意識がどれだけ現実世界から離れているかの目安とする。

「フォーカス10」……肉体は眠り、意識は目覚めている状態。

「フォーカス12」……知覚・意識が拡大した状態。意識が肉体的・空間的束縛《そくばく》から自由になる状態。自分を導く非物質の知的存在者（インナーガイド）との交信ができるという。

「フォーカス15」……時間的な束縛からも自由となり、過去や未来を体験できる。トータルセルフにアクセスすることもある。トータルセルフとは、全自我のことで過去世の自分と現世の自分の集合体のこと（阿頼耶識の情報概念に近いかもしれない。104ページ参照）。

「フォーカス21」……物質世界ではない非物質の世界（死後の世界）を結ぶ架け橋の領域。脳波がデルタ波の場合は、この状態に相当するという。

「フォーカス22」……肉体から離れて、意識だけが死後の世界にアクセスしている状態。

「フォーカス23」……死後の世界。ここでは、自分の思いが生み出した世界に居つづける（事故現場に残りつづけるなど）。この世界に執着《しゅうちゃく》をもつあまり、自分の死を受け入れられない意識状態にあったりもする。

「フォーカス24〜26」……信念体系領域（Belief System Territories）と呼ばれる領域で、多種多様な同じ意識をもった意識集団の世界。快楽や趣味の集団、殺し合いの集団などさまざまである。それぞれの信念領域に入り込むと、同じことのくり返しで、そこから出ることは難しい。ただ、本人の意識がより高くなろうと志《こころざ》すと信念体系から飛び出すことができるので、その瞬間にヘルパーたちが「フォーカス27」に導くという。

「フォーカス27」……輪廻《りんね》の中継点。ここで、次の自己のあり方を選択することができる。輪廻して地球に生まれる、ヘルパーとして働く、トータルセルフに帰還する、地球外生命体として生まれ変わるなどである。

先は気の遠くなるほど長いので、いまのうちから、本書のさまざまな修行法を利用して、ポジティブな意識を保っておくことをおすすめしたい（自己責任でお願いします）。

☆地球外知的生命体バシャールとのチャネリング

ダリル・アンカ（１９５１〜）は、アメリカの特殊効果デザイナーである。ハリウッドで関わったおもな作品は、『スター・トレック』『アイ、ロボット』『パイレーツ・オブ・カリビアン』『ダイ・ハード４・０』『アイアンマン』などすぐれた特殊効果の映画である。

１９８０年代のオカルトブームにおいて、バシャール（ＢＡＳＨＡＲ）の存在は際立っていた。バシャールとは地球外知的生命体である。

バシャールは、地球から約５００光年離れたオリオン座近くの惑星エササニに住んでいる。バシャールとは個人ではなく、複数の意識が融合した存在である。

１９７３年のこと、ダリル・アンカ氏は、ＵＦＯと2回遭遇《そうぐう》することになる。ロサンゼルスでのこと、黒い正三角形が上空に浮いていた。

もともとチャネリング（神、宇宙人、高次の霊的存在などと交信し、メッセージを受けること）の授業を受けていたダリル・アンカ氏であったが、コースの半分くらい期間が過ぎたある日の授業で、瞑想中、何者かが大量の情報を頭の中に送ってきたという。それがバシャールとの出会いだった。

こうしてダリル・アンカ氏は、チャネラーとなったのである。授業中にチャネリングの教師がこの部屋にもう一つの存在（エンティティ）が来ていると告げ、後ろに座っていた生徒が霊視してバシャールをスケッチした。そのスケッチはアンカ氏の受け取っていたバシャール像と同じだったのだ（この経緯はYouTubeで公開されている）。

こうしてダリル・アンカ氏は30年以上もバシャールのテレパシーを受け取ってチャネリングをしているのだ。途中、バシャールとの契約期間が切れたので、お休みをしていたときもあったようだが、いまは再開されている。

１９８７年に初来日し、日本の精神世界に爆発的な影響を与えた。チャネリングの内容はさまざまだが、この頃の講演によると、まず、自分のまわりの出来事を観察するとよいらしい。そのときに、なにか嫌なことなどがあったら、一度そこから離れ、客観的に見て出来事の「中立化」をおこなう。すると、その現象の意味はなくなり、ただの音や映像となる。

この音や映像の時点では、意味づけがおこなわれていないので、私たちの日常生活というのは、つねに、特別なバイアスのかかった見方だということがわかってくる。この訓練を何度もすることで、嫌な状況などから脱出することができるし、新たにポジティブな意味づけをすることができるのである。

このような意識のコントロール法や宇宙の仕組みなど、多岐にわたってチャネリングがおこなわれる。書籍が数多く出版されているが、映像もバシャールとのチャネリング状態がよくわかるので、見ていただきたいと思う。

☆ビートルズが傾倒した「超越瞑想」

日本で１９８０年代に流行っていまも続いている瞑想法として、「超越瞑想」（略称ＴＭ：Transcendental Meditation）を取り上げないわけにはいかない。

超越瞑想は、インド人のマハリシ・マヘーシュ・ヨーギー（１９１８〜２００８）によって、１９５０年代から広められた。超越瞑想は、心の中でマントラ（意味のない短い言葉）を唱える瞑想法で、その具体的な方法はセミナーでのみ伝授される。公式ＨＰではその歴史、効果・目的、活動内容など豊富に紹介されている。

超越瞑想は、何千年も昔から伝承されてきた瞑想法で、ヴェーダ（69ページ参照）にはじまり、シャンカラへ伝えられた。初代シャンカラ（７００頃〜７５０頃）は中世インドの思想家である。不二《ふに》一元論《いちげんろん》（アドヴァイタ）を提唱した。著書は多数で、『ウパデーシャ・サーハスリー――真実の自己の探求』（シャンカラ著、前田専学訳、岩波文庫）などを参照されるとよいだろう。アートマンとブラフマンの哲学（72ページ参照）が展開されている。

シャンカラ・アーチャーリヤ（ヒンドゥー教シャンカラ派の僧院の長）であるスワミ・ブラーマナンダ・サラスワティ（１８７１〜１９５３）にこの教えが伝えられ、その弟子がマハリシ・マヘーシュ・ヨーギーである。

ちなみに、マハリシはもと物理学者である。著書『超越瞑想——存在の科学と生きる技術』では、物理学と超越瞑想の仕組みの概要が説かれている。素粒子《そりゅうし》の基本的な説明と、物質的世界としての「実在の相対領域」は、この世界の内側にあるエネルギーの絶対領域が外に現れてきた状態であるとされる。

しかし、想念エネルギーの基盤が「存在」の状態なので、「存在」は「絶対」と同義語になる。自然科学の発見を通じて、物質の知識が増していくにつれて、世界はより便利に力強くなり、私たちの大きな願望も実現していく。この創造的なプロセスが進んでいくと、

「地上の文明はこれまで想像だにしなかったような栄光を迎えることになるでしょう」「……素粒子のより微細な層を物理学が探求しつづけていくと、エネルギー粒子の最も微細な状態をこえたところにある、実存の隠れた面、すなわち「存在」の領域に必ず行き当たるはずです。科学はこのようにして、「存在」を一つの科学的な事実として宣言するようになるに違いありません」

（『超越瞑想——存在の科学と生きる技術』マハリシ・マヘーシュ・ヨーギー著、マハリシ総合教育研究所訳、２０１１、マハリシ出版）

この「存在」という概念が理屈ではわかりにくいのだが、マハリシはこれをさまざまな表現で説明している。超越瞑想をすることによって、「純粋意識」に到達し、「存在」の至福意識を体験

することができるとされる。

チャクラ開発の瞑想法などはかなり難しいが、TMは非常に簡単な瞑想法なので、誰でもできる。一日に20分のセットを2回おこなうだけだ。椅子に座っていたり、壁に寄りかかったりしていてもいい。

講習を受けた後、TM教師が個人面談し、個人用のマントラが与えられる。これをくり返す際には、無理な集中力などが必要ないので、大変に楽であり、至福感に満たされる瞑想となっている。


「核物理学が急速に進歩していることからすると、理論物理学者の誰かが統一場《とういつば》理論を確立するのに成功する日も、そう遠くないように思われます。……多様性の中にある統一、物質の基盤にある統一という原理を確立するものとなるでしょう。『存在』は絶対であると同時に相対でもあるのです。『ウパニシャッド』は、このことを「プールナマダ　プールナミダム」、つまり『内に隠れた絶対も満ちており、外に現れた相対も満ちている』と表現しています」

（前掲書）


超越瞑想をおこなうことで、より高次の意識が活性化され、自然の支援を受けるとされるが、これはおそらく後述の「引き寄せの法則」に近いものであると考えられる。

また、超越瞑想は、グループでおこなうと強力な同調作用が生じるので、世界全体がよりよい方向へ進んでいくという。超越瞑想を都市や国家の人口の1パーセント以上がおこなうようになると、その都市や国家の犯罪の減少、経済効果など社会へのよりよい影響が生じる。これが「マハリシ効果」である。

超越瞑想は、アーユルヴェーダを含むマハリシ・ヴェーダ健康法やヨーガなどまでに幅広く活動が広まり、アメリカのアイオワ州には、マハリシ・ヴェーディック・シティという超越瞑想の団体による巨大なモデル都市がある。

マハリシに学んだビートルズやビーチボーイズのメンバーにより、超越瞑想の名は世界に広く知られるようになった。ジョン・レノンとオノ・ヨーコの息子ショーン・レノンも超越瞑想をおこなっていた。

英国の元外相ウィリアム・ヘイグ、元副首相ニック・クレッグ、ブラジル初の女性大統領ジルマ・ルセフ、南米コロンビア前大統領のフアン・マヌエル・サントス、スーパーモデルのミランダ・カー、ジゼル・ブンチェン、ラケル・ジマーマンも超越瞑想を実践している。

映画監督デビッド・リンチは超越瞑想の財団をつくった。クリント・イーストウッド監督、ジョージ・ルーカス監督も超越瞑想をおこなっている。俳優では、ヒュー・ジャックマン、ジム・キャリー、グウィネス・パルトロー、リヴ・タイラー、ニコール・キッドマン、ナオミ・ワッツ、アメリカの超有名番組の司会者オプラ・ウィンフリーも実践者である。

意識にはさまざまな層があって、私たちが感じているのは表面的な意識である。また、眠っているときはかなり深い層に入っているので、私たちは夢という意識体験をしている。要するに、起きているときと寝ているときのどちらかに偏った経験をしているのである。

超越瞑想では、起きているときに寝ているときの微細な意識状態までをカバーした状態になるので、意識があるのに「存在」そのものに到達することができるという。

最近、アメリカの○○社のＣＥＯが瞑想しているとか、瞑想するとビジネス人がはかどるなどのマインドフルネス瞑想が流行っている。

もちろん、日本では坐禅が日本文化に根ざしているので、それでもよいだろう。自分に合った瞑想を生活に取り入れることで、新しい自分を発見できるかもしれない。

☆スピリチュアル思想の源となった「ニューソート」

スピリチュアルの基本思想として「マーフィーの法則」を避けて通ることはできない。「マーフィーの法則」といわれるものには２種類あって、本家本元ジョセフ・マーフィーの「マーフィーの法則」と、それをパロディ化した「マーフィーの法則」があるので、間違えないようにしよう。パロディのほうの「マーフィーの法則」は「失敗する可能性のあるものは、失敗する」「落としたトーストがバターを塗った面を下にして着地する確率は、カーペットの値段に比例する」などの経験則を集めたもので、英語の教材にもなっている。

ジョセフ・マーフィーによる「マーフィーの法則」については、１９８０年代の終わりに『眠りながら成功する——自己暗示と潜在意識の活用』（大島淳一訳、産業能率大学出版部）が出版されて、日本でも広まった。

「眠りながら成功する」というと、「そんなズボラなやつが成功するわけがない」と思われるらしいが、これは「眠るときのリラックス状態で、自己暗示をするとそれが現実化する」という意味を込めての訳であると考えられる。原題は"The Power of Your Subconscious Mind: Unlock the Secrets Within"である。

ジョセフ・マーフィー（１８９８〜１９８１）は、アイルランド出身のキリスト教牧師としてアメリカで活動した。ニューソート（New Thought／新思考）運動のディヴァイン・サイエンス教会に属している。

ニューソートは、積極的思考（ポジティブ・シンキング）を潜在意識にアファメーション化して、何度もくり返すことで、潜在意識が現実世界にフィードバックしてくる、という思想に発展する。

ジョセフ・マーフィーによると、顕在《けんざい》意識で認識されていること（現象世界のこと）は、すべて潜在意識がつくり出しているという。よって、ポジティブな考えが潜在意識に送られれば、それが現実をつくり出すので、日常生活ではつねにポジティブな考えを保っておくことが大切となる。

逆に、ネガティブな考え方をすると、それもそのまま潜在意識に送り込まれるので、それが跳《は》ね返ってきて現実にネガティブなことが起こる。

あらゆる宗教はこの原理に基づいており、自分の信じたことが実現していくという。マーフィーの著作は『聖書』の中からのさまざまな引用により、説明されるという特徴がある。

もともとニューソート運動は19世紀にアメリカで発祥し、ラルフ・ウォルドー・エマソン（1803～82）の哲学を背景として社会全体に拡大していった。

エマソンは、アメリカの思想家、教育家、詩人であり、ハーヴァード大学を卒業後にユニテリアン派の牧師となった。エマソンの「超越主義」は、意識は宇宙とつながっているので、自然から直観的に真理が得られるとするものだ。これはのちの思想家によってさまざまな形で展開していった。マーフィーにもその影響がみられる。

このニューソート＝新思考という発想は、アジア的にはかなり古くからある。第2章でみた唯識思想（101ページ参照）の阿頼耶識理論と似ており、密教の「加持祈禱《かじきとう》」（119ページ参照）で現象世界を動かすという方式のキリスト教版といえよう。両者の内容を知って使い分けると有用かもしれない。

もう一人、ニューソート運動の先駆者がいる。ウィリアム・ウォーカー・アトキンソン（1862～1932。図6-14）である。潜在意識が現実世界をつくるというニューソートの思想は、現在、「引き寄せの法則」として一大潮流となっている。その原点となったのが、アトキンソン

図 6-14　ウィリアム・ウォーカー・アトキンソン

が著した『引き寄せの法則』（『原典完訳 引き寄せの法則』、ウィリアム・ウォーカー・アトキンソン著、関岡孝平訳、パンローリング）である。

「心には、ポジティブな高音からネガティブな低音にいたるまでさまざまな音階があり、その音の高さは最高音と最低音からの相対的な距離によって決まります。心の働きがポジティブならば、あなたは力強く、軽快で、明るく、陽気で、楽しく、自信と勇気とに満ち、何でも上手に処理することができます」

（『引き寄せの法則』）

明るいことを考えていると明るいことが引き寄せられてくるというなら、つらいことがあっても明るくしなければならないのだろう。だが、そういうわけではないようだ。

「……私は、絶えずテンションを高めておかなければならないなどとは言っていません。それは好ましいことではありません。過剰なストレスがかかるというばかりでなく、ときにはテンションを緩《ゆる》めて受容力を高め、他人の思考の波を取り込めるようにするほうが望ましいからです」

（前掲書）

イギリスの作家ジェームズ・アレン（1864～1912）もまた、この法則について述べている。アレンの著書『原因と結果の法則』（新訳版、山川紘矢・山川亜希子訳、角川文庫）は自己啓発書の原点といわれている。

諸説あるが、ジェームズ・アレンらの影響を受けているのが、デール・カーネギー、ナポレオン・ヒルなど自己啓発・成功哲学であると考えられている。

なお、「引き寄せの法則」は積極的思考や信念と関わりが深いので、ビジネス書との連携が深くなっている。以下の書籍は多少の差はあれ、潜在意識を活用して現実を変えていくという考え方が含まれているので、参照されることをおすすめしたい。

『思考は現実化する』（ナポレオン・ヒル著、田中孝顕訳、1999、きこ書房）

『新訳 積極的考え方の力』（ノーマン・V・ピール著、月沢李歌子訳、2012、ダイヤモンド社）

『新訳 信念の魔術――人生を思いどおりに生きる思考の原則』（C・M・ブリストル著、大原武夫訳、2013、ダイヤモンド社）

☆さまざまな「引き寄せの法則」

「引き寄せの法則」を世界的に流行させた映画は、第4章でもふれた『ザ・シークレット』（2006。図6-15）である。これを土台にして書かれた本が『ザ・シークレット』（ロンダ・バーン著、山川紘矢・山川亜希子訳、2007、角川書店）だ。

『ザ・シークレット』は「引き寄せの法則」のさまざまな実践者をインタビューし、解説するという形式の映画だ（エスター・ヒックスが登場する版と登場しない版がある）。

映画の冒頭では、「シークレット（「引き寄せの法則」のこと）」は隠されていたという説明が入り、映像ではエメラルド・タブレット（198ページ参照）が映し出される。

ニューソート理論の思想家、サンジェルマン伯爵（238ページ参照）、薔薇《ばら》十字団（207ページ参照）、錬金術師としてのニュートン（224ページ参照）などに関連づけられた映像が流れる。映画製作者のロンダ・バーンはこれらを総合して、わかりやすい映画にまとめたところに功績がある。

図 6-15　映画『ザ・シークレット』

インタビューを受ける登場人物は、多くの自己啓発書を著し、世界中で講演をおこなうようになった人々である。
それぞれの「引き寄せの法則」を、それぞれの個性を生かして説明してくれるので、さまざまな気づきが得られる。以下にそのメンバーの一部をまとめておこう。
ジャック・キャンフィールド（『こころのチキンスープ——愛の奇跡の物語』、ジャック・キャンフィールドほか著、木村真ほか訳、１９９５、ダイヤモンド社）
リーサ・ニコルズ（『やるべきことだけに集中しなさい！——夢の実現を加速する「心の回復筋」』、リーサ・ニコルズ著、阿部尚美訳、２００９、ダイヤモンド社）
ボブ・プロクター（『イメージは物質化する——「富」を無限に引き寄せる10法則』ボブ・プ

ロクター著、岩元貴久訳、２０１３、きこ書房）
マーシー・シャイモフ（『「脳にいいこと」だけをやりなさい！』、マーシー・シャイモフ著、茂木健一郎訳、２００８、三笠書房）
ジョー・ビタリー（『ザ・キー――ついに開錠される成功の黄金法則』（ジョー・ビタリー著、鈴木彩子ほか訳、２００８、イースト・プレス）
ニール・ドナルド・ウォルシュ（『神との対話１〜３』ニール・ドナルド・ウォルシュ 著、吉田利子訳、サンマーク出版）

☆チャネリングと引き寄せの法則の「エイブラハムとの対話」

さらに、「引き寄せの法則」といえば、エスター・ヒックス、ジェリー・ヒックス著の『引き寄せの法則 エイブラハムとの対話』（吉田利子訳、２００７、ＳＢクリエイティブ。図6-16）も避けて通ることはできない。

ジェリー・ヒックス、エスター・ヒックス夫妻は、エイブラハムの教えを広めるために活躍をしている。エイブラハムとは物質世界を超えたところに存在する教師（意識の集合体）である。エスター・ヒックスがチャネリングをし、教師エイブラハムの教えを伝えている。

エイブラハムによると、私たちは物質世界の存在であるが、じつは見えないソースエネルギー（Source energy）の延長線上にある。ソースとは宇宙の源の意味だ。ソースエネルギーが現象世界の映像をつくり上げていて、それを私たちは物質世界の現実として理解しているという。

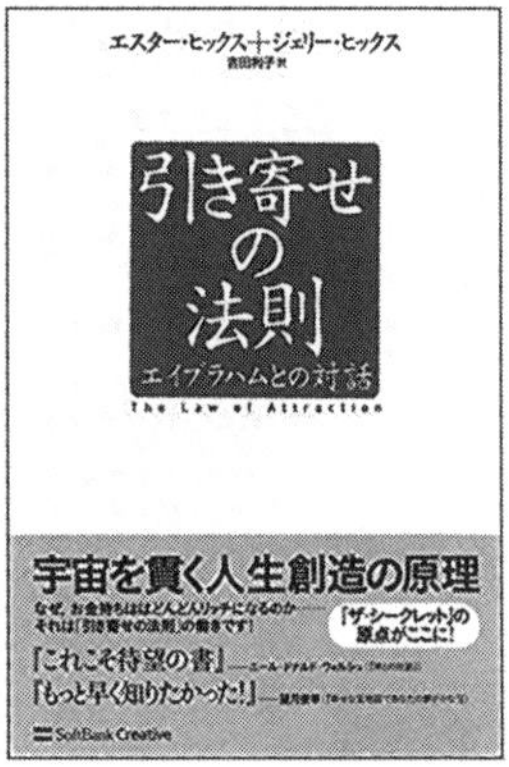

図 6-16 『引き寄せの法則 エイブラハムとの対話』

ギリシアの哲学やキリスト教の哲学において、肉体という物質が入れ物になっていて、その中に魂という精神的存在が閉じ込められているという説明がされていた。私たちも、魂があるとするなら、魂は物質としての肉体に入っていて、死ぬと物質世界を超えたあの世へ行くというイメージをもっている。

ところが、エイブラハムの教えによると、私たちは、すでにソースエネルギーの世界、つまり物質を超えた世界と、肉体のある物質世界に同時に存在しているという。もともと見えない世界と物質世界の両方に同時に存在しているわけだから、死んだ後に見えない世界に戻るのではない。すでに、両方の世界に存在しており、見えない世界から物質世界に焦点《しょうてん》を結んで、この世界での肉体に宿っているという。私たち自身がソースエネルギーの投影なのである。

では、私たちはなぜ、ソースエネルギーを地球という物質世界に焦点を当てて、肉体的存在となったのだろうか。その目的は、私たちは創造者として生まれてきたのであり、地球の物質世界という多様性の世界で、自己創造をおこなうためであるという。

宇宙の法則は3つある。「引き寄せの法則」「意図的な創造の方法論」「許容し可能にする術」である。

「引き寄せの法則」は、ウィリアム・ウォーカー・アトキンソンらの示すとおり、それ自身に似たものを引き寄せるという法則だ。「意図的な創造の方法論」とは自分で考え、信じたことは、望むことであれ望まないことであれ現象化するということを知り、意図的に望むことを考え、それを信じるように思考を操作する方法論である。「許容し可能にする術」とは、ありのままの自分、ありのままの他人を許容して受け入れるということ。

この3つの強力な宇宙の法則を理解しつつ、意識して応用できれば、人生は喜びに満ちて自由となり、思いどおりの人生経験を創造することができるという。

自分自身で、この物質世界の肉体に宿る決意をしたことと、人生で出会う人、出来事、状況のすべては自分の思考が経験の中に招き入れているらしい。

くわしい内容は、ヒックス夫妻による多数の著作があるので、それを参照していただけるとよいだろう。

☆「神」と対話した男

ニール・ドナルド・ウォルシュ（1943〜）は書籍『神との対話』で有名な著作家、俳優、脚本家である。映画版『神との対話（DVD）』（スティーヴン・サイモン監督、アウルズ・エージェンシー。図6-17）はドラマ仕立てで、大変に興味深い構成になっている。

あるとき、ニールは車の事故に巻き込まれて首を骨折してしまう。そこからは仕事もなく、アパートからも追い出されて、ホームレスキャンプの住人になってしまった。ホームレスたちはそこで人生を放棄していたが、ニールはここからなんとか這《は》い上がり日常生活にもどることを目標として、日々努力する。が、首の骨が治らないうえ、一度ホームレス化してしまうと、アメリカでは大変に厳しい状況に追い込まれる。通常は再起不可能となるだろう。ニールは缶の廃品回収をしては、糊口《ここう》をしのいでいた。

ところが、ある日、目にした新聞にラジオＤＪ募集の広告を発見し、公衆電話からコンタクトをとり、面接の予約までこぎつける。着る服もないのだが、ホームレスキャンプに定住していたキャンピングカーのスピリチュアリスト的な女性に、身づくろいをしてもらって、なんとか面接を突破し、ラジオＤＪとなることができた。

図 6-17　映画『神との対話』

が、それもつかの間、ラジオ局は潰れてしまい、再びニールは窮地《きゅうち》に追い込まれるのだ。疲れ切って意気消沈《しょうちん》しているところにどこからともなく声が聞こえる。ニールは空耳かと思ったが、何者かが途切れることなく語りかけてくるのだった。彼は黄色い便箋《びんせん》にその言葉を書きつづけ、便箋は膨大《ぼうだい》な山となっていった。

これがニールの著作『神との対話』として世に出版されたのである。

この神は特定の宗派に属する神でもなく、何かの戒律《かいりつ》を強《し》いてきたり、罰したりするものではない。

「神を誤解しないでほしい」とニールはいう。

神は私たち自身の半分であるし、神も私たちがいなければ存在もできない。誰もが神と対話をしている。それは、目の前のなにげないコップでも花でもなんでもいい。つねに神はともにある――。

『ザ・シークレット』に登場してくるニールは、「瞑想をして幸せを感じるなら瞑想してください」「サラミサンドイッチを食べて幸せを感じるなら食べてください」というような意味のことを語っている。おそらく、普通は「瞑想」と「サラミサンドイッチ」のどちらが高尚《こうしょう》かというと「瞑想」と思いがちだが、「神」の視点からすると同じなのだ、ということだろう。

「ウキウキ、ワクワク」しているかどうかが重要であり、そこから「引き寄せの法則」が発生する。既成の概念にとらわれずに自由に生きることを示唆《しさ》しているようだ。

☆なぜスピリチュアルは物理学の話につながるのか

ここで簡単に物理学の歴史を概観してみたい。なぜ神秘と物理が関係あるのかと思う人も、本書をここまで読んでいただければ納得がいくだろう。アインシュタインも、オランダの哲学者スピノザの『エチカ』の「汎神論《はんしんろん》」に影響を受けているし、量子力学の発展に貢献したデンマークの理論物理学者ニールス・ボーア（1885～1962）は、道教（タオイズム）の「相補性」という概念をもちいている。

もともと、古代から近代までは、文系と理系は分かれていなかった。思想史的には、宇宙の根源（アルケー）とは何かを考えること、つまり文系的イマジネーションが理系的発想につながったのだった。

ルネサンスの時代には、『ヘルメス文書《もんじょ》』をもとに、宇宙や人間を解釈する思想が復活した。これが近代の科学へとつながっていき、迷信的な部分は修正されることになる（迷信的なものがじつは正しいということが後から証明されたりするので、慎重さが必要かもしれない）。

万能の天才と呼ばれたレオナルド・ダ・ヴィンチ（1452～1519）は、攻城《こうじょう》兵器や戦車、飛行機、機関銃の設計など、理工学の分野にもすぐれた才能を発揮し、ポーランドに生まれたコペルニクス（1473～1543）は、「太陽中心説（地動説）」を完成させた。

オランダの物理学者・天文学者クリスチャン・ホイヘンス（1629～95）は、15歳頃にデカルトの『哲学原理』（この書は物理学の慣性の法則などを含んでいる）を読んで、「光の波動説」をとった。この「波動」という言葉に注目してほしい（「引き寄せの法則」との接点があるので、ちょっと我慢して読んでいただきたい）。

波はその媒質《ばいしつ》がないと成り立たない。海の波であれば、海水がないと波はできない。とすると、光の波は何を伝わってくるのだろうか。

そこで、ホイヘンスは、宇宙空間にエーテルという媒質があると考えた（デカルトもこの説をとっていた）。エーテルは、もともとギリシアの自然学における概念で、天体の世界を構成する原質が「アイテール」と呼ばれていた。これはパルメニデス（33ページ参照）が「ある」と「ない」が同時に存在するのは矛盾《むじゅん》なので、「ある」だけがあり、「空虚」は存在しないと説いていたことと関係がある（一方、デモクリトスはすでに、「自然はそれ以上分割できない微粒子と真空からできている」とするアトム〔原子〕論をとり、空虚を認めていた）。

光の波動説に対し、イギリスの科学者アイザック・ニュートンは「光の粒子説」を唱えていた。そもそも影ができるというのは、光が粒子だからである。もし光が波であるなら、物体の裏側まで波が回り込んでくるので、影はできないはずだ。

ニュートンは光の直進性、反射を説明し、異なる媒質で光が屈折《くっせつ》することを論証した。彼は、光ほど速い速度を伝えるには、かなり硬い媒質が空間に満ちていなければおかしいことになると考えたのだ。ニュートンとホイヘンスは同時代人で交流があったが、光の説についてはこのような食い違いをもっていた。

スピリチュアルの世界では、1805年のトーマス・ヤングの二重スリット実験の話がとりあげられる。二つのスリットの光がスクリーンに投影されると、光の干渉《かんしょう》が起こる。光が粒子だったら、ボールが飛んでいくようなものだから干渉は生じない。干渉が起こることは、光が波であることの証拠だった。

のちに、量子力学では、ヤングの実験で使われた光の代わりに1個の電子を使った。アメリカ合衆国出身の物理学者リチャード・P・ファインマン（1918～88）は、この実験を「量子力学の精髄」と呼んだ。

さて、光が波動であるならば、その媒質となるエーテルの存在を検出しなければならない。そこで、１８８７年に、アメリカの物理学者マイケルソンとモーリーが、エーテルを検出する実験をおこなった（マイケルソン＝モーリーの実験）。だが、彼らの高精度な装置による実験にもかかわらず、エーテルは検出されなかった。

１９０５年にアインシュタインが「光量子仮説」「特殊相対性理論」を発表する。光量子仮説は光は粒子とする説だ。「特殊相対性理論」は、光速度不変の原理を土台にして展開された。

この段階で、エーテルの論争は終わることになる。光が粒子ならば、媒質となる波は必要ない（が、ここで波動の話は終わらないので、申し訳ないが、次の項目までちょっと我慢して読んでほしい）。

光の速度が変わらないとすると、時間と空間のほうが変わることになる。ニュートン以来、時間はどこの誰にとっても均一に流れるもので、空間は座標系で示される「絶対時空」だったが、相対性理論では「観測者によって時間は異なる」「光速に近づくほど時間は遅れる」など、いままでの常識がひっくり返る結論が導き出された。

１９０７年、アインシュタインは「物体の質量は光速に近づくほど増す」とし、「質量（ｍ）」「光速（ｃ）」「エネルギー（Ｅ）」の間に一定の関係が成り立つという有名な「$E=mc^2$（質量とエネルギーの等価性）」を発表した。

さて、スピリチュアリストの立場では、私たちの精神的な活動も、この物理的エネルギーの一種であると考える。科学的には、脳の活動によって意識が生じるのだから、意識というのは結果であって、物質そのものに影響を与えることはない（念力が出ない理由はそれ）。ただ、物理的エネルギーよりも精神的なエネルギーが先で、物質そのものの中にすでに精神的要素がある、と考えると話は変わってくる。そもそも宇宙が精神的な要素からつくられているのかもしれない。もともと精神的要素をもった存在が、物質的・機械的な動きをしており、それを数学的に記述するのが科学だとするなら、この世界に精神と物質が共存していることにかろうじて説明がつく（このような考え方は、すでに、17〜18世紀の哲学者らが唱えていた）。

心は脳から生まれた派生物だと考えると、心のクオリア（秋空を「青くすがすがしい感じ」と表現するような、感覚的・主観的な経験にもとづく独特の質感）の説明がしづらい。かといって、科学は不動の地位を占めているのも事実だ。となれば、心と物質の折り合いをつけるには、両者の起源となる一つ上のステージを想定するしかない（ヘミシンクや超越瞑想などは、その領域に直接的にコンタクトする方法である）。

そうなると、精神は脳のオマケではなく、精神そのものが一種のエネルギーなので、精神活動をおこなっているときは、つねに、世界へなんらかの影響を与えている、とスピリチュアル的には考えられる。

さらに本当かどうかはわからないが、方法としては、「すでにそれが実現している」状態を心の中でヴィジュアル化すると、宇宙全体に影響を与え、現象が生じてくるという「引き寄せ」が発生するらしい。「思考は現実化する」というわけだ（実行は自己責任でお願いします）。

☆スピリチュアルには欠かせない量子力学

アインシュタインの相対性理論と双璧《そうへき》をなしたのが、ミクロの世界を考える量子力学である。原子などの世界は、それまでの物理学の法則（ニュートン以来の古典力学）では説明できないことが明らかになってきた。量子力学で活躍したのは、ボーア、ハイゼンベルク、パウリ（あのパウリ効果の人。282ページ参照）、シュレーディンガーなどである。

先述したように、アインシュタインによって光は粒子であることが証明された。そして量子力学の研究が進むと、光は波（電磁波）と粒子（光子）両方の性質（二重性）をもつことがわかったのである。

１９２４年、フランスの物理学者ド・ブロイ（１８９２〜１９８７）は、ド・ブロイ波の仮説を発表した。この仮説は光子だけではなくすべての物質が波動性をもつというものだった（スピリチュアルの波動と関係してくるところ）。

デンマークで活躍していたニールス・ボーアの「コペンハーゲン解釈」によると、電子は異なる状態の重ね合わせで、粒子と波動のどちらの状態であるともいえず、観測すると観測値に対応する状態に変化する（波束の収縮）という。電子は原子核のまわりに波動としてモヤーッと存在するが、観測者が観測した瞬間に、波が収縮して粒となって観測されるというイメージだ。

ドイツの理論物理学者ヴェルナー・カール・ハイゼンベルク（１９０１〜76）は、ある粒子の位置をより正確に決定しようとするほど、その運動量を正確に知ることができなくなり、逆もまた同様であるとする「不確定性原理」を唱えた。

これらを踏まえて、スピリチュアルの世界では、人間が観測することによってミクロの世界が決定されるということと、脳内で考えたことがミクロの世界に影響を与え、未来に「引き寄せ」の現象が働くと説明される。

ところで、このコペンハーゲン解釈以外にも、さまざまな解釈がある。

特に、私たちの常識を超えているのが、「多世界解釈」である。

光が粒子であり波であるというのは、光が電磁波だからである。電磁波は波と粒子の性質をもっているので、散乱《さんらん》や屈折、反射、また回折《かいせき》や干渉など、波長によってさまざまな波としての性質を示すし、粒子として個数を数えることができる。素粒子の一つである電子も同じ性質をもつ（ボーアの相補性）。そして、コペンハーゲン解釈に従えば、電子も「波としての変化」と「波の収縮」をくり返すことになる。

だが、波としての性質をもつ電子が、観測されると突然に「収縮」して粒子のようにふるまうのは、大変に不思議である。波としての変化は方程式で表せるが、観測者が観測した瞬間に粒子になるというのは、どこか人為的なところがあって、モヤモヤ感が残る。

そこで、宇宙全体について量子力学で考えるなら、原子一つ一つだけではなく、それから構成される物体、人体、天体、宇宙そのものも同じ原理で説明しなければならないと主張する学者らが現れた。ここから「多世界解釈」が生じることになる。

多世界解釈では、電子のようなミクロの対象だけではなく、観測装置も観測者（人間）もセットで考える。となると、AとB、2つの重ね合わせの状態にある粒子を観測する観測者は、Aを見た分身とBを見た分身とに分かれることになる（観測者が別の世界に同時に存在することになる。コペンハーゲン解釈では観測者は一人のまま）。

つまり、世界は観察されるごとに分岐《ぶんき》していき、多世界＝パラレルワールドがつねに出現していることになる。なんと、ＲＰＧゲームのように世界線が分かれていくのだ。

パラレルワールドが存在するなら、なにも電子が波から粒子に収縮するという説明をしなくていい。粒子を一つの状態に決定するのではなく、世界のほうが多様にあればよいわけだ。この説明は大変にスッキリするが、いまの自分と全然異なった人生を歩んでいる自分が無数にあり、それどころか自分がいない世界も無数にあるのである（死亡フラグを踏んだとき）。

物理学者の中には、多世界解釈は理論的に正しいが、自分の妻子が飢《う》えているパラレルワールドがあるのはいやだと言っている人もいる（それほど、信憑《しんぴょう》性の高い理論である）。

スピリチュアルは明るい方向を目指すので、未来はまだ揺らいでいて決定しておらず、いまのうちから「引き寄せの法則」を使って、サーフィンのように明るい未来に乗っかっておけばよい、とする（暗い未来は、他人事なのか、凍結して実現していないのかはよくわからない）。

映画『超次元の成功法則――私たちは一体全体何を知っているというの!?』（原題 What the Bleep Do We Know!?）では、この量子力学の説明と脳内のミクロ的な反応の説明が、多世界解釈を示唆《しさ》するようなシーンと組み合わされて解説され、物語と科学者らのインタビューを交えながらのエキサイティングな展開となっている（図6-18）。

【ストーリー】

聾《ろう》の写真家である主人公の女性は、仕事をこなしながらも内面にさまざまな不安をもっていた。結婚も配偶者の浮気で一度失敗し、トラウマをかかえていた。頭痛もひどく、つねに薬を飲んでいる状態だった。

あるとき、彼女はストリートを歩いていて、バスケットボールで遊んでいる少年に出会う。ここで、少年はバスケットボールの話題から、ボールを量子にたとえて、量子力学の説明に入る。少年は、量子力学マンガ「ドクター・クォンタム」の愛読者だったのだ。

最近では、量子コンピュータの説明で「量子の重ね合わせ」という表現を目にするようになった。古典コンピュータ（現代のパソコン）で扱われるビットは、情報の最小単位を0か1だけで表し、観測されても0は0、1は1である。しかし、量子ビットは0と1の両方の状態が重なっているが、観測された状態では0か1になる。

量子は不思議な振る舞いをすることが知られている。ある素粒子が崩壊して、2つの粒子に分裂し、2つの粒子は互いに異なる方向に飛んでいって離れた場所にあるとする。一方のスピン（角《かく》運動量）を測定すると、自動的にもう片方のスピンの状態も決まる。これは宇宙空間でどんなに離れたところでも瞬時に起こる（遠隔作用がある）ので、スピリチュアルの世界では、この

図 6-18　映画『超次元の成功法則』

部分を「時空を超えてすべてがつながっている」と解釈する。

バスケットボールの天才少年は、粒子と波と二重性を示す光のスリット実験から、量子の遠隔作用の話までを、わかりやすく説明してくれる。

紆余《うよ》曲折あって、主人公の女性写真家は、だんだんと前向きな方向へ歩みだし、手放せなかった頭痛薬をバスケットのシュートのようにゴミ箱に投げ入れる。

エンディングではさまざまな彼女のパラレルワールドが交錯する。彼女は明るい未来を選択して生きていくことになる。

『ザ・シークレット』や『超次元の成功法則』の映画に出演する物理学者は、量子力学の理論をスピリチュアル的に解釈している。だが、量子力学者にはべつにそういう意味ではないと説明する人も多い。

なぜ、物理学者によって言うことが違うのかというと、物理学は数式を解釈するからである。解釈は多様にあって、それが実験検証で認められた場合に定説となるのだが、「引き寄せの法則」は実験検証ができないので、非科学的・疑似《ぎじ》科学となるのである。

ただ、非科学的・疑似科学がじつは本当だったということは、科学史でありえないことでもない。あとから「引き寄せの法則を使っておけば、自分の人生はこんなものじゃなかったのに！」と後悔《こうかい》しないように、多少は実践してみてもべつに損はないだろう。

本書で紹介したさまざまな叡智《えいち》を利用して、人生を乗り切ってもらいたい（くれぐれも自己責任でお願いします）。

参考・引用資料

『古代エジプトの魔術：生と死の秘儀』E・A・ウォーリス・バッジ、石上玄一郎＋加藤富貴子訳、平河出版社
『世界の名著6 プラトン1』田中美知太郎・責任編集、中央公論新社
『エネアデス』プロティノス、田中美知太郎＋水地宗明＋田之頭安彦訳、中央公論新社
『オカルトの図像学』フレッド・ゲティングズ、阿部秀典訳、青土社
『象徴哲学大系1 古代の密儀』マンリー・P・ホール、大沼忠弘＋山田耕士＋吉村正和訳、人文書院
『グノーシスの宗教』ハンス・ヨナス、秋山さと子＋入江良平訳、人文書院
『魔法修行：カバラの秘伝伝授』W・E・バトラー、大沼忠弘訳、平河出版社
『象徴哲学大系3 カバラと薔薇十字団』マンリー・P・ホール、大沼忠弘＋山田耕士＋吉村正和訳、人文書院
『現代魔術大系4 カバラ魔術の実践』ウィリアム・G・グレイ、葛原賢二訳、秋端勉監修、国書刊行会
『カバラ入門：生命の木』ゼブ・ベン・シモン・ハレヴィ、松本ひろみ訳、出帆新社
『神智学大要1～4』アーサー・E・パウエル、仲里誠桔訳、出帆新社
『ヘルメス文書』荒井献＋柴田有訳、朝日出版社
『オカルティズム事典』アンドレ・ナタフ、高橋誠＋桑子利男＋鈴木啓司＋林好雄訳、三交社
『魔術師大全：古代から現代まで究極の秘術を求めた人々』森下一仁、双葉社
『オカルト』コリン・ウィルソン、中村保男訳、平河出版社
『錬金術大全』ガレス・ロバーツ、目羅公和訳、東洋書林
『神秘主義：心をひらく秘密の鍵』R・A・ギルバート、小林等訳、河出書房新社
『化学の結婚 付・薔薇十字基本文書』ヨーハン・V・アンドレーエ、種村季弘訳・解説、紀伊国屋書店
『大アルベルトゥスの秘法：中世ヨーロッパの大魔術書』アルベルトゥス・マグヌス、立木鷹志編訳、河出書房新社
『悪魔：古代から原始キリスト教まで』J・B・ラッセル、野村美紀子訳、教文館
『サタン：初期キリスト教の伝統』J・B・ラッセル、野村美紀子訳、教文館
『ルシファー：中世の悪魔』J・B・ラッセル、野村美紀子訳、教文館
『メフィストフェレス：近代世界の悪魔』J・B・ラッセル、野村美紀子訳、教文館
『悪魔の系譜』J・B・ラッセル、大瀧啓裕訳、青土社
『悪魔の事典』フレッド・ゲティングズ、大瀧啓裕訳、青土社
『悪魔学大全』ロッセル・ホープ・ロビンズ、松田和也訳、青土社
『オカルトの事典』フレッド・ゲティングズ、松田幸雄訳、青土社
『Truth In Fantasy 17 天使』真野隆也、新紀元社
『魔女と魔術の事典』ローズマリ・エレン・グィリー、荒木正純＋松田英監訳、原書房
『魔術：理論と実践』アレイスター・クロウリー、島弘之＋植松靖夫＋江口之隆訳、国書刊行会
『イスラムの宗教思想：ガザーリーとその周辺』中村廣治郎、岩波書店
『秘密結社の事典：暗殺教団からフリーメイソンまで』有澤玲、柏書房

『フリーメイソンと錬金術：西洋象徴哲学の系譜』吉村正和、人文書院
『錬金術』セルジュ・ユタン、有田忠郎訳、白水社
『精神のエネルギー』H・ベルクソン、宇波彰訳、第三文明社
『霊界と哲学の対話：カントとスヴェーデンボリ』カント＋スウェーデンボリ、金森誠也編訳、論創社
『スウェーデンボルグの宗教世界：原宗教の一万年史』高橋和夫、人文書院
『エドガー・ケイシーのすべて』サンマーク出版編集部編、サンマーク出版
『いかにして超感覚的世界の認識を獲得するか』ルドルフ・シュタイナー、高橋巖訳、ちくま学芸文庫
『シュタイナーの思想と生涯』A・P・シェパード、中村正明訳、青土社
『シュタイナー入門』西平直、講談社現代新書
『シュタイナー思想入門』西川隆範、水声社
『思考は現実化する』ナポレオン・ヒル、田中孝顕訳、きこ書房
『聴覚刺激で頭の回転が驚くほど速くなる』田中孝顕、きこ書房
『プラグマティズムと現代』魚津郁夫、放送大学教育振興会
『シンクロニシティ』F・D・ピート、管啓次郎訳、朝日出版社
『タオ心理学　ユングの共時性と自己性』ジーン・シノダ・ボーレン、湯浅泰雄監訳、渡辺学＋阿内正弘＋白濱好明訳、春秋社
『ユング心理学と宗教』渡辺学、第三文明社
『ウィルヘルム・ライヒ：生涯と業績』マイロン・シャラフ、村本詔司＋国永史子訳、新水社
『メガブレイン：脳の科学的鍛え方』マイケル・ハッチソン、佐田弘幸＋佐田いくよ監修、福留園子訳、総合法令出版
『サイエンティスト：脳科学者の冒険』ジョン・C・リリー、菅靖彦訳、平河出版社
『E・C・C・O　エコ 地球暗号制御局（CD）』ジョン・C・リリィ、菅靖彦監修、八幡書店
『ムー謎シリーズ17 ムー ミステリー大事典2』泉保也、学習研究社
『Books Esoterica6 陰陽道の本』学研プラス
『Books Esoterica13 ユダヤ教の本』学研プラス
『Books Esoterica14 イスラム教の本』学研プラス
『Books Esoterica15・16 キリスト教の本 上下』学研プラス
『Books Esoterica17 古代秘教の本』学研プラス
『Books Esoterica18 神秘学の本』学研プラス
『ヨーガ根本経典』佐保田鶴治、平河出版社
『インド思想史』中村元、岩波書店
『仏典をよむ3・4 大乗の教え（上下）』中村元、岩波書店
『世界の名著1 バラモン経典・原始仏典』長尾雅人編、中央公論新社
『仏教通史 インド・中国・日本』平川彰、春秋社
『ヒンドゥー教：インド三〇〇〇年の生き方・考え方』クシティ・モーハン・セーン、中川正生訳、講談社現代新書
『日本思想史入門』相良亨編、ぺりかん社
『人類の知的遺産21 マイスター・エックハルト』上田閑照、講談社
『人知原理論』ジョージ・バークリ、大槻春彦訳、岩波文庫
『全品現代語訳 大日経・金剛頂経』大角修訳・解説、角川ソフィア文庫
『真言宗檀信徒勤行経典 理趣経入り』高野山金剛峯寺教学部
『仏教の思想（全12冊 合本版）』増谷文雄＋梅原猛＋上山春平＋櫻部建＋梶山雄一＋服部正明＋田村芳朗＋鎌田茂雄＋柳田聖山＋塚本善隆＋宮坂宥勝＋高崎直道＋紀野一義、角川ソフィア文庫
『やさしい唯識：心の秘密を解く』横山紘一、NHKライブラリー

『日本神道史』岡田莊司＋小林宣彦編、吉川弘文館
『分析心理学』C・G・ユング、小川捷之訳、みすず書房
『心理学と錬金術Ⅰ』C・G・ユング、池田紘一＋鎌田道生訳、人文書院
『スティーブ・ジョブズⅠⅡ』ウォルター・アイザックソン、井口耕二訳、講談社
『ロバート・モンロー「体外への旅」：未知世界の探訪はこうして始まった！』ロバート・モンロー、坂本政道監修、川上友子訳、ハート出版
『ヘミシンク探求大全：未来の自分を創造する変性意識トレーニング法』今井泰一郎、ハート出版
『超越瞑想：存在の科学と生きる技術』マハリシ・マヘーシュ・ヨーギー、マハリシ総合教育研究所訳、マハリシ出版
『眠りながら成功する：自己暗示と潜在意識の活用』ジョセフ・マーフィー、大島淳一訳、産業能率大学出版部
『原典完訳 引き寄せの法則』ウィリアム・ウォーカー・アトキンソン著、関岡孝平訳、パンローリング
『原因と結果の法則』ジェームズ・アレン、山川紘矢＋山川亜希子訳、角川文庫
『新訳 積極的考え方の力』ノーマン・V・ピール、月沢李歌子訳、ダイヤモンド社
『新訳 信念の魔術：人生を思いどおりに生きる思考の原則』C・M・ブリストル、大原武夫訳、ダイヤモンド社
『BASHAR2017：世界は見えた通りでは、ない』ダリル・アンカ＋喜多見龍一、ヴォイス
『引き寄せの法則：エイブラハムとの対話』エスター・ヒックス＋ジェリー・ヒックス著、吉田利子訳、SBクリエイティブ
『ザ・シークレット』ロンダ・バーン、山川紘矢＋山川亜希子＋佐野美代子訳、角川書店
『THE SECRET（DVD）』ロンダ・バーン監督、アウルズ・エージェンシー
『神との対話』ニール・ドナルド・ウォルシュ、吉田利子訳、サンマーク出版
『神との対話 映画版（DVD）』スティーヴン・サイモン監督、アウルズ・エージェンシー
『超次元の成功法則：私たちは一体全体何を知っているというの⁉（DVD）』日本コロムビア

※参考サイト
JapanKnowledge
日本大百科全書
世界大百科事典
日本国語大辞典
仏教語大辞典
国史大辞典

※写真提供

著者略歴

中央大学文学部哲学科を卒業後、上智大学神学部に学ぶ。河合塾、その他大手予備校で日本史、駿台予備学校・佐鳴予備校で倫理、現代社会などの講師を担当。難解な哲学や歴史などをわかりやすく解説する本を執筆し、好評を博している。
著書には『超訳 哲学者図鑑』(かんき出版)、『読破できない難解な本がわかる本』(ダイヤモンド社)、『図解でわかる! ニーチェの考え方』(KADOKAWA)、『深夜の赤信号は渡ってもいいか?』(さくら舎)、『この世界を生きる哲学大全』(CCCメディアハウス)などがある。

神秘思想《しんぴしそう》 光《ひかり》と闇《やみ》の全史《ぜんし》

二〇二一年一一月一二日 第一刷発行

著者 富増章成《とますあきなり》
発行者 古屋信吾
発行所 株式会社さくら舎 http://www.sakurasha.com
東京都千代田区富士見一-二-一一 〒一〇二-〇〇七一
電話 営業 〇三-五二一一-六五三三 FAX 〇三-五二一一-六四八一
編集 〇三-五二一一-六四八〇 振替 〇〇一九〇-八-四〇二〇六〇

装丁 村橋雅之
本文デザイン・組版 株式会社システムタンク(白石知美・安田浩也)
印刷・製本 中央精版印刷株式会社

ISBN978-4-86581-320-3